本著作是黔南民族师范学院导师培育课题"'训诂学'学科建设与中学语文教学的关系研究"（QNSYDSPY003）阶段性成果

多维视角下中学语文文言文教学研究

张春秀　秦　越　著

天津出版传媒集团

天津科学技术出版社

图书在版编目（CIP）数据

多维视角下中学语文文言文教学研究 / 张春秀，秦越著. -- 天津：天津科学技术出版社，2022.11
ISBN 978-7-5742-0600-7

Ⅰ.①多… Ⅱ.①张… ②秦… Ⅲ.①文言文 – 教学研究 – 中学 Ⅳ.①G633.302

中国版本图书馆CIP数据核字(2022)第194809号

多维视角下中学语文文言文教学研究
DUOWEI SHIJIAO XIA ZHONGXUE YUWEN WENYANWEN JIAOXUE YANJIU

责任编辑：宋佳霖

责任印制：兰　毅

出　　版：	天津出版传媒集团 天津科学技术出版社
地　　址：	天津市西康路35号
邮　　编：	300051
电　　话：	（022）23332490
网　　址：	www.tjkjcbs.com.cn
发　　行：	新华书店经销
印　　刷：	定州启航印刷有限公司

开本 710×1000　1/16　印张 12.5　字数 220 000
2022年11月第1版第1次印刷
定价：78.00元

前言

　　文言文教学是中学语文教学的一个重要组成部分。一直以来,如何有效提高文言文教学的质量都是每位语文教师关注的问题。本书从传统文化、语文核心素养、新课标与训诂学多个角度对中学语文文言文教学进行了全面的探讨,以求与日益推进的教学改革相适应。

　　语言随着人类社会的产生而产生,又随着社会的发展而发展。词汇的不断发展变化,使得词语的音形义具有明显的历史性。为了消除这种历史性在人们阅读古籍中产生的障碍,训诂学应运而生。训诂出现之初专为经学释义,有很强的工具性,内容十分丰富留下了许多训诂材料。这些训诂材料本身具有一定的历史性,其注疏内容或释义方式都带有时代特点,所以在发挥训诂学工具性作用的同时必须兼顾各个历史阶段所呈现出的特征。中学语文文言文大都是典籍中的名篇,因此用训诂学的知识来服务文言文教学,用训诂学的方法来讲解文言文词语应该值得肯定和提倡。

　　本书首先对文言文和中学语文文言文教学进行了简述,然后分别从传统文化视域、语文核心素养视域、新课标视域以及训诂学视域来阐述中学文言文教学,其中,基于训诂学的中学语文文言文教学是本书的重点,书中不仅对训诂学的含义、产生和发展进行了简述,而且分析了训诂学运用于中学语文文言文教学的适切性、基本原则和作用等,还对训诂学原理在文言文翻译和阅读中的应用进行了阐释,并就古书辞例在文言文教学中的应用进行了分析。本书视角全面,内容丰富,对中学语文文言文教学具有重要的参考价值。

　　由于出版时间紧促,书中难免存在不足之处,恳请广大读者批评指正。

编者
2022 年 3 月

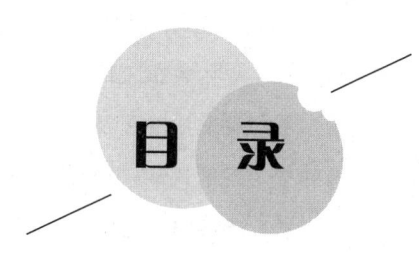

目 录

第一章 文言文与中学文言文教学 ··· 1
第一节 文言文概述 ·· 1
第二节 中学文言文教学的特点 ··· 12
第三节 中学文言文教学常用的几种方法 ································ 18

第二章 传统文化视域下的中学文言文教学 ······································ 33
第一节 文化与文言文 ·· 33
第二节 中学文言文教学要加强对传统文化的传承 ····················· 36
第三节 文言文教学中加强传统文化传承的教学策略及要求 ········· 47

第三章 基于语文核心素养的中学文言文教学 ·································· 55
第一节 语文核心素养概述 ·· 55
第二节 基于语文核心素养的文言文教学的理论依据与实践意义 ··· 59
第三节 基于语文核心素养的文言文教学的策略 ······················· 66

第四章 基于新课标的中学文言文教学 ·· 88
第一节 新课标对中学文言文教学有关要求的解读 ····················· 88
第二节 中学文言文教学中存在的问题与归因 ·························· 93
第三节 新课标视野下初中文言文教学策略 ····························· 98

第五章 基于训诂学的中学文言文教学·················119
第一节 训诂学简述··119
第二节 训诂学在文言文教学中的运用··················128
第三节 运用训诂原理翻译文言文·······················158
第四节 运用训诂原理阅读文言文·······················166
第五节 古书辞例在文言文教学中的应用··············183

参考文献···191

第一章 文言文与中学文言文教学

第一节 文言文概述

文言文是以古代汉语为基础的、经过文体加工的书面语。与白话文相比，文言文在语音、词汇、语法、修辞等方面都有自己的特点。了解这些特点，对进行文言文教学大有裨益。文言文的语言特点决定了文言文的教学特点，只有真正把握语言的发展规律，采取适当的教学手段来进行教学，才能收到应有的教学效果。本节将着重分析文言文词汇和语法的特点。

一、词汇特点

词汇，是一种语言里所有的词和固定短句的总和。不同的词汇有不同的特点，文言文的词汇有如下特点。

（一）单音节词多

单音节词多是古代汉语最突出的一个特点。我们翻译古代作品时，译文比原文长，最主要的原因就是古代汉语单音节词多，而现代汉语则是多音节词多。试看郭沫若翻译杜甫《石壕吏》一诗的第一段：

原诗	译诗
暮投石壕村，	天晚了，投宿在石壕镇，
有吏夜捉人。	夜里有差官来抓壮丁。
老翁逾墙走，	店老板骇得翻墙逃走，
老妇出门看。	老板娘打开门出去应酬。
吏呼一何怒，	差官嚎叫得多么凶猛，
妇啼一何苦。	老板娘哭得多么悲痛。

——郭沫若《李白与杜甫》

在译文中,"暮",成了"天晚";"投",成了"投宿";"吏",成了"差官";"夜",成了"夜里";"人",成了"壮丁";"走",成了"逃走";"出",成了"出去";"呼",成了"嚎叫";"怒",成了"凶猛";"苦",成了"悲痛";等等。由于上述原因,原文的三十个字变成了译文的五十五个字,文字增加了将近一倍。

再看严北溟所译荀子《劝学篇》的第一段:

原文

君子曰:学不可以已。青,取之于蓝,而青于蓝;冰,水为之,而寒于水。木直中绳,輮以为轮,其曲中规;虽有槁暴,不复挺者,輮使之然也。故木受绳则直,金就砺则利。君子博学而日参省乎己,则知明而行无过矣。

译文

"君子"说:学习是不能放松的。〔譬如〕青色是从蓝草中取出来的,却比蓝草的颜色更青;冰块是由水凝结成的,却比水更冰。木的本性是伸直的,能和绳墨相应,但用火把它烤熨弄弯后做成车轮,也能和圆规相应,纵然干枯了,也不再伸直,因为烤熨弄弯了的缘故啊。所以木头要经过绳墨斧锯才能使它直,刀剑要经过磨刀石才能使它锋利。君子呢,学问既要广博,还要经常从实践中检验和省察自己的所学,这样,认识日有提高,在实际行动中就可以少犯错误了。

——见《中华活叶文选》(五)

也是由于前文所述的原因,原文的七十九个字,变成了译文的一百八十二个字,文字增加了一倍多。

这两个例子,一个是五言古诗的译文,一个是论说文的译文,都说明无论是什么体裁,在古代汉语里,都是单音词多,而在现代汉语里,则是多音词多。在现代汉语里,绝大部分单音词已有相应的多音词,而且非常普遍。

在古代汉语中,某两个字连用之后,似乎构成了现代的一个多音词,实际上却不是。这种情况很容易让学生误解,在教学中要着重加以辨明。例如:

(1)失向来之烟霞(李白《梦游天姥吟留别》)
(2)凄凄不似向前声(白居易《琵琶行》)
(3)青春作伴好还乡(杜甫《闻官军收河南河北》)
(4)却看妻子愁何在(杜甫《闻官军收河南河北》)
(5)子布、元表诸人,各顾妻子(司马光《赤壁之战》)

以上五例中,(1)中的"向来"是"刚才到来"的意思,(2)中的"向前"

是"刚才前面"的意思,(3)中的"青春"是"青色的春光"的意思,(4)、(5)中的"妻子"是"妻子和儿女"的意思。这些都是两个单音词,而不是一个双音词。如果误认为是一个双音词,就会搞错而闹笑话。我们根据古代汉语单音词的这个特点,遇到这类两字连用而类似一个双音词的情况,教学时要仔细辨别,绝不要望文生义,随便当作现代汉语的多音词来理解和处理。

(二)一词多义

古代汉语中一词多义的现象有很多,如"说"字,它的本义是"用言语解释",《墨子·公输》中"请说之"的"说"就是"解释"的意思。那么,我们就说"解释"就是"说"字的"本职"。按照现代汉语一般的规律,"说"字只能承担"解释"或与"解释"有关的(如"劝说")"职务"。但是这个"说"字,在古代汉语里,还有"喜悦"的意思,读也要读喜悦的"悦"这个音。这种情况在中学文言文中很多见。例如:

(1)女同汝　三岁贯女,莫我肯顾(《硕鼠》)
(2)县同悬　胡瞻尔庭有县特兮(《伐檀》)
(3)景同影　以欹为美,正则无景(《病梅馆记》)
(4)要同邀　张良出,要项伯(《鸿门宴》)
(5)被同披　操吴戈兮被犀甲(《国殇》)
　　　　　　将军身被坚执锐(《陈涉世家》)

以上字,只是中学语文课本中的一小部分,还有许多常见的一词多义,就不再一一列举了。造成这种情况的原因有两个:一是因为古代的字少,在实践中不够用,就借用其他的字,这些字被借用之后,一直要用到造出一个新的字来代替它,有的甚至有了新字之后,还和新字并存并用。二是由于我国幅员辽阔,人口众多,方言复杂,语音和文字难以完全统一。这种情况长期存在,给我们阅读文言文带来不少困难。这个"老大难"问题在古代,乃至中华人民共和国成立以前,除了借助工具书以外,都没有办法从根本上改变。中华人民共和国成立以后,在党的领导下,进行文字改革,废除异体字,使汉字规范化,才改变了这种局面。但是我们的文字改革未能解决古籍中的问题。这样,我们在文言文教学中对于一词多义的解决办法,仍然只能是:①记住常用的,如"说"同"悦","内"同"纳"等;②勤看注解,勤翻工具书。

(三)虚词用得频繁

白话文中虚词也时常用,但远远不如文言文用得那么频繁。在文言文中,之、乎、也、者、矣、焉、哉、则、而等虚词，在同一篇文章中，几乎是不厌其烦地使用。宋朝著名文学家欧阳修写的《醉翁亭记》，几乎每句结尾都用了"也"字，但是，它不仅不使人感到厌烦，还被当作美谈。看看《陈涉世家》第一段：

  陈胜者，阳城人也，字涉。吴广者，阳夏人也，字叔。陈涉少时，尝与人佣耕，辍耕之垄上，怅恨久之，曰："苟富贵，无相忘！"佣者笑而应曰："若为佣耕，何富贵也？"陈涉太息曰："嗟乎！燕雀安知鸿鹄之志哉！"

  这段共七十三个字，常用虚词就用了十七次（"之垄上"的"之"不算），其中"者"字用了三次，"也"字用了三次，"之"字用了两次，"尝""与""苟""无""而""何""安""乎""哉"各用了一次。

  这些虚词的频繁使用，几乎成了文言文的标志。一般来说，虚词不表示实际的意义，但它的语法功能却是不可小视的。因此，过去有"之乎也者矣焉哉，做成文章好秀才"的说法。研究古代汉语的专家们，历来都很重视文言虚词的研究，其原因就在这里。

（四）省略和炼字

  文言文以高度精练为贵。在古代散文中，从未见过洋洋万言的大块文章。一般的散文名著，都在一千字左右，超过两千字的都很少，有的甚至只有几十个字。历来被人们推崇的《古文观止》选了二百二十二篇文章，超出两千字的仅《报任安书》一篇，占全书的百分之零点几。因为文言文要求文字精练，所以古代作家们除了精心剪裁外，在文字方面总是尽量省略，并在炼字炼句上下功夫，高度锤炼文章，如《曹刿论战》中"一鼓作气，再而衰，三而竭"一句，很明显，"再"和"三"之后都承前省略了"鼓"字。炼字炼句的例子不可胜数，就不一一举例了。

二、语法特点

  在古代汉语语法中，最常见的特殊语法就是词类活用和特殊句式，这是古汉语语法最突出的特点，值得特别注意。这里着重谈谈这两个特点。

（一）词类活用

  词类活用分以下四类。

  （1）名词用作状语。在现代汉语中，名词不能单独用作状语，而在古代汉语中，名词单独用作状语却是常见的事。例如：

① 有狼当道，人立而啼（马中锡《中山狼传》）
有一只狼挡在路上，像人一样站立起来吼叫。
② 惊尘蔽天，足音鸣雷（马中锡《中山狼传》）
扬起的尘土遮住了天，马蹄声像打雷一样响。
③ 乃丹书帛曰"陈胜王"（司马迁《陈涉世家》）
于是用朱砂在白绸上写上"陈胜王"三个字。
④ 卒廷见相如，毕礼而归之（司马迁《廉颇蔺相如列传》）
最终在宫廷上隆重地接见了蔺相如，接见的礼节完毕之后，才送他回国。

①中的"人"是名词作状语，修饰动词"立"，意思是"像人一样"；②中的"雷"是名词作状语，修饰动词"鸣"，意思是"像打雷一样"。这两例属于一类，用法一样，都是"像……一样"的意思。这实际上是比喻，这种比喻的表达方式使语言形象化，很有生命力。因此，它仍运用在现代汉语中，特别是成语中，如"蚕食鲸吞""风驰电掣""雷厉风行""鳞次栉比""狼吞虎咽""土崩瓦解"等。

③中的"丹"是名词作状语，修饰动词"书"，意思是"用朱砂"（以丹）。④中的"廷"是名词作状语，修饰动词"见"，意思是"在宫廷"（于廷）。这两例用法一样，翻译成现代汉语时都要在它的前面加上一个介词，其实是省略了介词的介词结构（现代汉语的介词结构可以作为状语，修饰动词）。这种用法的好处是使语言精练。

以上古代汉语中名词单独作状语来修饰动词最重要的用法。掌握好以上用法，就能准确地理解这些常见句式中的句意和词义。特别值得注意的是作状语的名词是在动词前边，如同主语的位置，因此，要从整个句子的意思联系上下文来辨别、判断，否则容易弄错。例如，"有狼当道，人立而啼"一句，如果单看后面一句，把"人"字看作主语也未尝不可，但是和前面一句联系起来看，意思就不对了。因此，一定要联系上下文，从整个句子的意思来看，做出正确的判断。

（2）名词用作动词。在现代汉语中，名词也可作动词用，但远不及古汉语中那样常见和特殊。在《师说》这篇短文中，"师"字出现了二十七次，其中十九次用作名词，四次用作一般动词，四次是名词的意动用法，可见古代词类运用得十分灵活。例如：

① 左右欲刃相如（《廉颇蔺相如列传》）

那些近臣想用刀杀掉蔺相如。
② 范增数目项王（《鸿门宴》）
范增多次向项王使眼色。
③ 禁卒居中央，牖其前以通明（《狱中杂记》）
牢房的看守住在中间，墙上打个窗子以透日光。
④ 吾师道也（《师说》）
我是学习道理啊！

这类名词用作动词，都是借使用与这个名词相关联的某一动作或行为来作动词。如果这个名词所指的事物是原有的，就是借用这个事物的动作或行为，如①和②。①中的"刃"（刀）是名词，这里借用用刀杀这个行为来作谓语。②中的"目"是名词，是借用用眼睛看这个动作来作谓语。如果这个名词所指的事物还不存在，就借使这个事物出现的动作或行为来作谓语，如③和④。③中的"牖"（窗户）是名词，这里是借打穿做成窗子这个行为作谓语，意思是"打窗子"。④中的"师"是名词，这是借用老师教我懂这个行为作谓语，意思是"学习"。

（3）形容词和名词的意动用法（含"以为"意）。形容词和名词的意动用法，是古代汉语中常见的语法现象。所谓意动，就是在主观上认为它所带的宾语怎么样。这是主观上的认为。例如：
① 大将军邓骘奇其才（范晔《张衡传》）
大将军邓骘认为他的才能而感到惊奇。
② 吾妻之美我者，私我也；妾之美我者，畏我也；客之美我者，欲有求于我也（《战国策·邹忌讽齐王纳谏》）
我的妻子认为我美，是偏爱我；妾认为我美，是害怕我；客人认为我美，是有求于我。
③ 又安敢毒耶（柳宗元《捕蛇者说》）
我还有什么怨恨的呢？
④ 先破秦入咸阳者王之（司马迁《鸿门宴》）
先攻破强秦进入咸阳的就推他为王。
⑤ 使赵不将括即已；若必将之，破赵军者必括也（司马迁《廉颇蔺相如列传》）
假使赵国不任用赵括作将领便罢，如果任用他作将领，使赵军破败的一定是他。

⑥ 燕赵之君，始有远略，能守其土，义不赂秦（苏洵《六国论》）
　　燕国和赵国的国君，开始时有远大的谋略，能够守住他们的土地，把不拿土地奉送给秦国认为是正确的。

从①到③，都是形容词的意动用法。这些形容词在意动用法中，把它所带的宾语（有的宾语省略了，如③）看作具有这个形容词所具有的性质或状态，而且都有共同的格式，即"以……为……"。①中的"奇其才"即"以其才为奇"，②中的三个"美我"都是"以我为美"，③中"毒（之）"是"以（之）为毒"。这是基本的格式，翻译或讲解时要用这个格式，同时要灵活翻译，使它通畅自然。

从④到⑥是名词的意动用法，其格式、用法、译法同前三例一样。

判断形容词或名词是否是意动用法，第一要看它在句子中是否处于谓语地位，第二要根据上下文的意思来理解判断。

（4）动词、形容词和名词的使动用法。所谓使动，就是使之动，就是使后面的宾语有动词、形容词、名词的动作或行为或性质或状态，或是使它们后面的宾语成为它们所指的人或事物。例如：

① 项伯杀人，臣活之（《鸿门宴》）
　　项伯杀人犯了死罪，我想办法救了他。
② 宁许以负秦曲（《廉颇蔺相如列传》）
　　宁可答应，而让秦国承担无理的责任。

关于动词、形容词和名词的使动用法，应注意三点：

第一，主语使宾语所代表的人或物发出这个动作，及主语使宾语怎么样的用法，如①的"活之"是"使之活"。讲解或翻译时要以这个格式为根据，即先要用这个格式套出它的内容结构，然后再按照其内容结构进行讲解或翻译。

第二，判断是否是使动用法，同样要根据上下文的意思判断。

第三，在判断是使动用法或者意动用法时，应注意两者的区别点，即使动的重点在宾语上，而意动的重点在主语上。

以上四类词类活用，其作用都是使语言精练生动。其中很大一部分已被现代汉语继承下来，掌握了这些规律，不仅有助于我们搞好文言文教学，而且对我们深入理解现代汉语也很有帮助。

（二）特殊句式

1. 判断句

古代的判断句通常是用"……者，……也"的句式表达，这是古代判断句的标准式或叫完全式。此外还有三种不完全式表示如下：

A式 ……者，……也。｝完全式
B式 ……者，……（无"也"）。
C式 ……（无"者"），……也。 ｝不完全式
D式 ……（无"者"），……（无"也"）。

例如：

A式 陈胜者，阳城人也（司马迁《陈涉世家》）
　　陈胜是阳城人。

B式 四人者，庐陵萧君圭君玉，长乐王回深父，余弟安国平父、安上纯父（王安石《游褒禅山记》）
　　同游的四人是庐陵人萧君圭，字君玉，长乐人王回，字深父，我的弟弟安国、安上。

C式 和氏璧，天下所共传宝也（司马迁《廉颇蔺相如列传》）
　　和氏璧是公认的宝物。

D式 刘豫州王室之胄（司马光《赤壁之战》）
　　刘豫州乃皇室的后裔。

以上四种句式，有语气缓急的区别，我们仔细体会同一内容的四种句式便可知道。如"贵阳是贵州省的省会"这个判断句，用古汉语的四种句式，说法如下。

A式：贵阳者，贵州省之省会也。
B式：贵阳者，贵州省之省会。
C式：贵阳，贵州省之省会也。
D式：贵阳，贵州省之省会。

这四种句式的语气逐渐由缓而急，因此，作者在写作时可以根据表情达意的需要来选定句式。

了解这种判断句的句式，要特别注意以"是"字作判断句主语的句子。如《荀子·天论》中"日月星辰瑞历，是禹、桀之所同也"这一句，"是"为指示代词，作"这""这些"讲，复指"日月星辰瑞历"，是主语。这句的意思是日月星辰瑞历，这些在禹和桀的时候都是相同的，因此，不能把古代汉语中作代词用的"是"理解成现代的判断词"是"。

2. 宾语前置句

在古代汉语中，如果属于以下几种情况者，通常多是将宾语放在动词或介

词的前面。

（1）疑问句中以代词作宾语。

例一　且焉置土石？（《愚公移山》）
　　　况且把泥土和石头放在哪里呢？

例二　宋何罪之有？（《墨子·公输》）
　　　宋国有什么罪？

例三　责毕收，以何市而反（《战国策·齐四·齐人有冯谖者》）
　　　收完债后，用它买什么回来？

例四　沛公安在（《鸿门宴》）
　　　沛公在哪儿？

例五　噫！微斯人，吾谁与归？（《岳阳楼记》）
　　　噫！没有这样的人，我同谁一道呢？

例一中的"焉"是动词"置"的宾语，因为是在疑问句中，又是代词，所以放在动词的前边。"土石"也是"置"的宾语，但不是代词，所以不前置。例二中的"何"是代词，是"有"的宾语，因为是疑问句，所以放在"有"的前边。不仅"何"提到前边，连它所修饰的"罪"也一同提前。"之"帮助宾语提前，成为宾语提前的标志。同样的道理，例三中的"何"放在动词"市"的前边，例四中的"安"放在动词"在"的前边，例五中的"谁"放在介词"与"的前边。

（2）否定句中以代词作宾语。

例一　三岁贯女，莫我肯顾（《硕鼠》）
　　　多年来，我养肥了你，你却一点也不顾惜我。

例二　目书典所记，未之有也（《张衡传》）
　　　看古代典籍所记载的，还没有这样的仪器。

例一中的"莫我肯顾"即"莫肯顾我"，例二中的"未之有也"即"未有之也"，都是否定句，宾语又都是代词，因而提前。不符合这个条件的不能提前。

（3）"以"字的宾语常常放在前面。

这种句式一直到现在还在用。毛主席在《湖南农民运动考察报告》中说："无不一言以蔽之"。"一言以蔽之"即"以一言蔽之"，意思是用一句话来概括。"一言"是"以"的宾语，放在"以"的前边。"夜以继日"就是"以夜继日"，意思是用夜晚接上白天。"夜"是"以"的宾语，所以放在"以"的前边。

这种句式在古汉中经常出现。

例一　问：何以战？（《曹刿论战》）

例二　何以效之（《订鬼》）

例三　何以知之（《廉颇蔺相如列传》）

（4）需要强调的宾语。

前面谈到的三种宾语前置情况，是古代汉语的语言习惯；为了强调宾语而把它提到动词前边，这是修辞问题。宾语提前的方法有两种：一是直接把宾语置于动词之前，这种情况，前面已经讲到了。二是通过"之""是"或"唯……是……"句式的帮助提前。例如，韩愈《师说》中"句读之不知"一句中，"句读"是动词"知"的宾语，靠"之"的帮助而提前。"句读之不知"即"不知句读"，意思是不懂句读。再如"唯利是图"，"利"是"图"的宾语，靠"唯……是……"句式的帮助而提前。"唯利是图"即"图利"，意思是只顾贪图利益（"唯"有"只"的意思）。

3. 状语后置句

在古代汉语中，介词结构作状语，绝大部分是放在动词的后边（如果动词带有宾语，便放在宾语的后边），翻译成现代汉语时，必须把它移到动词前边。例如，"青，取之于蓝而青于蓝"中，两个"于蓝"都是介词结构，分别是"取"和"青"的状语，但都放在了后边。前一个"于蓝"因"取"字带有直接宾语"之"，便放在"之"的后边；后一个"于蓝"因为谓语"青"是形容词，没有宾语，便直接放在"青"字的后边。对这类句子，我们称之为状语后置句。这类句式值得注意的是省略了介词的那些句子，如"素善留侯张良"，"留侯张良"的前边省略了介词"于"，它是"善"的状语，这句的意思是平常和留侯张良的关系很好。

4. 定语后置句

在古代汉语中，因语言习惯或修辞需要，常常把定语放在中心词的后边，这种句子被称为定语后置句。这些后置的定语，有的有标志，如"楚人有涉江者"一句中，"人"是中心词，"涉江"是它的定语，"者"是定语后置的标志。这句的意思是"楚国有个渡江的人"；有的无标志，如"以听命先生"一句中，"命"是中心词，"先生"是它的定语，后置后无标志，正常的语序是"以听先生之命"，意思是"这样来听从东郭先生的意见"。无论是有标志还是无标志，都要细心辨别。

以数词或数量词作定语，也常置于中心词之后，译成现代汉语时，要把它放在中心语之前。例如,《愚公移山》中"遂率子孙荷担者三夫"一句,"三夫"是"子孙"的定语,这句译成现代汉语则为"于是愚公带领着三个能背能挑的儿子和孙子"。

在古代汉语中,数词和数量词也可以作谓语,如《鸿门宴》中"范增数目项王,举所佩玉玦以示之者三"一句,"三"就是谓语。《愚公移山》中"北山愚公者,年且九十"一句,"九十"也是谓语。这种主谓句和数词或数量词作定语的定语后置句结构相类似,是谓语还是定语,要根据上下文的意思仔细辨别。

5. 省略句

省略句中的某个成分(包括词、词组、句子),无论是在古代汉语还是现代汉语中,都是常有的事。但是,现代汉语的省略,容易看出来,不容易弄错,而古代汉语的省略比现代汉语复杂得多,稍不注意就会弄错。例如,《鸿门宴》中"樊哙覆其盾于地,加彘肩上"这句,由于"上"的前边有省略,又不容易看出,很容易误解为把盾加在彘肩上。实际上却是相反的,是把彘肩放在盾上。只有把"上"前边省略的成分"于其"补上,即"加彘肩于其上",才能理解这句话的本意。又如苏洵《六国论》中,"秦以攻取之外,小则获邑,大则得城。较秦之所得,与战胜而得者,其实百倍"。这几句如果只是直译,不补出它所省略的成分,译文就不通顺,补出省略成分之后则为:

秦以攻取(六国土地)之外(受六国之赂),小则获邑,大则得城。较秦之所得,(其受赂所得)与战胜而得者,其实百倍。

可见文言文教学中要注意句子成分的省略。省略的类型有如下三种:

(1)省略的成分前面已经出现过,省略了而不至于产生误解的,这种省略,叫承前省。

例一 一鼓作气,再(鼓)而衰,三(鼓)而竭。(《左传·曹刿论战》)

   第一次擂鼓冲锋,勇气振作起来,第二次(擂鼓)勇气就衰减了,第三次(擂鼓)勇气就耗尽了。

例二 大将军邓骘奇其才,累召(张衡为官),(张衡)不应。(范晔《张衡传》)

   将军邓骘因为他的才能而惊奇,便接连多次叫张衡去做官,他都没有应命。

(2)蒙后省。

蒙后省指省略的成分是后面即将出现的,省略了不至于产生误解,这样的省略也叫承后省。

蔺相如前曰,"赵王窃闻秦王善为秦声,请奏盆缶秦王(击),以相娱乐。"秦王怒,不许。于是相如前进缶,因跪请秦王(击)。秦王不肯击缶。(司马迁《廉颇蔺相如列传》)

蔺相如上前去说:"赵王听说秦王擅长于演奏秦声,请允许我捧着盆饭给秦王敲,以便互相娱乐。"秦王发怒,不答应。于是蔺相如又再上前去将盆饭递给秦王,跪着请他敲。秦王不肯敲那盆甄。

(3)习惯上的省略。

①一些介词或介词的宾词常常省略。

例一　将军战(于)河北,臣战(于)河南(司马迁《鸿门宴》)

您将军在黄河北面一线战斗,我在黄河南面一线战斗。

例二　于是二子遂以(之)白明帝(傅玄《马钧传》)

于是两位先生就把这个意见禀告魏明帝。

②一些词组的中心词常常省略。语言学家们很注重这一种省略,陈望道先生的《修辞学发凡》把这一类列为借代修辞格中的一类。这一类之所以特别值得注意,是因为如果不注意,就容易弄错,如《陈涉世家》中"天下苦秦久矣"一句,"天下"是"天下之人"的省略,翻译时应译为"全国人民"。

第二节　中学文言文教学的特点

文言文具有不同于现代白话文的语言特点,因而使文言文教学也具有与现代白话文教学的不同特点,主要有以下几种。

一、扫除文字障碍的任务重

文言文是用古代语言记录的作品。由于语言的发展变化,它与用现代语言记录的现代文有相当大的差别,给一般中学生增加了"语言文字障碍大"的困难。因此,文言文教学首先要下很大的功夫扫除语言文字方面的障碍。由于古代汉语的单音词多,因此,语言文字的主要问题就是词汇问题。

我们看荀子《劝学》中"学不可以已"一句。初看还可以略知一二,但这句话中有几个词已经有了变化,如果不了解,把它讲成"学不可以已经"或

"学习不可以已经",那就不成话了。这里关键的问题是要掌握"已"的意思。"已"在现代汉语里是"已经"的意思,在古代汉语里也当"已经"讲,如《鸿门宴》中"已至军矣"的"已"。但是在古代汉语里它还有另一个经常用的意思,那就是"停止"。在这句话里是用"停止"这个意义。准确地理解了这个词,这句话的意思也就懂了。

再看《陈涉世家》中的一段话:

二世元年七月,发闾左適戍渔阳九百人,屯大泽乡。陈胜、吴广皆次当行,为屯长。会天大雨,道不通,度已失期。失期,法皆斩。陈胜、吴广乃谋曰:"今亡亦死,举大计亦死,等死,死国可乎?"

第一句好懂,第二句"发闾左適戍渔阳九百人"中的"发""闾左""適""戍"的含义,如果搞不清楚,这句话就难懂了。"发"即"征发";"闾左"即"住在闾门左边的平民";"适"同"谪",在这里是责令或强迫的意思;"戍"即"防守"。了解了四个字的含义之后,就了解了这句话的意思,即"征发九百个居住在闾门左边的平民,责令他们到渔阳去防守边境"。同样的道理,"屯大泽乡"这句,也要先懂得"屯"是"驻扎"的意思,才能懂得这句的意思是"驻扎在大泽乡"。"陈胜、吴广皆次当行,为屯长"这句,也必须先了解"皆""次""当""行""为"的含义之后,才能懂得这句话的意思,即"陈胜和吴广按照安排好的次序都应当去,并担任屯长"。"会天大雨,道不通,度已失期"这几句,也必须先了解"会""道""度""已""失""期"的含义,才能正确地把这几句话理解为"恰巧碰上天下大雨,道路不通,估计已经耽误日期了"。"失期,法皆斩。陈胜、吴广乃谋曰:'今亡亦死,举大计亦死,等死,死国可乎?'"对这几句也必须先了解"法""皆""斩""乃""谋""曰""今""亡""亦""举""大计""等死""死国""可""乎"的含义和用法之后,才能正确地理解,即"耽误了日期,按照法律规定,都要处死。陈胜和吴广就商量说:'现在逃出去也要死掉,举行起义也要死掉。同样是死,(我们)为国而死,可以吗?'"

这些例子说明,文言文教学首要的任务是帮助学生掌握好词汇的含义和用法。王力先生说:"如果说,寻求一种系统的学习方法,使古书的阅读水平提高更快,这种钥匙是有的,那就是掌握常用词的常用意义。这是一种以简驭繁的方法。"根据王力先生的意见,掌握常用词汇的方法可以归纳为以下三种。

(一)对庞杂的词汇进行分类,化繁为简,突破难点

古代汉语的词汇很多,很复杂。清代编的《康熙字典》收录单字47035个,

如果以一个字作为一个词来计算，就有四万多个词。由于一词多义以及越到后来合成词越多等原因，实际上古代的词汇大大超过了这个数目。对于这些词汇，只有根据古今汉语词汇继承和发展的规律加以归类，才易于掌握。

根据古汉语词汇在古代和现代长期使用的频率，我们可以把它分为四类：

（1）古今的含义和用法完全一样的。

（2）古代的一个单音词成为现代的一个多音词的一个词素。

（3）这个词的词义在古代特别是魏晋南北朝以后就不常用了，现代更不用了。

（4）这个词的词义现在虽然不用了，但在古代却长期普遍使用。

下面我们按照这四类词分别举例说明。

第一类词，如：

人	口	手	不	有	无
方	圆	长	短	山	水
草	木	天	地	上	下
小	大	风	雨	年	岁
月	日	新	旧		

这类词古代和现代的含义、用法基本上相同。《曹刿论战》中"其乡人曰"中的"人"，《愚公移山》中"太行、王屋二山"中的"二""山"，《陈涉世家》中"会天大雨"中的"天""大""雨"，等等，古今的含义和用法是相同的，所以我们称它们为全活着的词。这类既然是全活着的，我们就不必在这方面多下功夫。

第二类词，如：

学＝学习　　　习＝实习、练习

发＝头发　　　石＝石头

国＝国家　　　胸＝胸脯

感＝感动　　　比＝相比

时＝当时、时候　知＝知道、知识

古代的这类词，成为现代一个多音词的一个词素。例如，古代的"学"，有现代的"学习"之意，是现代"学习"这个词中的一个词素；"习"有现代的"实习""练习""演习"之意，成为这些词中的一个词素。它们都是现代词汇中的一部分，因此，我们称它们为半活着的词。这是古今词汇继承和发展的一条规律。这类词在整个词汇中占绝对优势。掌握了这条规律,就能解决词汇中的绝大部分问题。这样,只要我们有比较丰富的现代汉语的词汇量,学习文言文遇到这类词,就可以用这个办法解决它。

第三类词,是早死的词。所谓早死,是指魏晋南北朝以后就不用或不常用了,如《左传·僖公四年》中"君处北海,寡人处南海,唯是风马牛不相及也"中的"风",是"放(旧说是牛马牝牡相诱)逸"的意思。这些词的含义,后来都不太用了,所以我们称它们为早死的词。

第四类词,是晚死的词。所谓晚死,是指现代已不用或不常用,而魏晋南北朝以后还经常在用。这类词如:

走＝跑　　　　　　行＝走
去＝离开、距离　　　往＝去
说＝解释、劝说　　　说＝悦
尝＝曾经　　　　　　兵＝兵器
江＝长江　　　　　　河＝黄河
市＝买　　　　　　　如＝到某地去
再＝第二次、两次　　耳＝罢了
安＝哪里　　　　　　则＝就
者＝的人　　　　　　却然＝的样子
矣＝了　　　　　　　欤＝呢
乎＝吗　　　　　　　哉＝呢

这类词的词义,因为古代长期使用,实用价值大,又因为现代已经不用了,在文言文中遇到它容易误解,因此,特别需要把它弄清楚,并牢牢记住。记住了这类词,可以避免不必要的误解,如《鸿门宴》中"沛公起如厕"一句,我们记住"如"有"到某地去"的意思,就不会把这句理解为"沛公起来像厕所一样"。对《赤壁之战》中"独卿与子敬与孤同耳",懂得其中的"耳"是"而已""罢了"的意思,也就不会把这句理解为"只有您与鲁子敬和我相同耳朵"。这类词也不是很多,现行国家统编的中学语文课本中,这类词不过两百个左右。教学时,让学生记住这类词,加上第一、二类的词,阅读浅易的文言文就有了一定的基础了。这是个以简驭繁,可收事半功倍之效的好办法。

(二)根据词的本义和引申义的规律,掌握一词多义

词的本义指的是词本来的意义,引申义指的是由本义引申出来的新的意义。引申义和本义有其内在联系,一词多义的出现,绝大部分由此而来。弄清

楚词的本义和引申义之间的关系，对我们掌握一词多义很有帮助。如果我们把一个词的若干含义比作一棵树，那么有的含义是树根，有的含义是树干，有的含义是树枝，有的含义是树叶。我们从根、干、枝、叶去完整地认识这棵树，就会明白根、干、枝、叶的关系，对这棵树就会有完整的概念和深刻的印象。一词多义，其中必定有一个含义是本义，其他的含义是引申义或是比喻义、假借义（比喻义和假借义本书从略）。本义有如树根，引申义有如树干、树枝、树叶。在引申义中，又有最常用、最主要的。

词义引申，有的是从本义直接引申出来的，有的则是间接引申出来的，即在引申义的基础上再引申而来。无论是直接引申还是间接引申，都是由此义引申出彼义。在教学中，要注意讲清楚其内在联系。

（三）根据词义活用的规律，掌握词汇的千变万化

在文言文教学中，按照我们掌握的词的常用义，对词语诠释，有时仍感到不妥帖，这就需要灵活运用，一般叫作词义活用。

例如，《郑人买履》中"及反，市罢"的"罢"，要由"停止"的意思灵活解释为"散"。《马钧传》中"先生患其丧功费日"的"患"，要由"担忧、发愁"的意思，灵活地解释为"嫌"。又"乃思绫机之变"的"变"，要由"变化"的意思，灵活地解释为"改革"。又"其巧可益否"的"益"字，要由"增加"的意思，灵活地解释为"巧妙"。又"其奇文异变因感而作者"的"作"，要由"起来"的意思，灵活地解释为"出现"。又"令童儿转之"的"转"，要由"转动"的意思，灵活地解释为"摇"。《劝学》中"青，取之于蓝"的"取"，要由"拿来"的意思，灵活地解释为"提炼"，又"声非加疾也"的"疾"，要由"快"的意思，灵活地解释为"加大"。《黔之驴》中"驴不胜怒"的"胜"，要由"承担得了"的意思，灵活地解释为"禁得住"或"禁受得了气"。《曹刿论战》中"牺牲玉帛，弗敢加也"的"加"，要由"增加"的意思，灵活地解释为"虚报"。又"彼竭我盈"的"盈"，要由"满"的意思，灵活地解释为"旺盛"。《张衡传》中"视事三年"的"视"，要由"审察"的意思，灵活地解释为"治理"或"任职"。

以上这些字，必须灵活地解释，才与上下文的意思相符，读起来才通顺。这种灵活解释的意义，就是词义活用。词的这种活用义和引申义不同，前者是在特殊条件下的灵活应用，有暂时性、不固定等特点，而后者则比较固定。因此，词的引申义在字典中可以查到，而活用义，一般说来是查不到的。

古人说，理解作品时，不能以文害辞，以辞害意，而要"以意逆志"。掌

握词义活用，就能做到"以意逆志"。因此，要学好文言文掌握词义活用是必要的。

词义活用的原则，同词义的引申原则一样，彼此之间必须相关联或有相类似的关系才能活用。

从词义活用可以看出，词的常用义（包括本义和引申义）在实际应用中非常活跃，千变万化。词汇就是在千变万化的语言实践中发展而来的。我们了解了这种情况，掌握了它的规律，就能比较准确地理解它活用的实际含义，准确地理解文章的思想内容。

二、批判继承的问题突出

文言文是古代作者为了表达他们的思想感情而用古代汉语写成的。古代作者由于受到时代的局限和阶级的局限，他们的立场观点，思想感情总是或多或少、或明或暗地打上了时代和阶级的烙印。反映在选为课文的作品中，难免出现一些消极的因素，甚至个别反动的观点，即使是比较优秀的作品也难例外。对这种局限性，我们固然不能苛求于古人，但他们的这些观点和感情必然会对学生产生潜移默化的副作用。因此，文言文教学比起现代白话文教学来，批判继承的问题就显得特别突出和重要。所以，我们在文言文教学中，必须帮助和引导学生批判地继承古代文化遗产，努力做到吸收其民主性的精华，摒弃其封建性的糟粕，真正做到"古为今用"。要做好批判继承古代文化遗产的工作，必须掌握马列主义和毛泽东思想的理论武器，运用辩证唯物主义和历史唯物主义的观点，对古代作家和作品进行恰如其分的评价和分析，但要防止过分批判。

三、疏通义理的难度大

由于古代作家行文时尽量省略文字，加上我们对古代的文物风貌、生活习气、典章制度等知识比较陌生，再加上古代的作家们，特别是诗人、词客们用典频繁，这就给我们理解古代作品带来相当大的困难。如果没有相关知识或是相关知识很贫乏，要想深入理解古代作品，疏通它的义理，是很困难的，如古人除了有姓有名以外，还有字有号，统治阶级还有官衔。什么场合道姓，什么场合称名，什么场合称字，什么场合称号，什么场合称官衔，都很讲究。用典更是疏通义理的一大障碍，凡是读到用典的地方，都有三个任务：①了解典故的来源和内容；②了解作者用这个典故表达了什么思想感情；③把这个典故同上下文的意思联系起来理解,如文天祥《指南录后序》中讲了元军胁持他随同贾余庆等逆贼北行,而又不是使者。对这种侮辱性的强迫行为,他说,按理他应当自杀殉职,但是他没有这样做,而是忍受着这种侮辱跟着去了。为什么?他写道:"昔人云,将以有为也。"这句话如果仅按字面理解,就表达不了他前面所说的"予分当引决"的感情。只有了解了这个典故的意思,才能真正理解他表达的深刻含义。典故源于唐朝安史之乱时,安庆绪指挥叛军围攻睢阳城。张巡和部将南霁云一起帮助睢阳太守英勇抗击叛军。最后睢阳城陷,张巡、南霁云被叛军活捉,叛贼要他们投降,张巡不屈,而南霁云不吭声。张巡对南霁云说:"男儿死耳,不可为不义屈。"南霁云笑着回答说:"欲将以有为也。公有言,云敢不死?"结果和张巡一起英勇就义了。南霁云的不吭声,是想要"将以有为",即想在立即就义之外找出个更好的尽职尽忠的办法来惩创强贼。文天祥用这个典故,就是借用南霁云的这个意思。明白了这个典故,对"予分当引决,然而隐忍以行。昔人云:'将以有为也。'"的义理,就应该这样疏通:

我本应该自杀殉职。但是,我没有自杀,而是忍受着侮辱跟他们去了。唐朝的英勇将领南霁云,曾经有暂不就义尽忠、另寻办法惩创强贼的打算,我正是这样的打算,这无碍于我忠于朝廷的一片丹心。

在散文教学中有这个困难,在诗词教学中这种困难更多更大。辛弃疾《永遇乐·京口北固亭怀古》第二段的开头三句就是典故。"元嘉草草,封狼居胥,赢得仓皇北顾",万云骏教授是在分别解释了前两句之后,才来疏通这三句的义理的:

这三句说:元嘉年间,宋文帝命王玄谟出师北伐,想把鲜卑族赶到塞外,但因为准备不足,草草出兵,最终狼狈败退。这是用来警告韩太尉的话,如果不做足够的准备,他也将像宋文帝一样要失败。

这两个例子都说明,在文言文教学中,疏通义理的难度很大,这就要求我们既要丰富自己的历史知识和古代文化知识,又要注意掌握一些疏通义理的方法。

第三节 中学文言文教学常用的几种方法

根据文言文的语言特点和教学特点,中学文言文教学常用以下几种方法。

一、诵读

在文言文教学中,朗读以及背诵占有特别重要的地位。王力先生主张熟读,他说:"只有熟读一二百篇古文,然后感性认识丰富了,许多书本上所未讲到的理论知识,都可以由自己领略得来。这种由感性认识提高到理性认识,才能真正地掌握了古代汉语。"吴晗也主张背诵,他说:"背熟五十篇文章,之乎者也之类虚词的用法掌握了,然后再念古代文献就不会感到困难了。"这些都是经验之谈,但充分说明了熟读和背诵的重要性。其实,我们学习语文的传统方法也是熟读和背诵。所谓"熟读唐诗三百首,不会吟诗也会吟""读书百遍,其义自见",就是这个意思。朗读和背诵不容忽视,这是文言文教学的一个重要方法,但是现在这个行之有效的方法已被忽视了,我们应当重视起来。

诵读教学应分两步走:第一步是要读得通,读得熟,这一步我们叫诵读;第二步是有轻重缓急、抑扬顿挫地朗读,通过朗读来表情达意、欣赏诗文,这一步我们叫朗诵。第一步是基础,第二步是提高。教师要严格要求中学生做好第一步,选择重点篇章或篇章中的重点段落帮助他们做第二步工作,使他们懂得应该怎样练习才能朗诵得更好。

做好第一步要抓住两点:一是对句子要断分意群,特别是要分清主语部分和谓语部分;二是要按照标点符号朗读,这就叫作"明句读"。由于中学生词汇贫乏,古汉语的语言实感差,教师宜多领读。领读虽然要占去讲授的时间,但效果比单纯听老师讲解分析要好得多。教师在串讲课文之前,最好先领读一两遍,再让学生自行朗读一两遍。读到分清了句子的意群,分清了主语部分和谓语部分,基本上明白了句读为止。这样,生字生词问题就解决了(而且做到字不离词,词不离句),对于课文中比较浅显的内容,学生在反复朗读中也逐渐领会了,教师再在这个基础上进行串讲,只讲一些难词难句就可疏通文义了,并不怎么费力。如果没有教师领读,许多文章学生自己是读不通的。如《廉颇蔺相如列传》中"相如度秦王特以诈佯为予赵城"一句,学生往往会读成"相如度(dù)/秦王特/以诈佯/为予/赵城",这就错了,一旦读错当然也就无法正确理解这个句子的意思。如果教师事先领读,把这句读成"相如/度(duó)秦王特以诈/佯为/予赵城",并读后说明"度"在这里当"估计、推测"之类讲,读"duó","特"是"只是"的意思,"诈"是"欺骗",这里指"欺骗的手段"。这样读,意群分得恰当,主语部分和谓语部分分得清楚,这句话的意思也就基本上清楚了。当然,并不是每篇文章都一定得由教师领读,这要根据文章的难易而定。

对于标点符号,学生往往不注意,教师应该帮助学生养成按照标点符号朗读的习惯。标点符号既表示朗读时的停顿,也表示朗读时的语气。如果是作者演说,他会有停顿,有轻重缓急和抑扬顿挫的语调,有手势,有面部表情,等等。这些都是表情达意必不可少的辅助手段。但是,作者不是演说给我们听,而是写成文章给我们看,让我们自己去读,那就无法借用这些辅助手段了。如果朗读的人不顾标点符号的作用,只是放鞭炮似的朗读,既不能表情达意,也不可能正确理解作品中丰富的思想内容,更不可能欣赏优秀作品的艺术美。因此,我们应该注意培养学生按照标点符号朗读的良好习惯。在这方面,既要有严格的要求,也要有一定的训练,特别是教师要指导学生训练。

做好第二步要把握好文气。文气,就是文章中体现的作者的精神气质。这种气质在文章当中,是通过恰当的句式、恰当的虚词、恰当的修辞方法以及铿锵和谐的音韵等构成的。朗读时,对这些因素不可不注意,试读文天祥《指南录后序》中的一段:

呜呼!予之及于死者,不知其几矣!诋大酋当死;骂逆贼当死;与贵酋处二十日,争曲直,屡当死;去京口,挟匕首以备不测,几自到死;经北舰十余里,为巡船所物色,几从鱼腹死;真州逐之城门外,几彷徨死;如扬州,过瓜洲扬子桥,竟使遇哨,无不死;扬州城下,进退不由,殆例送死;坐桂公塘土围中,骑数千过其门,几落贼手死;贾家庄几为巡徼所陵迫死;夜趋高邮,迷失道,几陷死;质明,避哨竹林中,逻者数十骑,几无所逃死;至高邮,制府檄下,几以捕系死;行城子河,出入乱尸中,舟与哨相后先,几邂逅死;至海陵,如高沙,常恐无辜死;道海安、如皋,凡三百里,北与寇往来其间,无日而非可死;至通州,几以不纳死;以小舟涉鲸波出,无可奈何,而死固付之度外矣。呜呼!死生,昼夜事也。死而死矣,而境界危恶,层见错出,非人世所堪。痛定思痛!痛何如哉?

民族英雄文天祥,在"北兵已迫修门外",国难临头,大小官吏惊慌失措,"莫知计所出"时,为了解除国难,挺身而出,出使北营,历尽艰辛。他在元军和逆贼的胁持下,忍受着屈辱,随贾余庆等逆贼北行,中途从京口逃回永嘉,一路上还在千方百计地营谋拯救宋朝,将个人生死置之度外。

这段就是他回顾一路上险恶遭遇的抒情文字。他在这里所抒发的感情,就是他后来在《正气歌》中所写的,说人有了"沛乎塞苍冥"的浩然正气支撑,就能战胜顽敌、百战不退的感慨。在这一段里,他历数自己的险恶遭遇,选用简短明快的句式和恰当的虚词以及采用感叹和排比的修辞方法来表达。他以"呜呼"这样深沉的感叹语开头,使前面的叙述语气一转成为强烈的抒情语调。接着又以"予之及于死者,不知其几矣"这样深情的句子总领本段内容。"及于死"是重读部分,重音又落在"死"字上,而且要通过"者"字把字音拖长,突出重点。再以舒缓的语气读过"不知其"三个字之后,紧接着又要一字一顿地朗读最后两个字——"几""矣",把喷薄欲出的感情再次抒发出来。以下以十八个排比句历数自己的险恶遭遇,每句都选用"当""屡当""几""无不""殆例""常恐""无日而非"等富于变化的修饰语来表达自己为国捐躯的可能性。这些修饰语随着抒情语气的起伏变化而变化。读到这些词时,语气要随着感情的变化有轻重缓急之分。"以小舟涉鲸波出,无可奈何,而死固付之度外矣。"这既是整个险恶遭遇的最后一个,也是对整个遭遇的收束,情感既沉痛又昂扬。我们读到"无可奈何""死""固""付之度外"时,都要特别用力。"呜呼!死生,昼夜事也。死而死矣,而境界危恶,层见错出,非人世所堪",是将抒情寓于议论之中,语气由徐而疾,最后三句,共十四字,几乎无须停顿,连发而出。"痛定思痛!痛何如哉?",是将抒情寓于感叹之中,感叹又寓于疑问的语气之中。我们得一字一顿,铿然有声地读出这八个字。这段既是作者抒发自己沉痛而豪迈的感情,也是赞美自己引以自豪的浩然正气。对作者情感的体味是这段的灵魂,决定着这段的文气。只有把握了这一点,才能把这一段文章朗诵得好。

以上是关于散文的诵读。如果是韵文(主要是诗词),那除了要注意诵读散文时应注意的问题之外,还要特别注意节奏和音韵。有人说,好的诗歌,既有图画美,又有音乐美。前者指的是意境的优美,后者指的是节奏、声音和韵律的优美,因为后者是由这三个因素构成的。因此,我们诵读诗词时,要特别注意读出它那鲜明的节奏和铿锵和谐而富于音乐性的音韵。要一边读,一边体味,在欣赏其图画美的同时,欣赏其固有的音乐美。

语文教师不是演员,也不是播音员,一般说来,不可能像他们朗读得那样好。但是,朗读有一定的规律,我们应该具有朗读的一般常识,努力掌握这些要领,把它读好,并且教学生学会朗读。

二、串讲

串讲就是对原文逐字逐句地进行讲解,把它们的意思串联起来,以便使学生完整地理解全篇文章的思想内容。文言文教学一般都采用串讲这种方法,在串讲中要注意以下几个问题。

（一）联系旧课，以旧带新

在讲授新知识时，要注意联系已学过的旧知识，使学生"温故而知新"。这对于学生巩固旧知识、理解新知识很有好处。比如，给初三学生讲《陈涉世家》中"辍耕之垄上"的"之"字，就可联系初一学过的《郑人买履》中"至之市"的"之"，都是作动词用，都是"到""去"的意思。给高一学生讲《国殇》中"出不入兮往不反"的"反"字，就可联系初一学过的《郑人买履》中"反归取之"和"及反，市罢"的"反"，都是通"返"字，是"回去"或"回来"的意思。给高一学生讲《廉颇蔺相如列传》中"宁许以负秦曲"的"宁"字，就联系初一学过的《郑人买履》中"宁信度，无自信也"的"宁"，都是"宁可"的意思。给高二学生讲《鸿门宴》中"因击沛公于坐，杀之"的"坐"字，就联系初一学过的《郑人买履》中"先自度其足而置之其坐"的"坐"，都是通"座"字，都是"座位"的意思。给高一学生讲《师说》中"于其身也，则耻师焉，惑矣"的"惑"字，就联系初一学过的《刻舟求剑》中"求剑若此，不亦惑乎"的"惑"，都是"糊涂"的意思。

给初三学生讲《曹刿论战》中"肉食者鄙"的"者"字，就联系初一学过的《黔之驴》中"有好事者船载以入"的"者"，都是"……的人"的意思。讲《捕蛇者说》中"貌若甚戚者"的"者"字，就联系初一学过的《黔之驴》中"觉无异能者"的"者"，都是"……的样子"的意思。给高二学生讲《中山狼传》中"信足先生"的"信"字，就联系初三学过的《隆中对》中"欲信大义于天下"的"信"，都是通"伸"字，是"伸展"或"伸出来"的意思。在给高一学生讲《廉颇蔺相如列传》中"求人可使报秦者"一句，"可使报秦者"是定语后置，联系初一学过的《郑人买履》中"郑人有欲买履者"一句和《刻舟求剑》中"楚人有涉江者"一句，"有欲买履者"和"有涉江者"都是定语后置。给高二学生讲《张衡传》中"验之以事"的"以事"，就联系初一学过的《郑人买履》中"何不试之以足"的"以足"，它们都是状语后置。给高一学生讲《廉颇蔺相如列传》中"何以知之"的"何以"，就联系初三学过的《曹刿论战》中"问何以战"的"何以"，都是宾语前置，是"凭什么"的意思。从初一到高二，无论是词义或句式，都有很多可以联系的地方。只要我们事先熟悉教材，搜集资料，联系起来会很方便。这样一联系，既可以复习巩固旧有知识，又可学到新知识，新旧联系，以旧带新，效果较好。联系时所举的例子，如果是学生读熟和背诵过的篇章或句子，效果会更好。

（二）逐字落实，切忌笼统

串讲要过硬，就要逐字落实，切忌笼统。如果把一个句子比作一部机器，那么字（词）就是这部机器的零件。我们应该做到把所有的零件拆开来，都认得出它是什么零件，在这部机器中起什么作用，合拢来又是一部什么机器，这部机器是干什么用的。我们一定要注意教学生学会拆零件、认零件、安装零件的功夫。词是能够独立应用的最小单位，如果不能解决这个问题，就缺乏正确理解句意的基础。比如，问学生《曹刿论战》中"其乡人曰"是什么意思？他答"他同乡的人说"，再问"其"是什么意思，他还是答"他同乡的人说"，这就是他没有具备应有的功夫，对所学知识不能灵活运用。词义是句意的基础，一个句子中的若干个词靠语法功能组织在一起，表达一个完整的意思；句又是段的基础，它靠语法功能和逻辑功能组织起来表达完整的意思，以此类推，要在理解段意的基础上才能理解整篇文章的内容。从字词到句到段到篇，字词是基础，串讲时，只有逐字落实，打好坚实的基础，才能搞好文言文教学工作。

在串讲中，我们要做到把每个字词的含义、它们在句子中的作用以及为什么要用这种句式而不用其他句式等，都给学生讲清楚，并且要使他们能够举一反三、灵活运用，这样的串讲才算过硬。具体来说，要使串讲过硬，我们应该做好三方面的工作：

第一，把文言文教材中常用的虚词和实词集中起来，对它们的词义和用法进行比较、研究，对它们有一个全面系统的了解。

第二，把文言课文中的特殊句式集中起来，以便对它们的应用规律进行研究。

第三，把文言课文中所有的难句搜集起来进行研究，以便串讲时着重讲解。

通过以上三个方面的研究、比较，使自己对这些问题有个透彻的了解，这样才有利于搞好文言文教学工作。

（三）沟通古今词语

虽然由于时代的差距及语言的发展变化，古今词语之间已有不少差异，但也有许多相通之处。如果我们把它们的相通之处沟通起来，学生就能同时学到古代汉语和现代汉语的一些基本知识，达到事半功倍的效果。这是搞好文言文教学，做好"古为今用"的一个重要方法。文言文中很多词的古义，仍然保留在现代汉语，特别是成语中。例如，"走"的古义是"跑"的意思，现代汉语一般不用了，但在成语中仍经常出现，如"走马观花"的"走"，"奔走相告"的"走"都是"跑"的意思。在讲"齐师伐我"（《曹刿论战》）或"王师北定中原日"（陆游《示儿》）的"师"字时，就联系现代"百万雄师过大江""兴师动众""挥师东进"的"师"，它们都是"军队"的意思。在讲"既克，公问其故"（《曹刿论战》）中的"既"字时，就联系"既往不咎""一如既往"的"既"字，它们都是"已经"的意思。在讲"故克之"（《曹刿论战》）的"克"字时，就联系"战无不胜，攻无不克"的"克"，它们都是"攻打，取得胜利"的意思。在讲"如其克谐，天下可定也"（《赤壁之战》）的"克"字时，就联系"克勤克俭"的"克"，它们都是"能够"的意思。在讲"时人莫之许也"（《隆中对》）的"莫"，"朝廷之臣莫不畏王"（《邹忌讽齐王纳谏》）的"莫"字时，就联系"莫名其妙""莫衷一是""讳莫如深"的"莫"，它们都是"没有谁"或"没有哪一种东西"的意思。在讲"莫我肯顾"（《硕鼠》）的"莫"，"故莫能知"（《石钟山记》）的"莫"字时，就联系"一筹莫展""爱莫能助"的"莫"，它们都是"不"的意思。在讲"愿以十五城请易璧"（《廉颇蔺相如列传》）的"易"字时，就联系现代"贸易""交易""以物易物"的"易"，它们都是"交换"的意思。在讲"余船以次俱进"（《赤壁之战》）的"以"字时，就联系"物以类聚，人以群分"的"以"，它们都是"按照"的意思。在讲"愿诸君勿复言"（《隆中对》）的"勿"字时，就联系"施工重地，请勿入内""请勿吸烟"中的"勿"，它们都是"不要"的意思。在讲"有好事者船载以入"（《黔之驴》）的"者"，"肉食者鄙"（《曹刿论战》）的"者"，"有蒋氏者"（《捕蛇者说》）的"者"字时，就联系现代"作者""读者""编者"的"者"，它们都是"……的人"的意思。在词语方面，可以作如此联系、沟通古今的有很多，只要我们深入钻研教材，留心搜集资料，就可以丰富教学内容，解决实际问题，提高教学质量。

词语如此，句式可以联系的也不少。如在讲"何不试之以足"（《郑人买履》）这类状语后置句时，就联系数学上"A除以B"之类的句式，"A除以B"即"以B除A"，说明"试之以足"即"以足试之"，翻译时则译为"用脚去试一试它"。在讲"或重于泰山，或轻于鸿毛"（《报任安书》）时，就联系数学上"5大于3"之类的句式，"5大于3"即"5比3大"，说明"重于泰山"就是"于泰山重"，翻译时则译为"比泰山还重"，"轻于鸿毛"即"比鸿毛还轻"。此外，名词单独作状语，名词、形容词的意动用法，名词、形容词和动词的使动用法，都在现代成语中使用，应该结合起来讲解。

（四）讲好关键性的词语，避免平均用力

我们前面说串讲要逐字落实，切忌笼统，并不是说每篇文章都要一字不漏地讲解一番。一则时间不允许，二则由于有一部分词语学生是懂的或容易懂的，也没有这个必要。因此，我们主张讲好关键性的词语，不要在每个字上都下功夫去翻译，避免平均用力，抓住关键性的字眼，把内容讲活。优秀的作品，往往都有所谓的"传神之笔"，我们把它讲好了，就如实地反映出了作者的独具匠心。比如，《廉颇蔺相如列传》中，写蔺相如将和氏璧献给秦王，秦王却无意换给赵国城池，蔺相如就设法把到了秦王手中的和氏璧又弄到手的经过，作者这样写道，"（蔺相如）乃前曰：'璧有瑕，请指示王。'"。蔺相如这一行动和言语不仅毫无怒色，而且彬彬有礼，结果"王授璧"，使得不能到手的东西毫不费力地又回到了手中。这充分表现了蔺相如的"有智谋"。和氏璧一到手，蔺相如的态度突然一变，"因持璧却立，倚柱，怒发上冲冠"，立即对秦王说了一番宣战式的话，他又"持其璧睨柱，欲以击柱"，弄得秦王急得像热锅上的蚂蚁，处处将就蔺相如。这一段描写充分表现了蔺相如"其为人勇士"。而其中的"持璧""却立""倚柱""睨柱"，写蔺相如紧握和氏璧准备和秦王拼死，这八个字是"传神之笔"，讲好它，蔺相如的勇士形象便栩栩如生。可见，讲好这些关键性的地方，特别是关键性的字眼，学生就掌握了文章的精神实质。

说理文的教学需要抓住其基本论点进行讲解，如《师说》这篇文章，其中"师者，所以传道受业解惑也。人非生而知之者，孰能无惑？惑而不从师，其为惑也，终不解矣。"是中心论点。串讲时就要抓住这个论点把它讲清楚，这就叫抓主要矛盾，否则就是舍本逐末，必然事倍功半。

（五）分散难点，避免繁难

学生初学文言文，会觉得处处是困难。假使我们每教一篇课文，要求学生懂得课文中的全部疑难问题，既要知其然，又要知其所以然。这样的要求，就不符合实际。这就需要加强计划性，统筹兼顾，全面安排。对那些难点比较集中的课文，要分清主次，分散难点，只讲一些最必要的东西，其余部分留到以后的课文中去讲。比如，一篇文章中，既有名词和形容词的意动用法，又有名词、形容词和动词的使动用法，而后面的课文中也有这些内容，那在这篇课文中只讲一项，另一项就留到后面的课文中去讲。又如词汇，每篇

文章的每个词语都要求学生掌握,是不可能的。只能按照我们前面所分的四类词,让他们掌握好第四类。即使是这一类,如果一篇较长的课文中出现得很多,那也不应该要求学生都掌握,只能让他们掌握最必要的一部分。要求学生掌握的词语,最好是那些思想性好、富有文采而又容易背诵的句子中的词语,这些词语要容易掌握得多,如荀子《劝学》中"青,取之于蓝而青于蓝"这句就要求学生背熟弄懂,并记住"之"字和"于"字的含义和用法;又如《捕蛇者说》中"孰知赋敛之毒有甚是蛇者乎"一句,也要背熟,并记住"孰""赋""敛""之""甚""是""者""乎"的含义和用法。每一节课,都选择一些句子和词汇让学生留意并记住。这样分散难点,各个击破,就可以使学生从少到多,逐渐积累并掌握阅读浅易文言文所需要的常用词语和一些古汉语语法知识,为今后继续学习打下基础。

(六)指导学生学会使用课本上的注释

课本上的注释是用来解释说明课文中某些难以理解的词句的。注释由于放置的地方不同,有页末注(脚注),文末注(段落后或篇后)和文内注(夹注)三种。课文中的注释一般都采用页末注,它的好处是读到文中难懂的词句,看看本页下面的注释就清楚了。

教会学生使用课本上的注释和教会学生使用工具书一样,是培养学生阅读文言文能力的一种重要手段,也是一种基本功。

现行全国统编教材的注解一律采用脚注。它同原文一道印在同一页上,上面是原文,用大号字排印;下面是注解,用小号字排印。正文与注释间用一条注线隔开。对原文中的某个词、词组或句子做注解,就在它的右上方标个带小圆圈的序码,同页最下面的注解也相应地用一个序码表示是它的注释,各页排各页的序码。因此,我们读原文凡是遇到单个词的右上方有个小圆圈的序码,就说明下面对这个词、词组或句子有注解,在同页下方的注解里找同样的序码就可以找到。在每条注解里,对被注解的词句用方括号"〔〕"括起,以区别于注解部分。指导学生看注解时要注意,该条注解是注明和解释方括号内的,它并不注明和解释方括号以外的任何成分。有些学生参考注解翻译原文时,选择将注文放入译文而并不理解的原因就在这。如果注解部分还需要对被注解部分中的某个词再做注解,则放在将方括号内的整个内容完整地注解完之后。这种分别进行的再注解,其被注解部分和注解部分用逗号隔开,成为"某,某",理解时要理解为"'某'就是'某'的意思"。例如,《廉颇蔺相如列传》对"可使报秦者"的注文是:〔可使报秦者〕可派去回复秦国的人。使,出使。报,答复、回复。这条中的注文部分,第一句是用翻译的方法注释方括号内的。后面一句则是注释"报"字的。如果注解部分里的注文本身有某些词需要加注说明的,则在那个词之后注出,用括号标明。

注解的内容包括注音和释义。注音一律用汉语拼音直接注在该字之后,并用括号标明。如《廉颇蔺相如列传》的两条注解:〔见臣列观(guàn)〕在一般的宫殿里接见我,意思是不在正殿里接见,礼数轻慢。列观,一般的宫殿,这里指章台。观,宫廷中高大华丽的楼台。又如,《游褒禅山记》中的一条注解:〔浮图〕梵(fàn)语(古代印度语)音译,也写作"浮屠"或"佛图",本意是佛或佛教徒,这里指和尚。这两条注解中的注音,"观"字注在被注解的部分里,因为它在这部分里首次出现;"梵"字是注在注解部分里,因为它们都是在注解部分里首次出现。

释义的方法有三种:一是用翻译的方法进行释义,如前面举的"〔可使报秦者〕"一条。这条注文中的第一句话是用翻译的方法完整地解释"可使报秦者"这一词组的意思。二是用说明的方法进行释义,如前面举的"〔浮图〕"一条。这条注释的实际内容只是"浮图",这里指和尚,前面那个说明只是为帮助我们理解这个内容。三是翻译和说明两者并用,如前面举的"〔见臣列观〕"一条。这条中"在一般宫殿里接见我"一句是翻译,"意思是不在正殿里接见,礼数轻慢"两句是说明。后面是对"列观"和"观"分别进行解释。凡属第一种解释的,翻译时可以直接用到译文里;凡属第二种解释的,则不能直接用到译文里;凡属第三种解释的,首先要区分哪些是翻译部分,哪些是说明部分。是翻译部分的可以直接用到译文里,是说明部分的则不能生搬硬套。在作业中常常发现学生把注释中的说明部分直接用到译文中去,就是因为他们不懂得这几种不同的注释方式及它们不同的作用造成的。

三、分析

分析课文的目的在于帮助学生深入理解课文的思想内容,学习作者高超的艺术手法,学习作者驾驭文字的技巧。总之,是为了帮助学生更好地批判继承古代文化遗产,做到"古为今用"。

分析课文应当注意以下几个方面。

(一)介绍文章的时代背景和作者生平

文言文教学比现代作品的教学更需要根据课文,简明扼要地给学生介绍清楚文章的时代背景,作者的政治态度、写作意图,交代有关文物、典章制度、生活习俗等，这样才有利于学生深入理解文章的思想内容。鲁迅先生曾说："世间有所谓'就事论事'的办法，现在就诗论诗，或者也可以说无碍的罢。不过我总以为倘要论文，最好是顾及全篇，并且顾及作者全人，以及他所处的社会状态，这才较为确凿。要不然，是很容易近乎说梦的。"(《且介亭杂文二集·"题未定"草（七）》)两千多年前的孟子也说过类似话，"颂其诗，读其书，不知其人，可乎？"(《孟子·万章章句下》)这些都是很好的见解。例如，唐代诗人白居易的《卖炭翁》，教学时不仅需要介绍白居易这位诗人，指出他创作这首诗的意图是"苦宫市也"，还要让学生了解唐代的宫市制度及其对广大劳动人民的伤害。懂得了这些，学生才更容易理解这首诗的思想内容。又如，讲到荀子的《劝学》时，许多学生对"荀卿"又叫"孙卿"感到莫名其妙，这是因为他们不知道古代有"避讳"的制度。其实，荀子名况，当时人尊称他为"荀卿"。到了汉宣帝时，由于宣帝叫刘询，为避帝讳，将"荀卿"改称为"孙卿"了。明白了这一来龙去脉，这个问题就迎刃而解了。

（二）联系学生写作实际，做到有的放矢，学以致用

课本中选入的文言文，大多数是传统名篇，具有较高的艺术性，对提高学生的写作能力有一定的借鉴作用。教学时，应根据课文的特点，引导学生去学习它们的艺术技巧。我国古代散文一般都具有语言精练、条理清晰、构思巧妙、疏密有致等写作特色，但每篇文章又有自己突出的特点。可根据课文的艺术特点联系学生的写作实际，引导学生有意识地学习古人的写作技巧，以提高自己的写作水平，如范仲淹的名篇《岳阳楼记》，表面上看是一篇写景的记叙性散文，实质上却是一篇议论性文章。作者借为岳阳楼作记来抒发自己的政治抱负，让记叙描写为议论服务，这是此文突出的特点（王安石的《游褒禅山记》也与此类似）。学生可以借鉴这种写作方法来克服为写景而写景的毛病。同时，文章语言优美，如"气象万千""百废具兴""一碧万顷""心旷神怡""先天下之忧而忧，后天下之乐而乐"等词句，至今仍活在人民群众的语言中，并且被赋予了新的含义，注入了新的生命力，更值得我们学习。

（三）掌握分寸，做到画龙点睛

文言文教学一般在逐字逐句的串讲中已进行了初步的分析，因此，在总的分析中，只需要画龙点睛即可，切忌离开课文任意引申、发挥。例如，柳宗元的《捕蛇者说》是一篇思想性较强、艺术性较高的作品。作者借捕蛇者之口，从一个侧面揭露了封建社会中官府横征暴敛，给劳动人民带来深重灾难的社会

现实，反映了劳动人民的疾苦。但作者写作的目的是"以俟夫观人风者得焉"，希望皇帝能采纳他轻徭薄税的政治主张，革除时弊，以巩固封建王朝的统治。又如方苞的《狱中杂记》，作者通过描写在京都狱中的见闻，反映了封建社会中监狱里的种种黑暗，但作者批判的矛头只是指向封建统治集团的下层官吏，而不是否定封建制度。对这类作品，应在肯定其进步性的同时，恰如其分地指出其局限性。但这种分析批判不能脱离课文，不必大作发挥，更不要苛责古人，要恰如其分，以培养学生实事求是的精神和用辩证唯物主义、历史唯物主义的观点看问题的能力。

四、讲练结合

讲练结合是理论联系实际在教学中的应用。教师讲解是为了传授新知识，学生练习是为了巩固所学得的知识。讲而不练，则容易遗忘；不在讲的基础上进行练习，则一做就错。因此，讲和练必须紧密结合起来。讲要讲得精，就是要讲得恰到好处，讲好学生最需要的东西；练要练得勤，就是要练到纯熟为止。这就是"精讲多练"。

关于练的方式，张志公先生在谈到中学语文教学的练习时说，要练口、练耳、练眼、练手，那是很全面的。但是，现在人们（特别是学生）对古代汉语已经不说不写了，只是为了研究，或是为了欣赏，才去读它。因此，文言文教学中的练习应着重于口练和手练。口练包括朗读、背诵、口述、口译等，最重要的是朗读和背诵；手练包括标点文言文和笔译文言文，最有效的是笔译。这些练习对帮助学生提高阅读浅易文言文能力有很大作用。下面着重谈一下背诵和笔译的练习。

（一）背诵

对优秀的文言文作品，要反复朗读，读得滚瓜烂熟，这是提高阅读能力行之有效的方法。俗话说，"读书百遍，其义自见"，这是经验之谈。只有读得多，背得熟，才有语言实感。比如，我们给学生讲"吃"这个字，说是"吃饭"的吃，他一听就懂了，因为"吃饭"这个词，现在大家都在说、在写、在用，有语言实感。如果给初三的学生讲《陈涉世家》中"辍耕之垄上"的"之"字，说"之"是"到""去"的意思，学生就很陌生，需要硬记。但是，如果他们背熟了初一学过的《郑人买履》，联系其中"至之市"一句，说这两个"之"字是一个意思，学生就能根据已有的语言实感而豁然贯通。要使学生有这个基础，就要抓好朗读和背诵的训练。教完一篇要背诵的课文，一定要要求学生把它背得滚瓜烂熟，才算过关。

（二）笔译

笔译文言文是一种综合性的训练，它既可以帮助学生提高阅读文言文的能力，又可以训练学生准确运用现代汉语的能力。同串讲、口译相比，笔译的要求更高。笔译，要求有正确的理解、严密的思维、准确的表达，不允许对原文有似是而非的翻译。用现代汉语翻译古代作品，不仅是古汉语知识的综合应用，也是阅读能力和写作能力的综合训练。因此，我们要特别抓好这项练习。

指导学生练习笔译文言文，要让学生掌握如下一些基本方法。

1. 解决词的问题

对一篇要翻译的文章，首先要通读原文，了解全文的基本内容。在此基础上，逐一落实词义，做到字字有交代。翻译时常会遇到如下三类词：

（1）直录不译的词。

凡属人名、官名、国名、地名和其他专有名词，以及古今意义和用法一致的词，都只需要看它应该放在什么位置，然后直接运用即可，不必翻译。下面例句中，凡属人名、官名、国名、地名和其他专有名词的词，其下用"——"标出；凡属古今意义和用法一致的词，其下用"·"标出。

例一　陈胜者，阳城人也，字涉（《陈涉世家》）
　　　陈胜是阳城人，字涉。

例二　以相如功大，拜为上卿（《廉颇蔺相如列传》）
　　　因为蔺相如功劳大，所以被任命为上卿。

例三　秦亦不以城予赵，赵亦终不予秦璧（《廉颇蔺相如列传》）
　　　秦国也不拿城给赵国，赵国最后也不拿和氏璧给秦国。

（2）不译也不录的词。

因为这些词只有一定的语法作用，没有实在的意义。下面例句中带点的词就属于这一类。

例一　孤之有孔明，犹鱼之有水也（《隆中对》）
　　　我有了孔明，就像鱼有了水啊。

例二　亚父者，范增也（《鸿门宴》）
　　　亚父就是范增。

例三　为博士，居贫，乃思绫机之变（《马钧传》）
　　　做博士时，处境贫困，就考虑改革织绫机。

（3）需要翻译的词。

在翻译中大量遇到的是需要翻译的词，这又有两种情况：一种情况是这个词是现代汉语多音词中的一个词素。这些词我们用合成词的规律来译，如"学不可以已"中的"学"字，仅以"学"字为词头的词有很多，诸如"学习""学问"之类，选用哪一个恰当呢？翻译时，我们可以将自己熟悉而意思又比较接近的多音词逐个去试译，一直试到能准确表达原意的时候为止。另一种情况是，这个词古今形同而义异，如"走"字，其字形、字音，古今都一样，但是它在古代的意义是"跑"，和现代的意义不同。"学不可以已"中的"已"，"今亡亦死"中的"亡"，都是这一类，要分别用"停止""逃跑"这些词来翻译它。这是需要特别注意的一类。这类词，需要牢牢记住。

2. 解决句的问题

落实词义之后，要疏通句意。在疏通句意时，要遵守以下三条原则：

（1）需要调整其词序的就要调整词序。

（2）需要加上适当词或词组的就要加上。

（3）需要去掉一些词的就要去掉。

只有遵守这三条原则，才能保证译文既准确表达原意，又合于现代汉语的语法习惯。

翻译古代作品时，在逐一落实词义的基础上，必须根据上述三条原则加以整理，这样才能翻译出比较正确的译文。当然，翻译时不一定要起草稿，但是一定有腹稿，这样，翻译时才可以一次成功。

3. 解决文理问题

在翻译完文章后，应对译文进行通读，做到通篇斟酌，全面检查与文理是否相符。如果不相符，即使只有一个字，也必须认真更改，以确保文理通顺，能够将原意准确地表达出来。例如，傅玄《马钧传》中"乃思绫机之变"一句，对"绫机之变"四个字，可能有三种理解：第一种，织绫机的变化；第二种，织绫机变化；第三种，改革织绫机。按照第一种理解，这四个字是个偏正词组，做"思"字的宾语；按照第二种理解，这四个字是主谓词组，也做"思"字的宾语；按照第三种理解，这四个字是宾语提前了的述宾短语，也做"思"字的宾语。从语法角度说，这三种理解均可通。但是根据上下文和通篇作者对马钧的态度来判断，只有第三种理解才正确。前面的两种理解都只能证明马钧"思"的变化，没有表现出他打算进行改革。然而从全文上看，马钧善于发明、改革、创造，是一个优秀的科学家。这段所写的马钧对织绫机的态度，也不是在想织陵机的变化,而是在考虑改革它,结果也确实改革了,而且已经把它改革成为一个很理想的织绫机了。因此,这句要翻译为就考虑改革织绫机。

总之,在翻译古代作品时,掌握以上方法,就能使译文准确、流畅,达到笔译的基本要求。

第二章 传统文化视域下的中学文言文教学

第一节 文化与文言文

一、文言文孕育着传统文化并充当其传播媒介

(一) 文言文孕育着传统文化

语言是一种极具代表性的民族文化,不同的语言能够将不同民族区分开来。语言产生于民族长期的生存、发展与活动中,能够将该民族的民族精神与思维特点集中体现出来,因此也被视为外化的人类精神。对于民族来说,语言还是其心里的底座,一切生产、生活活动、思想文化、宗教信仰、风俗习惯等都离不开语言,围绕语言产生和发展,语言中体现着一个民族的整体文化,因此,语言的文化性特征十分鲜明。与西方各族的语言相比较,我国流传数千载的文言文所蕴含的人文性与文化性更为浓重。从词汇上看,古代人在创造和发展古汉语的过程中,使用了很多单音节词来形容文化、制度、物质及心理等。例如,"钱"字,指代交易货币,虽然纸币是当下的主流货币,但却用了"金"字旁,归其原因是,古代所流通的货币为金属制品。另外,音、义、形的糅合造就了汉字,汉字因此成了中华民族传统文化的一种象征和标志。直接表意性是汉字的一大特点,汉字的交流超越了时间、空间的限制,我国各地所使用的方言虽各有特点,但文字相通,意义内涵相通,由此实现了各大方言区之间的交流。虽然我国古代文字在传承的过程中不断演变,与今天大有不同,但其意义仍能被人们领悟,因此,我国传统文化得以传承下来,由此实现了我国古今语言的沟通。在文言文教学中,教师通过帮助学生了解字词的含义,可以提高学生对文化渊源的认知,从而使传统文化完好地传承下来。

文言文中蕴含了思想文化和民族文化,体现着中华民族坚毅的精神风骨和

崇高的价值取向。例如,《烛之武退秦师》中烛之武的志勇超群、挺身而出,《岳阳楼记》中范仲淹的先天下忧、后天下乐,等等,对学生精神品格的塑造及价值取向的养成都有着良好的引导教育作用;又如,《归去来兮辞》《归田园居》展现着先人的隐士文化,《六国论》《过秦论》传达着政治思想,《梦溪笔谈》勾勒着科技文化,等等。在众多领域中,具有代表性的优秀文言文作品不计其数,对我国传统文化的传承和发扬意义非凡。

(二)文言文是传统文化传播的媒介

我国传统文化涵盖着中华民族衣、食、住、行的方方面面,随着中华民族的血脉绵延传承数千年。中学生可以通过文言文的学习快速地了解古代的政治思想、民俗习惯、科学技术等各个方面,并且会在学习的过程中受其潜移默化的熏陶,对古代文化有所了解,促进自身德行的培养。教师在讲授文言文的过程中,也会不断地接受自古代文化的洗礼,从而使传统文化传承和发扬。因此,文言文是传承和发扬传统文化的有效媒介。

二、传统文化指导文言文选文并推动文言文教学

(一)传统文化对文言文选文起指导作用

我国传统文化中有很多脍炙人口的经典篇章,经岁月的沉淀洗礼保留至今,再被精挑细选的,最终成为当下初高中教材中的内容。编写教材的工作者依据一定原则标准将适合的文言文选编到教材之中,学生通过对教材中文言文的学习,可以开阔视野,增长见识。但从目前来看,在文言文教材的选文和编排上仍存在些许不足,如初高中文言文内容关联性不强、衔接性较差、文言文编排比例偏低等,这体现出了教材编排对传统文化的重视不足。要想使初高中阶段的学生接触和学习更多的经典名篇,使其具有一定的鉴赏能力,并在潜移默化中养成良好的道德修养,从而传承和弘扬我国古代传统文化,就需要相关人员更深入地了解文言文在教材中编排方面的重要性,将优秀传统文化的传承和弘扬与文言文教材的选编标准有机结合,明确文化传承与教材编排之间的内在联系,突出初高中教材与教学中的文化传承要素,并结合初高中学生成长过程中的认知发展规律,针对不同认知阶段选择导向不同的传统文化进行教学,更为科学地分配文言文在不同阶段教材中的比重。以传统文化的传承和发展为依托,对以上因素进行综合衡量,使教材中的文言文选编更为合理,不仅有助于教师教学,也对激发学生学习和传承传统文化的兴趣、提高学生的文化素养

大有裨益。

（二）传统文化对文言文教学起推动作用

根据前面的分析，我们可以了解到当前的文言文教学仍需进一步完善。从教师的角度来看，传统讲解字词的教学方法在文言文教学中仍较大规模使用，授课方式与古代汉语课的授课方式相同，忽略了文言文教学与传统文化传承之间的联系。如果教师能够充分发挥自身文化素养，对文言文教材中的传统文化有更为深入的研究，在授课过程中更为准确地把握传统知识，重视文化的阐述方式，尝试使用有效的教学方式呈现传统文化，引导学生对文章中的人文内涵有更为深入的体验和鉴赏，就能够使文言知识讲授的课堂变得丰富起来，使其充满活力。

从学生的角度来看，由于受传统教学方式所累，教师疲于讲解字词，使得学生无法充分发挥其在教学中的主体作用，只能被动接受知识的灌输，因此易产生排斥感。但如果教师在教学中能重视传统文化的学习，正确地引导和激发学生对文章背后的精彩历史产生强烈的求知欲，将会使学生学习和探究的兴趣大大提升。由此，不仅可以使中学生扎实地掌握文言文知识，使其文言素养得以提升，还能够使其通过古人的文章对古人的思想内涵有深入的了解，感受文化澎湃的生命力，从而促进文言文教学的发展。

三、文言文与传统文化合力促进现代汉语的教学

自白话文兴起，"文白之争"在教育界就一直存在。一直以来，很多人认为文言文教学与现代文教学之间有着较大的差距，二者所属体系不同。而教学中，文言文中所体现的民族性与现代的教育思想相互矛盾，现代文的教学在文言文教学的束缚下无法更好地施展开来，无法实现现代教育理念与方法的改革。

在教育的发展进程中，人们逐渐认识到，现代汉语是从古汉语中演化发展而来的，二者具有源与流的关系。因此，二者的教学完全不冲突且同样重要，学习文言文是学习白话文的起点。就好比一个人前行，当左脚向前迈进时，右脚会起到支撑作用，其中的左脚就好比白话文，而右脚则代表了文言文。既然在现代汉语的学习过程中，学习文言文是基础，那么，重视学习传统文化，对学习现代汉语有着非凡的意义。

前文中提到过，汉字是由形、音、义结合形成的，象形字、形声字在古代文言字词中占比很大，人们往往可以通过观察自行直接了解其内涵意义和来

源出处，有见微知著的意味。由于汉字简化的过程中，其本身所具有的意义逐渐被隐没，使得当代众多中学生在学习古代汉语时，对于字词的来源茫然不解，逐渐丧失了探究和学习的欲望，为了完成课业任务，只能对字词死记硬背，因此提笔忘字、张冠李戴的问题频频出现。如果在文言文的教学当中融入对字词出处和背后文化内涵的探究，将会在很大程度上引发学生学习文言文的兴趣，从而促进其对现代汉语的学习，使课堂中的教与学进行得更加顺利。以"唯利是图"一词的学习为例，从文言文的构成上看，其应用了宾语前置的语法结构，可调整为"唯图利"来理解，还有很多词语与之相同，如"唯命是从"等，要鼓励学生举一反三，进行更深入的了解。由于中学生并不具备较高的文化水平，且在学习现代汉语时对其在文化传承中的重要作用了解不深，因此学习态度并不十分积极，加之古文大多晦涩难懂，导致他们产生了畏难情绪。如果在文言文的教学中铺垫传统文化教学，或者将文言文恰当地穿插于现代汉语的学习当中，使文言文与现代汉语的学习相统一，那么，学生的学习效率将会大大提高。兴趣是最好的老师，因此，在文言文的教学过程中，应为学生打好坚实的文化基础，调动学生探究和学习现代汉语的兴趣，重视现代汉语与文言文、传统文化之间的关联，从而使现代汉语的教学进行得更加顺利。

第二节　中学文言文教学要加强对传统文化的传承

一、文言文教学的学科属性

文言文和白话文是中华民族的两大书面语言系统，母语教学是开展文言文教学的基础工作，也是中学语文教学的重点。钱梦龙认为，文言文中的古代书面语，对于本国学生来说，其本质上是母语中的一种，并不是外语，在对学生进行文言文的教学与指导的过程中，这一认知和观念的树立比选择使用何种方法进行文言文教学的关系更大。[①] 因此，文言文教学不仅有语文学科的性质，还有其自身的特殊性。

（一）文言文教学的特殊性

虽然文言文教学具有一定的语文学科性质，但其自身特性决定了其与一般

---

① 钱梦龙. 文言文教学改革刍议[J]. 中学语文教学，1997（4）：3.

的语文教学大有不同。文言文虽然是一种交际工具,却早已退出了交际领域,成为封存文化的载体。王宁先生对文言文的发展过程进行了分析,他认为文言文由于失去了语言的社会职能,在日常生活中渐渐失去了使用价值,因此,就只能掌握在一些受过正统教育的知识分子与少数士大夫手里,大多普通群众并不以其为思想的交流工具。从这一点来看,文言文在交际领域中已经成为一种死语言,然而,由于具有超越方言、跨越时代鸿沟的特性,其成为两千多年灿烂的中华文化的载体并使中华文化传承至今。在中学语文教学中开展文言文教学并不是为了培养学生使用古汉语进行交际,因此,文言文教学的"工具"属性应该被重新审视和定位,学习文言文的目的不应再放在它在学生学习和运用语文的过程中的实践性和使用功能上,而应放在帮助学生学会赏析古文和探究、传承隐藏其中的传统文化上。文言文的教学,使学生学会运用文言文来了解、领悟、传承、弘扬优良的传统文化才是最重要的。正如朱自清先生所说:"新文学运动开始的时候,胡适之先生宣布'古文'是'死文学',给它撞丧钟,发讣闻。所谓古文,包括正宗的古文学,他是教人不必再做古文,却显然没有教人不必阅读和欣赏古文学。"①

文言文源自先秦口语,以其为基础进行提炼和加工所形成的书面语就是文言文,虽与现代汉语相隔遥远的时空,却也存在着密切的联系。因此,没有打好"言"的基础,缺少对"言"的储备,就无法正确地分析"文",无法读懂文言作品,更不用说挖掘其内涵、延伸其思想了。储备足够的古汉语知识能帮助学生提升自身的文言文阅读和理解能力,但由于文言文词语的组合与表意灵活多变,只有在具体的语境中才能够确定其用法和意义,如果二者分开教学,必定凌乱无章,无法产生有效的教学结果,因此,必须在领会"文"的过程中进行"言"的教学。

故此,初高中应提倡在文言文的教学中将文言文作为传统文化来学习和传承,而不是将其作为一类语言进行教学,更不应将其视作达成某种目的手段。文言文承载着我国传承千年的博大精深的文化,由历代人传承下来。代代相传的古老典籍中不仅蕴藏着丰富的历史,还蕴藏着广博的中华文化,这需要学生来了解、认识、学习和传承。应使学生从《论语》《尚书》《诗经》这样的经典作品中领悟人世间的大智慧、大道理,从沉淀千年的传统文化中汲取精神养分,滋养自身的思想德行。正如朱自清所言:"中学生应该诵读相当分量的文

---

① 朱自清.标准与尺度[M].北京:生活·读书·新知三联书店,2014.

言文，特别是所谓古文，乃至古书。这是古典的训练，文化的教育。一个受教育的中国人，至少必得经过这种古典的训练，才成其为一个受教育的中国人。"经典训练应作为中等以上教育的必要项目，而进行经典训练的目的在于文化的继承和弘扬，而不在于其实用性能。曾有位外国教授认为，阅读经典可以使人领略经典、见识经典。这种观点十分通透，身为受过一定教育的国人，至少应先接触本国的经典，对其有所了解。苏教版语文科目必修一中所选录的文言文中就有柳宗元的《始得西山宴游记》与苏轼的《赤壁赋》，目的是教导学生"像山那样思考"，并"感悟自然"。《浙江省普通高中新课程实验语文学科教学指导意见》中明确表示"本板块侧重于面对自然景物，抒发人生感悟，是前一个板块的进一步深化。通过文本研习，要让学生体会到大自然对丰富人类生命体验有重要的作用"。由此可知，本板块将把"自然的感悟"视为教学重点，而其中的"悟"是怎么出现和体现的呢？这就需要教师向学生介绍普及古代的"贬官文化"与"游文化"的相关知识。在《始得西山宴游记》中，"悟"主要来自作者身处西山时特殊的心理变化，即"心游"，而不在于西山的自然物美，也就是"物游"，诗人心路辗转，"物我两忘"，最终达成"心凝形释，与万化冥合"般的"逍遥游"境界。诗人通过贬官的经历和随之获得的游历经历过渡到本情境之中，如果没有这样的话题相连接，直接将思想升华到道家"天人合一""无为"的抽象境界，则难以使学生了解和感悟。

（二）工具性与人文性

高中语文课程标准中界定了语文课程的性质，认为语文不仅是一种具有重要作用的交际工具，还是一种重要的人类文化。语文课程具备工具性和人文性两种属性，这两种属性相统一就是其基本特点。巢宗祺先生对此有这样的理解：语文课程的工具性在于培养学生运用语文功能的能力和运用语文完成课程实践的能力，语文课程的人文性在于其能够感染和熏陶学生的情感与思想，这两个方面的功能就体现了语文课程的工具性和人文性，将这两种属性相互统一，是人们的共识，也是当前社会各界在语文教育方面凝集的共同期望，与当代语文教学课程改革的理念相符，对课程目标的进行与实现有重要意义。区培民先生在语文教学的具体实践与导向方面，提出了几点细则：①重视在所有知识点中深入挖掘民族精神、意识、思想、文化传统、审美艺术等人文因素，以学生的文化素养水平为依据，结合教学目标和教学任务，对文言文知识点进行恰当、合理的阐述、说明、引申，为知识灌输生命活力，使语文课程更好地发挥"实用功能"与"工具性"带来的文化功能，焕发更为闪亮的生命光彩；②

将教学内容蕴含的人文内涵恰切地转译并表达出来，教师应进一步提升自身对文化的敏感程度，扩大自身文化视界，提升自身文化修养和文化品位，对语文课程的教学认真探究、仔细琢磨、引申发挥，以自身为模范引导学生深入渗透和发挥语文课程的人文性特点；③在教学测评中，增加具有人文性意义的话题、内容的比重，引导学生从人文角度对主观题进行更为开放的表述、思考与理解，适当减少工具化内容的权重和降低从语言课程工具化角度对问题的评判标准；④在教学中，探寻文道统一，促进教学方式与教学观念的发展和进步。

结合前文可以发现，随着新课程的改革，无论是从教师方面、教学评价方面，还是从教学的内容及方法方面，语文学科的文化功能都多次被强调。钱理群先生认为，应为青少年时期的学生打下追求真善美的基础。这种教育一旦缺失，就无法在之后的任何时期补偿回来。通过对学生实施人文教育，还可以帮助学生从中国的语言文字中领略具有中国传统特色的美。汉字的学习虽然难度较大，但其承载着我国悠久的历史与文化，并不只是一种简单的交际语言或是一种符号。我国的语言文字蕴含着至深至纯的人性美，不应该被国人所忽略。在中国语言的学习过程中，不仅应保留和发挥出其工具性特点，还应兼顾好其中的人文精神，将学生培养成具有文化气质和素养的人。这些经典古文携带着中华民族的精神文明与思想的火种传承了千百年，蕴藏着中华民族的丰厚底蕴，积聚着中华民族的审美意象，足以对语文教学的这两种根本属性进行巩固和完善。

二、客观的社会环境的需求

（一）新课程改革的需求

新课程改革将每一个学生的成长与发展作为本次改革的理念依据和价值导向，意味着将在尊重高中生成长规律、个性发展差异以及人格尊严的前提下改革高中新课程。以人的发展作为教育的终极目标，尊重学生的个性差异和内在价值，以引导和培养学生为目的，不再将学生作为被人控制和塑造的对象，这一观念提倡从新的角度理解和认识学生，超越了以往的学生观。

在生活中，每一个学生都是鲜活、具体、独特的人，他们生活在不同的区域文化、种族文化中，是人类文明中的一部分，受不同的区域文化、种族文化的影响，其生活方式、文化性格、社会意识、思维方式等均有所差异，因此，对他们的教育也不能脱离滋养其成长的文化土壤。教育不仅是向学生传授知识和技能，更重要的是熏陶其精神道德，启迪其思想意识，使其成为立体的人，而不仅仅是承载知识的容器。接受教育的学生从某种意义上看是发展的人，即还在成长、还未成熟的人，他们需要通过教育来成长，需要在教育的正确引导下逐渐完整和成熟，因此，他们需要有优秀的文化为引，提升自身的思想境界，塑造健全的人格。《普通高中语文课程标准》对语文学科的特点进行了分析和结合，提出了全面提高学生人文素养的目标，要求充分发挥语文课程的文化优势，深入浸染学生的精神品格，促使学生养成热爱祖国、无私奉献、积极进取、奋发向上的良好健康的思想和态度。文言文承载和凝聚着中华传统文化的精华，通过进行文言文的教学就能够实现这一课程目标，从而使学生承担起继承和弘扬民族优秀文化的重要使命。

我国作为世界四大文明古国之一，虽然数千年来历经沧桑，但在炎黄子孙的不断努力下，中华文化经久不衰、绵延不绝、博大精深、内涵丰富。我国无论是在文学、教育、艺术、建筑方面，还是在律法、天文、哲学、数学、医学等领域，都在祖先们的摸索探究中取得了令人瞩目的辉煌成就，而这些文化成就就是凭借着文言文才能够准确和完整的保留至今。文言文承载着中华文化的精华，是富饶的文化宝库，将中华民族的发展历程记录其中，呈现了中国人传统的思维方式和文化心态。在中学教程中选编适当的文言文，可以为学生们打开一扇时空之窗，通过这扇窗户让学生们跨越千年时光，与尘封在时光中的大师们对话，去认识和亲近我们的祖先，阅读和了解民族的历史，对我们传承至今的民族文化有更加深刻的思考。

（二）文化全球化的影响

人类文明的每一次发展和进步都会在人类社会的方方面面体现出来，浓缩在文化中。文化对人们树立正确的三观有重要的意义，在人们追求真善美的过程中发挥着不可替代的作用。对于一个民族来说，其凝聚的传统文化便是民族文化的核心，是这个民族的精神和灵魂，更是这个民族在世界民族之林巍然耸立的基石。民族性是民族传统文化的一种基本特征，民族文化涵盖着人们的生产方式、风俗习惯、思想意识、社会结构、宗教信仰等各个方面，彰显着民族特征，引领和延续着民族的发展。如果一个民族对自身的文化全盘否定，甘愿被异族文化所"同化"，那么这个民族终将走向衰亡。在历史中，王朝更迭、掌权人更替时有发生，但其原本的民族文化仍然存在，因此，亡国并不是最可怕的，如果一个民族的文化被从根部铲除，其民族性彻底消逝，造成文化的湮灭，才是最可怕的。从国家的角度来看，文化能够凝聚一个民族的精神，提高国家、民族的竞争力，是整个民族生存之根、立世之本、兴盛之道。纵观全球，各个国家十分重视本民族文化的发展和延续，文化结构也成了衡量国家整体结构的重要内容和衡量国家综合竞争力的重要指标。

在文化全球化的背景下，"只有民族的才是世界的"这句口号此时看来弥足珍贵。我国悠久深厚的历史文化，是世界文化宝库中闪亮的瑰宝，无论是从文化的形态上看，还是从内涵上来说，都与西方文化有很大不同。青少年应以自身民族文化为主体，深深扎根在中华文化的大地之中，汲取传统文化的精髓，对于西方文化要有选择性和批判性地吸收，让自己以传统文化作为自身成长的力量源泉并为自身的发展提供支撑。因此，继承和弘扬传统文化不仅是个人与社会发展的需要，也是时代的需要，我们不能将数千年来流传至今的文化肆意抛弃，应将其作为中学语文教学中的重要内容，由语文教学肩负传承和弘扬传统文化的使命。鉴于许多青少年一旦脱离中学教育接触文言文的机会就会急剧减少，在中学时期合理地安排文言文学习对于青少年接触和了解传统文化以及进一步提高自身文化素养和深化爱国情怀至关重要。

三、加强传统文化的内容

选编在语文教材中的文言文都是经典篇章，是传统文化的精华，因此，在课堂教学过程中，应对文言文作品的文化内涵进行深入挖掘，寻找最具民族性的东西，探寻民族的精神之光和文化价值，促使学生在传统文化的基础上树立强大的价值信仰。

（一）闪烁的思想之光

中华民族的发展历程悠久漫长，其在数千年的沧桑风雨中屹立不倒、历久弥新，正是凭借其坚忍顽强的民族精神。教材在选录文言文时，应将具有优秀的传统文化和思想精神这一点作为标准，具体体现在以下几方面。

1. 敢于追求、勇于牺牲的担当精神

担当精神指的就是敢于负责、勇于承担的精神。这种精神品格源自儒家思想，体现了积极入世的态度，在面对江山社稷、功利取舍及生死存亡的情况下，挺身而出，不惜以个人利益甚至生命为代价来保全国家、民族的利益，是历史使命感和社会责任感的突出体现。

在面对民族危难和生死存亡时，文天祥舍生取义，顽强抵抗邪恶势力，在《指南录后序》中，其高尚的民族气节、崇高的爱国精神生动、形象地体现出来，即使形势再险恶，文天祥也未将家国抛之脑后，"予更欲一觇北，归而求救国之策""国事至此，予不得爱身""中兴机会，庶几在此"，他时时刻刻都表现着对家国、民族的强烈热爱和忠诚，虽数十次在沙场上出生入死却无力回天，发出"呜呼！死生昼夜事也，死而死矣"的悲壮感叹，其强烈的爱国情怀一次又一次地冲击着人们的心灵。文天祥的爱国精神荡气回肠，这种在危难面前无畏无惧的"担当精神"，不仅对当时的人们起到强大的激励作用，也是当今华夏儿女学习的榜样。

面对着旧贵族势力一次次的恶意发难和小人层出不尽的谗言，屈原被不断放逐，但其即便"颜色憔悴，形容枯槁"，却仍怀揣着一颗热忱的赤子之心，为天下而忧，在《离骚》中写下"亦余心之所善兮，虽九死其犹未悔。"

王室的衰败导致了各个诸侯对天子、礼制的无视，随着诸侯的相互攻伐，春秋时期逐渐礼崩乐坏，面对这样的时代现状，孔子试图恢复周礼来救世，虽然这种方法注定行不通且坎坷颇多，还不被理解，但孔子依旧"知其不可而为之"，凭借着自身极强的社会责任感与自觉努力传承着文化和精神。从"文王既没，文不在兹乎？天之将丧斯文也，后死者不得与于斯文也；天之未丧斯文也，匡人其如予何"中可见他的坚守。

《五人墓碑记》记述了颜佩韦与其他四位平民百姓虽然没有受到过正统的教育，却也能够为了家国、民族大义赴汤蹈火，令所有豪杰敬重惋惜，为其悲叹。《黄花岗七十二烈士事略序》记载着七十二位革命烈士历尽艰难险阻，凭借不屈的精神与敌人顽强抵抗，最终为革命英勇献身，虽然他们的身份、名字、生平等信息并没有十分完整的记录，甚至有些烈士、英雄的名字都不被后人知晓，但他们为民族大义勇于牺牲的担当精神值得世人敬佩与歌颂。

在我国的历史上，正是因为这千千万万个"孔子""屈原""文天祥"，还有不计其数的无名英雄在民族生死存亡的关头，在国家命运明灭难辨的时候挺身而出，用这种"担当精神"为中华民族撑起不屈不折的脊梁，一次又一次地从危难中肩负起挽救民族存亡的重任，他们这种"担当精神"早已成为民族精神中的重要组成部分。

2. 不屈不挠、自强不息的奋斗精神

先人有言"天行健，君子以自强不息"，又说"不患人之不能，而患己之不勉"，这种自强不息的精神就是中华民族知难而进、不断进取的精神。司马迁在面对腐刑的奇耻大辱、面对常人难以想象的困厄时，顽强活了下来，发愤著书，最终写成一部被鲁迅称为"史家之绝唱，无韵之离骚"的伟大著作。他在《报任安书》中对此作了叙述："盖文王拘而演《周易》；仲尼厄而作《春秋》；屈原放逐，乃赋《离骚》；左丘失明，厥有《国语》；孙子膑脚，《兵法》修列；

不韦迁蜀,世传《吕览》;韩非囚秦,《说难》《孤愤》;《诗》三百篇,大底圣贤发愤之所为作也。"这段关于自强不息的经典名言,几千年来不知鼓舞了多少中国人。刘备的三顾茅庐和诸葛亮的"鞠躬尽瘁,死而后已",互相补充,同样流传千古;"老骥伏枥,志在千里;烈士暮年,壮心不已"激励着无数暮年志士;更有"有志者,事竟成,破釜沉舟,百二秦关终属楚;苦心人,天不负,卧薪尝胆,三千越甲可吞吴"的慷慨高歌……历朝历代都有为正义事业、为崇高理想竭力奋斗的人,他们为国家而战,为民族而战,用实际行动展现着自强不息、不屈不挠的奋斗精神,而正是因为这种精神,将民族的向心力凝聚在一起,使民族越来越强大,成为中华民族奋起反抗外族侵略、顽强自立、传承千年的重要精神动力。

3. 坚守独立的人格

中华民族崇尚气节,重视节操,有着强烈的民族意识和民族自尊心,对后世产生了深刻的影响,文天祥的"人生自古谁无死,留取丹心照汗青";孔子的"三军可夺帅也,匹夫不可夺志也";曹植的"捐躯赴国难,视死忽如归";还有屈原"吾不能变心而从俗兮,固将愁苦而终穷"的一身正气,陶渊明"不为五斗米折腰"的倔强,李白"安能摧眉折腰事权贵"的蔑视,文天祥"不指南方不肯休"的执着……无一不是民族气节的体现,而拥有这种民族气节的前提便是拥有一种独立的人格。孔子说:"志士仁人,无求生以害仁,有杀身以成仁。"他可以为仁德而牺牲生命,绝不苟且偷生,他始终坚持"天下有道则见,无道则隐",绝不与黑暗统治同流合污,因而赢得人们的尊重,成为后世坚持独立人格、保持自尊自重的高尚气节的榜样。孟子认为大丈夫应该是"富贵不能淫,贫贱不能移,威武不能屈",人应该具有高尚的气节和独立的人格,不受利益、物质的诱惑,不屈服于暴力、胁迫,应该顶天立地,勇往直前。韩愈正是因为在其独立人格的影响下,不受士大夫耻学于师的浑浊风气所影响,抗颜为师;无数中华儿女也正是因为有着这样独立的人格,在国家命运多舛、奸臣当道时,崇高气节不变,忠良之心不移,为民族大义舍生取义。这种坚守独立的人格引领着历代华夏儿女走出困苦,走出枷锁,走向独立,走向解放。

4. 居安思危的精神

居安思危就是时刻谨记历史的惨痛教训,时刻保持警醒。《左传》中形容其为"思则有备,有备无患"。这一精神在文言文教材中主要体现为对帝王的行为规范与道德要求。通过回顾与分析历史事实,对其进行规劝、讽谏、开导,使其保持理智。苏洵通过《六国论》借古讽今,将自身对政事的深刻理解间接地表述出来;《谏太宗十思疏》中记载了魏徵对唐太宗的忠心直谏;《阿房宫赋》中记载着杜牧的以史相鉴……正是他们的居安思危与数次对掌权者的悉心谏言,使中华民族在历史的洪流中翻涌前行。

(二)追求审美之境

我们与美时刻接触,能够时刻感受到美的存在,不断挖掘其中的丰富内涵。千百年来,历代诗人、艺术家不断地挖掘美、发现美,将其保留在作品中,留给后世探寻和欣赏。

1. 自然之美

自然山水本无情,但在众多游历高山大川的文人眼中,风景便被赋予了独特的灵性,他们用独特的审美视角来观察,并创作出大量优秀的作品来感叹山水之美,流传千载。

《世说新语》中记载,东晋画家顾恺之从会稽归来时,被人问到山水之美,顾恺之回道:"千岩竞秀,万壑争流,草木蒙笼其上,若云兴霞蔚。"寥寥几句,便将独特的自然之美勾勒出来。《至小丘西小石潭记》形象描绘了柳宗元被水声吸引,行至水潭近前,对潭水、石头、游鱼及岸边的青树翠蔓与挺拔的竹树细细欣赏、观察的情境。在柳宗元眼中,小石潭及周围的一切好似一组精美的浮雕,充满动人的生趣,特别是自在的游鱼,在其笔下生动传神,极富诗情画意。刘大櫆对此评价道:"摹写鱼之游行澄水中,如化工肖物。"另有李刚已由衷赞美:"此八句摹写物态,尤为穷微尽妙,具此笔力,可以镂镲造化,雕刻百态矣。"苏轼在《记承天寺夜游》中所描绘的"庭下如积水空明,水中藻、荇交横,盖竹柏影也。"以寥寥几笔点染出一个空明澄澈,疏影摇曳,似真似幻的美妙境界。张岱在《湖心亭看雪》中有这样的描写:"大雪三日,湖中人鸟声俱绝。是日更定矣,余拏一小舟,拥毳衣炉火,独往湖心亭看雪。雾凇沆砀,天与云与山与水,上下一白。湖上影子,惟长堤一痕,湖心亭一点,与余舟一芥,舟中人两三粒而已。"如椽巨笔,直扫天际,让人的视野与心胸顿然开阔,一饱冬雪之美。白居易《冷泉亭记》中写道:"山树为盖,岩石为屏,云从栋生,水与阶平,坐而玩之者,可濯足于床下,卧而狎之者,可垂钓于枕上。"此情此景,更是人与山水融为一体了。

文人墨客在秀美的山水之间尽情徜徉,与山水自然亲近,达到物我两忘、融入大自然的美好境地,他们将心中感受到的美好凝聚在手中、在纸上,用语言文字描绘出来,生动传神,读者在阅读中解放心灵,获得共鸣与启发。在作者的有意引导下,读者的心灵得以在大自然之中肆意遨游,性情被陶冶,通过对自然的赞美和崇拜显现出他们的处世智慧,他们的文化素养也在对自然风光的欣赏与感悟中逐渐提升。

2. 语言之美

语言与族群或民族的生存和生活息息相关,民族的历史凝聚在其表层,民族文化积淀在其深层。在民族文化认同的构成和增强方面,语文的作用十分重要且无可替代。余光中先生对此评价道:"只要仓颉的灵感不灭,美丽的中文不老,那形象,那磁石一般的向心力当必然长在。"

汉语的声调变化使汉语悦耳动听,给人以抑扬顿挫之感。声调的变化赋予汉语丰富的感情色彩和表现力,使其具有独特的美感,构成具有音乐属性的特殊风格。而文言文以古朴典雅著称,最能将汉语言独特、深邃的魅力体现出来。文言文的语言简练、形象且精准,极具表现张力,意境深远,韵味无穷,蕴含着丰富的音韵之美,诵读时给人"绕梁三日,余音不绝"之感。

古人在作诗写文章之时,对音律的融合十分看重,注重声韵设计平仄错落有致,注重在句子中交错使用长短句,句形骈散结合。在书写文言文时,要求在遣词造句的过程中结合节奏、音韵和气势,打造音韵之美。要求韵句整齐对仗、散句流畅自由、短句精悍有力、长句气势恢宏,做到回环反复、双声叠韵,在文字间流转出跌宕起伏之美。例如,李白创作的《剑阁赋》:"咸阳之南,直望五千里,见云峰之崔嵬。前有剑阁横断,倚青天而中开。上则松风萧飒瑟飔,有巴猿兮相哀。旁则飞湍走壑,洒石喷阁,汹涌而惊雷。"这段文字描写四川剑阁的雄险壮丽之景,虽然句式长短不一,但给人以参差错落之美感。

杜牧在创作《阿房宫赋》时,多次运用了反复、顶针等修辞手法,将词句重叠反复,使文章形成回旋往复、跌宕起伏的节奏音调,给人以舒卷自如之感,如"呜呼!灭六国者,六国也,非秦也。族秦者,秦也,非天下也。嗟乎!使六国各爱其人,则足以拒秦;使秦复爱六国之人,则递三世可至万世而为君,谁得而族灭也?秦人不暇自哀而后人哀之;后人哀之而不鉴之,亦使后人而复哀后人也。"

在这一段感叹中,首先使用了"呜呼"一词强调作者的兴叹,积蓄气势,使下文顺势奔涌,后文弦弦相扣,紧密相连,滔滔汩汩,引人入胜。排比、反复、回环、顶针多种修辞手法在杜牧笔下运用自如,恰到好处,犹如游龙入海,使文章绽放别样光华。随着一声"嗟乎"长叹,激愤之情达到顶点。此段连用的六个"也"字,使激昂之情千回百转,往复循环,读之胸中荡然,品之淋漓酣畅,亢愤激越之情尽然迸发。这篇文章充分展示出了语言的音乐美,使人获得独特的美感享受，令人叹为观止。

在众多经典文言作品中，还有言简义丰的《论语》，气度洒脱、风格明朗大方的《庄子》，气势雄浑却循循善诱的《孟子》，富有论辩技巧的《国语》以及意蕴颇深的《战国策》等。

文言文不仅仅是声音与文字传播的媒介，更是千年古文古韵的载体，具备着一种无法描述的独特美，仿佛乐章的律动，又恰似清流卷涌，滋养着中华儿女，延续着中华血脉。

3. 哲思之美

中国古代的一众学士文人对大自然格外崇尚，愿意亲近大自然，接受大自然对心灵的滋养与洗涤，因此，很多文章中都能体现出哲学深思，并大有美化哲学之势，使人读之余韵悠长，回味无穷。这类文章被选录到语文教材中的也有不少，如苏轼创作的《赤壁赋》，从对眼前的月和水的观察引申到对人生短暂的嗟叹和对宇宙浩瀚的感叹，进而由宇宙的"变"与"不变"引出自己的哲思，表现了自身豁达淡然、随遇而安的处世态度；在《石钟山记》中，苏轼以考察石钟山名字的由来引出了自己对学习态度的深思，表明要想对事物有一定的了解和认识必须对其进行深入调查，不能以自身主观见解揣测臆断；在《始得西山宴游记》中，柳宗元表明自己虽遭受挫折，但却不甘沉沦，使自身经历与西山的怪特相呼应，进而达到"悠悠乎与颢气俱，而莫得其涯；洋洋乎与造物者游，而不知其所穷"的天人合一的境界；在《秋水》一文中，河伯与海神的形象通过丰富的想象力被描绘出来，文中还对相对主义与齐物论进行了论述；在《劝学》中，荀子将学习的态度、目的、方法与意义系统地梳理开来，使用巧妙的比喻深入浅出地将其中深刻的道理阐述出来，引导读者善于利用外界条件来学习，善于积累，对学习保持专一、用心和坚持，其中许多精辟论述沿用至今；在《游褒禅山记》中，王安石以入洞探险为引，阐述了自身的看法，他认为无论是想要建功立业还是做学问，都应具备百折不挠的精神；等等。许多古籍，从世间的方方面面抽丝剥茧，将蕴藏在最深处的哲学思想原原本本地呈现在世人眼前，在数千年的历史演变中，无数次启迪着人们，对人们有着极为深远的影响。

第二章　传统文化视域下的中学文言文教学

第三节　文言文教学中加强传统文化传承的教学策略及要求

一、加强传统文化传承的诵读策略

教师通常会采取一定的方法使教学中的问题得到有效解决，达成一定的教学目的，这些谋略意识与方法计谋就是教学策略。教师在教学的过程中，应结合学生的特点、课堂情境、教学现状以及教学内容采取适当的教学策略，以便随时调节教学进度，掌握整个教学过程，顺利完成教育目标。在文言文的教学中，教师应对传承和弘扬传统文化进一步加强，摸索和尝试使用更为有效的教学方法和策略，打破文言文教学中的禁锢，由言入文，使学生对文言文的诵读、含义以及文言文中的情感真意、哲学思想有所领悟，引发其共鸣，使其在具体的教学实践中获得文化熏陶和审美教育。笔者认为，在初高中语文课堂的文言文教学中，反复诵读有助于学生更好地认识和学习文言文。

（一）辨清认识，重视诵读

诵读法是我国一种经典的语文教学方法，在我国古代的教育中，很早就广泛应用了诵读法。在私塾先生的授课过程中，学生需要对文章进行反复诵读，从整体上感受文章的内涵，从细节品味语言的运用技巧，在学习知识的同时培养自身的语感。南宋教育大家朱熹也赞同熟读精思的原则和方法。清代刘大櫆直接提出了"因声求气"的说法。姚鼐说："文章之精妙，不出字句声色之间，舍此便无可窥寻矣。"刘大櫆云"合而读之，音节见矣，歌而咏之，神气出矣"。诵读法可以使学生全身心地融入学习中，让学生对文章有整体层面的把握，逐渐形成直觉体味的思维方式，体现了先人对语文教学规律的准确把握。当下语文教育中所提倡和实施的诵读与古人的传统诵读大有不同，传统诵读更偏重于从整体层面上凭直觉领悟文章的内涵深意，把握文章的文风文气，并产生"读书百遍，其义自见""歌而咏之，神气出矣"的感悟，这种传统的语文教育方法有助于锻炼学生直觉体悟的思维方式，培养学生的整体观，但在学习中，意境的感悟远超过对词句表意的细致分析，使得学生无法精准找出文中各个层次之间的关联，只能获得浅显模糊甚至是残缺总体的认知。而在现代语文教育中，诵读教学不仅要求学生对语调与内蕴有一定的理解，而且要求学生对其结构、词汇、思想、情感、背景等有全面细致的分析和了解。

《普通高中语文课程标准》（2017年版2020年修订）要求学生对优秀文学作品进行阅读和赏析，体味其中的哲学道理，感受其中的艺术魅力，培养自身的汉语语感，提高自身对古诗文语言的审美能力和想象能力，从文章中感受自然与人生的精彩，激发自身对大自然的向往和对生活的热爱，养成积极健康的生活态度和处世态度，在阅读中开阔视野，增长见识，感受博大精深的中华文化，陶冶高尚的性情，培养良好的道德品质，增加自身对祖国的热爱之情。这要求教师在日常的学习、生活中，注重培养学生的语感能力，用文化熏陶学生，引导学生积累知识、获得感悟。

语感是一种理解、判断和生成文字的能力，叶圣陶先生认为这是对语言文字的一种敏锐的感觉，能够通过反复的语文实践获得，这种能力可以使人对事物有直接且迅速的认识，并不需要复杂的智力操作和缜密的逻辑思维。对于学生来说，通过长期的诵读就可以获得这项能力。"诵"即吟咏，朗诵，需声情并茂，带有节奏；"读"即推敲、理解，要对文章的内容和含义有整体和细致的把握。因此，诵读就是学生在学习课文时，对文章有从字词句到篇、由文字到语义，再从表层含义到深层含义的全面感知。

（二）以读促思，熟读精思

张颂先生将文言文比作古代文化的宝塔，他说："那词语序列，千回百转，起伏跌宕，好比百珍异宝陈于前，一如大珠小珠落玉盘。看似笔走龙蛇，听来山呼海啸，视觉和听觉的融合，恰到好处；玩味字字珠玑，品评掷地有声，语句同篇章的结合，鬼斧神工。"学生只有对课文中的语言文字进行反复的诵读后，才能够对文言文的表达习惯与表现方式有所了解，进而在字里行间的辗转变换中感受语言节律，积累经验，形成语感。古人将语感的形成描述成了读书心得，如"熟读唐诗三百首，不会吟诗也会吟""读书百遍，其义自见"以及"旧书不厌百回读，熟读深思子自知"等。叶圣陶先生对古人的读书方式与现代人的读书方式做了对比分析，认为诵读时不仅要对内容有所理解，还要感知和体验其中的情感，了解言语的活动过程。例如，《邹忌讽齐王纳谏》中，邹忌的妻子、妾与客人从三种不同的角度对一个问题进行解答，结果却大同小异，邹忌结合三人的角度、身份和心理做出了揣摩和解读，了解到妻子因爱对丈夫有着自然的欣赏，因此语言中有着由衷的赞美；妾出于对邹忌的逢迎讨好而说好话；而客人则是因为有求于邹忌，对其巴结奉承。邹忌以自身的经历对君主进行劝谏，引发君主的深思，使其广开言路。这是一种以记言见长的文章，体现了战国时期朝廷中众谋臣策士捭阖纵横的语言智慧，其中的语言艺术只有诵读文章并细细品味才能够体会。散漫、简单地阅读文章，是无法对其内容有透彻的理解的，更无法体会出其中的语言艺术。可见，只有对文章有了一定的熟读精思，才能够对其中的语言艺术有所体悟，从而促进语感的养成。

二、加强传统文化传承的发展策略

加强传统文化传承的发展策略要求教师将重点放在"发展"之上，协调好"发展"与"教学"的关系。20世纪30年代，维果茨基提出在好的教学中，教学应走在发展的前沿。因此，为了加强传承传统文化的力度，教师要重视学生在教学中的主体地位，重视学生在教学中的自我感悟和体验，引导学生主动参与到学习当中，促使学生积累更多的传统文化知识，得以更好地发展。因此，在文言文的教学中，教师应该重视以下几点。

（一）比较教学，合作探究

在文言文教学中，教师可以通过对比古今语言的方式来教学，比较其中的字、词、句、段、篇，使学生了解古代汉语与现代汉语的关系。教师在文言文教学中使用比较的方法教学，可选择一些文体相同或相近的文章或者出自同一作者笔下的不同文章，引导学生在阅读时对学习内容有侧面的对比，从而加深学生对所学内容的了解，产生更深刻的认知。

秦国灭六国的历史向来备受历代文史家的关注。不只"三苏"写过《六国论》，清代的李桢也写过。因此，在讲授《六国论》时，就可以使用比较的方法进行教学。首先帮助学生对文本内容有基础的了解，再引导其对四篇文章进行比较，找出异同点，对每篇文章中作者所持的观点与写下此文的目的进行探究，并引导学生结合所学知识，针对六国的灭亡发表自己的看法。苏洵创作的《六国论》与苏轼、苏辙创作的《六国论》有很大不同，苏洵在文章中描述六国因屈从暴秦、放弃斗争而走向破灭，以此为据展开叙述，意在警告宋朝统治者，提醒其勿蹈覆辙，体现了苏洵对时务的关怀和敢于弹劾当局的崇高精神。苏轼在其所作的《六国论》中对比了六国的久亡与秦的速亡，强调了"士"的作用，他认为，六国久存的原因在于各方诸侯卿相争相接收人才，只要培养大量的"士"来为自己谋算，百姓中就没有牵头造反的人，国家就能够得到安定。而苏辙的《六国论》则从战略上对六国最终灭亡的历史事实做出了明确详细的辩论，认为六国之所以相继灭亡是因为六国心思各异，不能团结起来共同抗战，它们的灭国是一种历史必然，意见中肯扼要，这种见解，与前者相比显然更为深刻。将三者的文章进行对比，不难看出，苏洵借古喻今的隐喻和警示较其他二者更为高明。从历史上看，导致六国走向灭亡的根本原因是其在政治上的保守而不是"赂秦"，六国在治国方面不重视改革，因循守旧，也不坚持使用"合纵"的政策与秦国的"连横"政策相制衡，于是在秦国远交近攻的雷霆手段下，六国逐一被击破。一方面，秦孝公支持商鞅变法，迅速提高了秦国的国力，获得了统一六国的实力。另一方面，当时战乱持续了很长时间，百姓强烈渴望和平和统一，因此，六国的灭亡与秦的统一是历史的必然，对于这一点，苏洵也在文中表示认同："以赂秦之地，封天下之谋臣，以事秦之心，礼天下之奇才，并力西向，则吾恐秦人食之不得下咽也。"但其更想表达的是赂秦是导致六国灭亡的一个重要导火索，以此来警示宋朝掌权者应使用武力抵抗侵略而不是试图通过贿赂西夏与契丹来换取短暂的安定。李桢的见解与三苏的意见相悖，他认为六国都想做秦国所做的事情，而只有秦国成功了是因其顺应了"天意"。六国只有行仁义才能够久存，而他们与秦一样，常常发动战争，社会上弱肉强食的现象屡见不鲜，最终秦因天时地利人和获得了胜利。因此，他将秦统一六国的主要原因归结于"天命论"。在实际教学中，不仅要引导学生了解文言文相关的历史背景，从不同角度的不同观点，获得不同的结论与体验，再从现代的角度对这段历史进行探究，对六国与秦国兴亡的规律进行分析，从中挖掘事物变化的内因与丰富哲理，获得更多的感悟。

在文言文的教学中，教师应引导学生对语文、历史用心感悟，积累自身的文学素养，奠定文学基础。

（二）以言入文，体悟涵泳

从辩证关系的角度分析文言文，文为载体，言为基础，二者是一体的。在文言文教学中，教师应有针对性地向学生诠释字词句的含义，从言导入文，帮助学生找准方向，深入领会文中的思想文化内涵，使学生与其中的审美情感达到共鸣。教师备课时，应善于从课本中发现问题并提出来，重点关注其中的中心句、文眼、关键句，尤其要注意帮助学生从中领悟看似平淡的内容所蕴含的深意，促使课堂充满生机。例如，在讲授《廉颇蔺相如列传》时，在学习"渑池之会"这部分时，应引导学生赏析和品味其中的"令""进缶"以及"顾"与"为"等词，以便对文章有更加透彻、深入的了解，进而加深对中华民族传统文化的了解。

第二章 传统文化视域下的中学文言文教学

赵王一开始弹奏，史官就立即将此记录为："秦王令赵王鼓瑟"，其中的"令"字将秦国的趾高气扬与赵王所受的屈辱描绘得淋漓尽致。在赵王受辱的境况下，蔺相如毫不慌张，快速找到了反击秦王的方法，"相如前进缶，因跪请秦王"。这时，教师可以在课堂中插入中国传统礼乐文化的相关知识点，使学生了解赵王鼓瑟的相关历史背景，普及瑟的相关知识点。将瑟与蔺相如所进的缶相对比，一方面了解乐器"缶"，另一方面，从侧面对文章有更为深入的了解。缶是常见之物，表现了蔺相如的机智，另外，进缶在这里还有其他层面的深意，据《史记集解》引《风俗通义》载："缶者，瓦器，所以盛酒浆，秦人鼓之以节歌也。"李斯曾在《谏逐客书》中提到："夫击瓮叩缶、弹筝搏髀，而歌呼呜呜、快耳者，真秦之声也；郑卫桑间，韶虞武象者，异国之乐也。今弃击瓮而就郑卫，退弹筝而取韶虞，若是者何也？快意当前，适观而已矣。"由此可知，秦人对缶十分喜爱，经常一边拍打大腿一边击缶，但在李斯所处的时代，秦国普遍认为击瓮叩缶过于俗气，难登大雅之堂，因此诸侯之间流行钟磬，大夫之间流行琴瑟，只有下层百姓才击缶而歌，蔺相如进缶就是为了反击秦人的不知礼数，和歌击缶本身就是秦地的风俗，蔺相如这一举动既达到了目的，又合情合理，使人难以从中挑出错误。

秦王虽极不情愿，却还是击了一下缶，蔺相如见此，"顾召"史官将之记为"秦王为赵王击缶"，其中的"顾"字与前文中的"相如前进缶"相照应，再次从侧面证实了秦国史官主动将赵王鼓瑟一事记录下来是早就谋划好的事，表现了当时赵国群臣面对突发状况的茫然无措，对比之下，更显蔺相如力挽狂澜的从容镇定。另外，秦国史官将此记为"秦王令赵王"，使用了"令"字，有明显的命令意味，想要表示秦国的强大和别国屈于强权，表现了赵王的屈从和无奈；而蔺相如召唤赵国的史官记录"秦王为赵王"，其中的"为"字将秦王击缶形容成了一种不受外界干扰的主动性行为，使秦王的行为带有了谄媚的意味，与此前的"令"字仅一字之差，就产生了完全不同的两种意思，秦王因此成了跳梁小丑。这场原本是秦国提前准备好的用来羞辱赵国的计划，在蔺相如的应对下急剧变化，最终以秦国自取其辱收场。寥寥数字，将蔺相如镇定从容、果敢机敏的形象凸显出来。

教师在进行教学时，应引导学生深刻了解文言文中的内容，不仅要了解其中的文化内蕴，还要在传统文化的影响与熏陶中，积淀自身文化底蕴。

三、加强传统文化的传承对教师的要求

学校是传承传统文化的重要场所,语文教师在传统文化的继承与弘扬上十分关键,肩负着传承文化的重要使命。从文化传承的角度上看,语文教师就是该任务的执行者,教师对文化的态度、对文化传承的了解以及自身的教育教学行为都会影响文言文教学中的文化传承。要想通过语文课堂来传承文化,首先要将传承文化的任务付诸语文教师的职能使命中。新课程标准对学生的成长与发展提出的要求日益增多,要求学生不仅要给予民族优秀文化足够的关注,还要主动对全人类文化中的精华进行汲取吸收,在以尊重的态度看待多样文化的同时,更好地继承和弘扬中华民族优秀的传统文化。语文教师只有具备一定的文化素养和意识,才能完成这一系列内容。

(一)教师要有一定的文化底蕴

培养学生能力,引导学生获取和积累知识是新课程主要关注的内容。王崧舟老师认为,作为一名语文教师,应不断接受文化的润泽,不断成长,不断超越自己,不断提高自身的文化底蕴。他指出,无论是知识、技术还是课程,他们的重要性都不及文化底蕴,只有教师具备了深厚的古代文化知识和文化底蕴,才能顺利解决文言文教学过程中出现的各种问题,实现教学目标。比如,在高中语文的新课程教学中,既有必修模块中的《逍遥游》《秋水》等文章,又有选修模块中的《论语》选读内容,教师只有对道家、儒家文化都有较为深入的了解且有独到的见解,才会在教授先秦诸子散文的时候引导学生对相应的历史有正确的了解,进而在之后的学习中,使学生从陶渊明、王羲之的文章中感受魏晋风度,领悟李、杜及王维的诗篇中的思想,感受苏轼的诗词、文章中的矛盾心理。另外,文言文中所涵盖的古代文化知识内容丰富,范围广泛,如座位朝向、生老迁谪、称谓年庚、乾坤阴阳等,如果在教学中不能做到准确把握,就很容易影响学生对课文的学习和了解。以《鸿门宴》为例,了解了刘邦、项羽的座位朝向后,就能够以此为切入点,深入了解人物的性格特点,对此,如果教师本身没有足够的文化底蕴,就难以对此有正确的理解,更不用说讲授清楚了。

(二)教师对教材的处理

很多教师自身并不擅长挖掘日常生活或教材中的文化素材,更不会将其应用在课堂实践中,在文化渗透方面,他们缺乏足够的目的性和自觉性。教材教

学是一种重要的文化传承方式，目前的语文教材中的内容多为选文，编录教材筛选作品从本质上来看就是一种文化选择，教师应具有从文化着手对教材进行加工处理的能力。

李密通过《陈情表》真挚委婉地将自身的感情倾诉出来，感人肺腑，这种情感跨越时空，往往能引起读者的共鸣和共情，因此，真挚的情感成了《陈情表》的生命。因此，教师在讲授这篇文章时，大多会引导学生感受李密令人动容的"忠"与"孝"，引导学生了解和学习其"孝悌忠信"的好品质，并从"仁爱"的角度出发，帮助学生理解"忠"与"孝"在中华传统文化中的重要性。孟子曰："天下之本在国，国之本在家。"表现了在中国古代社会中，家国一体的思想深入到每个人的思想深处，历代都将孝道作为一种十分重要的伦理道德标准。孔子云："孝，德之始也"，在中国传统社会中，对于一个家庭来讲，孝是亲子关系的基础，以孝为始，衍生一切道德礼仪的标准，甚至国家在选拔人才上都将"孝廉"作为重要的标准，可见孝亲敬长、伦理道德在古代封建社会中的重要性。在这样的环境背景下，古代社会将"忠"与"孝"的要求融入了社会责任与义务中，并由此制定了一系列规定与原则，古代社会也因此倡导父慈子孝。古代统治者不仅向社会成员提出了"忠"的要求，还将"孝"作为框架，构建出社会的基调。"孝"与人的天性相符，于是历代君主将孝道作为社会风气的重要构成因素，因此，中国古代将"孝"作为文化理想的核心之一。生长于这样的社会环境中，李密难全忠与孝，《陈情表》的出现也就十分合理，引起从古至今无数人的极大同情。因此，在讲授此文时，教师应向学生介绍《陈情表》的历史文化背景，从中提炼这种孝亲、敬长、忠义的精神，并以此影响学生，使学生在学习古代"仁民爱物""孝亲敬长"等良好精神品质的同时，学会以此处理自己与他人、与社会之间的关系。

在《季氏将伐颛臾》一文中，教师可以引导学生从"先王以东蒙主""在邦域之中"以及"是社稷之臣"三方面的论据来研究和了解"季氏不该伐颛臾"，进而深入了解不该的原因。此外，教师应及时向学生补充相关知识点，将《论语·季氏》中涉及的相关材料引入课堂，引导学生结合孔子的话和季氏的由来、历史地位、发展背景等方面，形成一条清晰的逻辑线索，对课程内容有深入的了解，同时对儒家提倡的社会伦理思想与古代知识有更加深入的认识，获得传统文化的进一步熏陶，由此强化其爱国之情。以这样的方式进行文言文的教学，必然会激发学生的学习兴趣，促使其绽放智慧之花，用浓郁的文化气息为其滋养知识之海。

总而言之，通过文言文教学来强化传统文化与民族精神的传承的方式还有很多，值得教师深入探讨。在实际的文言文教学过程中，教师要不断进行思考和改进，提升课堂教学效果，这不仅是社会发展的要求，也是人才成长的要求。

第三章　基于语文核心素养的中学文言文教学

第一节　语文核心素养概述

一、语文核心素养的构成要素

语文学科是我国整体教育中的核心教育学科，贯穿于全部基础教育阶段，在我国基础教育中发挥着至关重要的作用。自核心素养被提出后，众多语文教育领域的学者、教育家对其进行了探索，最终，在《普通高中语文课程标准（2021年版）》中明确了语文学科核心素养的概念。本书将进一步探究构成语文核心素养的要素。

（一）语文素养

在我国的教育发展史上，"语文素养"一词由来已久，它的概念最早出现于2000年的《九年义务教育全日制小学语文教学大纲（试用修订版）》中，它指出："语文教学要注重知识、能力、情感之间的联系，注意听说读写之间的联系，加强综合，突出重点，注重语言的感悟、积累和运用，注重基本技能的训练，从整体上提高学生的语文素养。"[1] 2001年颁布的《全日制义务教育语文课程标准（实验稿）》则强调要"全面提高学生的语文素养"[2]。经过近十年的发展，2011年颁布的《全日制义务教育语文课程标准》进一步将"全面提高学生

---

[1] 曹忠华.甄选本体性内容，精准发展"语文核心素养"[J].语文知识，2016（20）：3.
[2] 孙思雨.国内关于核心素养研究的文献综述[J].基础教育研究，2016（17）：4.

的语文素养作为义务教育阶段语文课程的基本理念"[①]。2013年颁布的《普通高中语文课程标准（实验）》中也将"全面提高学生的语文素养，充分发挥语文课程的育人功能"[②]作为语文教学的核心理念。通过研究上述课程标准，笔者认为，从某种角度上看，语文素养包含了语文素质、语文能力以及语文修养等多方面的素养，具有综合性质。在未提出语文核心素养时，语文素养对语文教学十分重要。

（二）学科核心素养

课程改革与核心素养的有机结合形成了学科核心素养，因此，学科核心素养就是在特定学科下被具体化的核心素养。以核心素养为基准，学科核心素养的概念由此被界定为：学习者在对一门学科有了一定程度的了解后，获得了该学科赋予的社会发展必需的且与自身终身发展相适应的关键能力和必备品质，学科核心素养集中体现了该学科所具有的育人价值，是其学科丰富特性的一种体现。

首先，学科核心素养应具备学科性。学科性是每个学科所独有的属性，不同学科所研究的内容、主题、对象、基本理论等都不相同，受学科性的影响，不同学科表现的精神、思想也各不相同。其次，学科核心素养应具备科学性。对于学科核心素养来说，其不仅要与学生身心发展保持一致，还要准确清晰地表述其中的内容，为教师进行教学实践发挥明确的指导作用。再次，学科核心素养应具备教育性。学科核心素养是一种可通过教育形成的素养，产生于学科教育活动中，学生无法从日常生活中获得。最后，学科核心素养具有人本性。从个人的角度来看，学科核心素养是因为人的需求而存在的，它是服务于学生的，它能够促进学生坚持和实现终身发展，满足学生之后的生活、工作、学习的需要；从社会的角度来看，学科核心素养的存在应满足政治发展和社会经济发展的需要，充分发挥其重要作用，以促进社会健康、持续的发展。

（三）语文素养与学科核心素养

通过研究《普通高中语文课程标准（2017年版2020年修订）》，笔者了解到，语文核心素养是学科核心素养与语文素养二者的结合。一方面，在语文核心素养的要求下，教师应引导学生完成语文学科应有的阅读与鉴赏、梳理与探

---

① 周平艳，魏锐，刘晟，等.提出21世纪核心素养的驱动力研究[J].华东师范大学学报（教育科学版），2016（3）：7.

② 黄四林，左璜，等.学生发展核心素养研究的国际分析[J].中国教育学刊，2016（6）：7.

究、交流与表达等教学活动，通过在特定的语言情境中进行语言实践活动，使学生获得语言知识和技能，形成完善的思维方式和语文学科中必备的关键能力，增强对其他学科内容的理解能力。另一方面，语文教学不仅包含了现代语文的教学，还包含了传统古诗文的教学，这种古今文化串联的教学形式有助于学生了解中华民族流传数千年的传统文化，并继承和弘扬优秀的民族文化，还可以使学生从各个时代的文学作品中了解我国的历史，领悟中华民族的优秀精神品质，促进学生健康成长，使其形成积极良好的精神面貌，为其未来发展培养必备的优秀品格。

二、语文核心素养的主要内容

《普通高中语文课程标准（2017年版2020年修订）》中明确规定，"语文核心素养的内涵包括：语言建构与运用、思维发展与提升、审美鉴赏与创造、文化传承与理解四个方面的内容"。

（一）与人交流的语言基础：语言建构与运用

对于语文核心素养来说，构建并熟练地运用语文是其中的重要内容，也是学生获得交流沟通能力的语言基础。学生构建和应用语言的过程是一个"积累—梳理—整合"的过程，教师应引导和帮助学生在学习语文的过程中不断积累与语言相关的知识和实践经验，帮助学生为其积累的语言知识建立联系，找到运用语言的规律并熟练掌握。教师还应鼓励学生与他人积极交流，感悟语言情境和交流对话的变化，在应用语言的过程中梳理出相关规律，从而使其对不同语境的文学作品有更加充分的了解和认识。在学习与积累的过程中，教师应帮助学生整合已学习的语言文字规律，引导学生在语言实践中将已掌握的语言规律内化为自身的语言能力和应用经验，掌握语言的学习方法和结构化策略，使其在未来的生活、学习、工作中长期受益。

（二）学会思考的认知基础：思维发展与提升

发展并提升思维有助于学生形成一定的认知基础，从而形成思考能力，是促进其核心素养发展的关键。首先，通过语言文字实践活动，学生可以逐渐掌握语言文字中蕴含的直觉思维，再由学生自身对文学作品展开联想与想象，分析并理解作品的内容、内涵，使自身的语言表述能力和形象思维能力得到提升。其次，学生要利用自身的形象思维对所获得的语言文字的直觉体验进行加工，在脑海中对其进行更全面的梳理、整合，对其中的文学现象与基本语言进行细致的概括、分析、归纳、对比,再将产生的看法条理清晰地表述出来。学生在实际的语言实践过程中,可以以基本的逻辑与语言规律为依据,对他人的语言运用方式产生判断,阐述和表达自身的观点。最后,学生使用这种批判性的思维模式对文学作品中的文学现象及语言形象进行分析,以完善自身的逻辑思维,提升自身的思维品质,获得自己的认知。

(三)提升能力的文学基础:审美鉴赏与创造

从语文核心素养的层面上讲,审美鉴赏与创造是其中的一项重要内容;从学习者的层面上讲,审美鉴赏与创造为其获得并提升自身能力打造了良好的基础。首先,学生在构建和应用语言的过程中,会从中感受到语言文字的独特魅力,发现其中的美,对语言文字产生日益强烈的热爱。其次,在日常语文学习和阅读文学作品时,学生将不自觉地被其中的语言、意境及形象等吸引,对其进行品析和鉴赏,逐渐获得一定的语言审美能力。最后,由于学生在语言文字中获得了独特的审美体验,想要将自己认知中的审美形象挖掘并表达出来,就需要对自身的审美体验进行创造和表达,其自身的价值观与情感态度也会融入创造和表达,由此形成具有创造性的审美鉴赏和表达能力。

(四)弘扬传统的文化基础:文化传承与理解

对于语文核心素养来说,理解并传承文化也是其中的一项重要内容。只有对传统文化有所了解才能实现其传承和弘扬。学生在学习与赏析传统文学作品的过程中不仅能够获得运用语言文字的能力,还能从中感受到中华传统文化的博大精深、源远流长,从中了解和学习古人的思想观念与人文精神,使自己的民族文化认同感不断增强,文化自信不断提高,进而自觉继承和弘扬对中华民族优秀的传统文化。学生在学习的过程中还可以了解不同地域甚至不同民族的优秀文化,了解优秀文化在当代社会交流和传播的形式,为中华民族的伟大复兴积极贡献自己的力量。

第二节　基于语文核心素养的文言文教学的理论依据与实践意义

一、基于语文核心素养的文言文教学的理论依据

大量的教学实践表明，在高中生语文素质的培养方面，目前文言文的教学效果仍不十分理想。对此，我们可从研究相关理论着手，找出解决办法。

（一）建构主义与人本主义理论

建构主义理论最早来源于西方，主要代表人物有皮亚杰、斯腾伯格等著名心理学家。它主要是从认知心理学的角度对教师进行指导。"在建构主义思想指导下可以形成一套新的比较有效的认知学习理论，并在此基础上实现较理想的建构主义学习环境。"① 人本主义理论在不断发展的过程中，逐渐形成了"以人为本"的中心思想与世界观，重视给人以个性关怀，强调维护和尊重人性的尊严，倡导世俗文化对人宽容，主张平等自由，反对歧视，反对暴力。

1. 建构主义理论内涵

建构主义理论将学生视为主动构建知识意义的主体，是所有认知活动所围绕的主体，它强调教学实践与学习活动应以学生为中心，教师在学生构建和形成知识意义的过程中应起到促进与引导的作用，并非将知识直接灌输到学生的头脑中。因此，该理论对师生的定位与传统教学观念有很大不同。首先，教师在知识的传递与传播上不再承担"权威"的角色，而是对学生的学习和理解起到辅导的作用，承担的是合作者或高级伙伴的角色②。教师应引导学生面对和解决真实存在的复杂问题，为学生创造适宜的学习环境。促使学生在良好的学习环境中通过合作学习、独立探究以及开展实验的方式达成学习目的③，独立

---

① 张娜. DeSeCo 项目关于核心素养的研究及启示 [J]. 教育科学研究, 2013 (10) : 7.
② 左延慧. 基于语文核心素养建构高中文言文教学高效课堂 [J]. 贵州师范学院学报, 2017, 33 (1) : 5.
③ 王毅. 优化高中文言文教学方法浅探 [J]. 语文教学通讯：学术 (D), 2015 (12) : 2.

完成教师设置的问题，提高自身的自主学习能力。其次，在学生构建知识体系的过程中，教师应起到引导和帮助的作用，充分激发学生的学习兴趣，引导学生产生并保持强烈的学习动机[1]。最后，学生应积极参与教学活动，积极建构自身的知识体系[2]。建构主义理论要求学生能够在实际遇到的真实复杂的情境中独立自主地运用自身的知识与能力完成学习任务。在这一过程中，教师应注意充分发挥辅导作用，帮助学生完成学习目标。

2.人本主义理论内涵

人本主义教学理论提出，教育学生时应以理解和认识客观世界为切入点，满足学生个体的实际需求。在教师的教授与指导下，让学生尽可能地发挥自身的内在潜能，形成创新能力。在选择课堂内容时，人本主义教学理论秉承"以学生为中心"的教育思想，重视满足学生的实际需求，教师不再是教学中的权威，而是知识学习、积累的促进者。如果教师将主要教学内容设置为优化教学环境、强化教学过程和美化教学语言，促使学生获得更强的情感体验，张扬学生的个性，就会导致教学过程与课本内容脱离，造成教学目标不明朗的弊端。因此，教师将人本主义教学理论作为教学依据进行教学实践时，应对人本主义有恰当的理解，并对教学内容做出合理安排。

3.建构主义理论、人本主义理论与语文核心素养

《普通高中语文课程标准（2017年版2020年修订）》指出，语文核心素养主要包括语言建构与运用、思维发展与提升、审美鉴赏与创造、文化传承与理解等内容[3]。教师通过组织学生进行鉴赏与阅读、探究与梳理、交流与表达等活动，为学生提供学习语文的机会，使其能够更好地发展和完善思维、建构和应用语言、理解并传承文化、实现审美鉴赏与创造，进而形成深厚的语文核心素养。人本主义理论和建构主义理论所提倡的教学理念符合实践性、综合性的课程性质。语文核心素养致力于使学生各项能力得到提升，这就需要将学生作为教学主体，在这点上，三者具有一致性，只有将教学主体放在学生身上，才能使其在学习过程中领略我国语言文化的博大精深，进而提升语言的运用能力，同时让逻辑思维能力得到锻炼，使自身的鉴赏水平和创造能力不断提升，对传统文化产生更深层次的了解和感悟，从而更好地实现优秀传统文化的继承和弘扬。

---

[1] 童鹿超.浅谈高中文言文教学策略[J].语文教学通讯：学术（D），2015（8）：11-12.
[2] 李静.高中文言文教学的三种主导策略[J].语文教学通讯：学术（D），2014（10）：2.
[3] 张春莲.高中文言文教学策略探析[J].语文教学通讯：学术（D），2014（7）：36-37.

4. 建构主义理论、人本主义理论与文言文教学

在高中语文的整体教学内容中，文言文在各阶段都十分重要。随着新课标对我国传统文化的重视程度日益加深，文言文教学的重要性日益突出。对于高中语文教师来说，选择何种教学方法，设计什么样的教学程序以及选择怎样的教学内容已成为其重点考虑的内容。这就需要教师重点考虑人本主义与建构主义这两种理论，在教学设计中尽可能多地融入自主探究、开放讨论等教学方式，充分发挥学生的主动性，使其更好地掌握并提升语言学习的能力。教师还应创造出多种不同的情境，引导学生运用已掌握的文言文知识，体会文言文作品中所体现的思想内涵与人文精神。

（二）《普通高中语文课程标准（2017年版2020年修订）》的要求

（1）对基本理念与课程性质提出了要求。《普通高中语文课程标准（2017年版2020年修订）》表明，普通高中阶段的语文课程，应通过语文教育使学生形成良好的科学人文修养及思想道德修养，使其语文素养得以提高，奠定其终身发展的基础。课程理念中强调："坚持立德树人，增强文化自信，充分发挥语文课程的育人功能；以核心素养为本，推进语文课程深层次的改革。"① 基本理念与课程性质对语文教学提出的这种要求决定了教师在文言文教学的过程中，应在文言文教学与语文核心素养相结合的条件下进行教学方法的选择、教学内容的安排以及教学程序的设计，使文言文教学不再是检验学生语文课程学习成果的工具，而是真正与学生的语言能力融为一体，对学生的全面发展与终身学习起到促进作用。

（2）对课程目标提出了要求。《普通高中语文课程标准（2021年版）》提出的课程目标为："要使学生通过阅读与鉴赏、表达与交流、梳理与探究等语文学习活动，在语言建构与运用、思维发展与提升、审美鉴赏与创造、文化传承与理解几个方面都获得更好的发展。"② 高中语文教学应促使学生对本民族文化产生坚定的自信心，使其在日常生活中能够积极自觉地弘扬与实践社会主义核心价值观，形成积极乐观健康的人生观，奠定全面发展与终身学习的基础。实现对我国优秀传统文化的继承和弘扬是文言文教学的重点，学生在文言文课堂教学中体验中华文化的广博与精妙，掌握文字的运用方法，感受作品的文人精神及思想内涵，产生更强的文化认同感，形成更强烈的文化自信，加强对中华民

---

① 印月花．高中文言文阅读教学建议[J]．语文教学通讯：学术（D），2012（2）：41-42．
② 常慧．高中文言文教学的五大原则[J]．语文教学通讯：学术（D），2011（12）：42-43．

族优秀传统文化的了解和热爱，更加积极主动的传承、弘扬中华民族优秀的传统文化。

（3）对课程结构提出了要求。对比《普通高中语文课程标准（2021年版）》与之前的课程标准，在课程结构方面有显著不同，它特别引入了一个新生概念——学习任务群。它将高中语文教学系统分成了十八个学习任务群，并明确安排了每一个任务群的教学内容和学习目标，同时给了教师一些教学提示。例如，第八个学习任务群的教学内容为中华传统文化经典研习，教学目标为引导学生阅读和鉴赏我国经典传统文学作品，以此积累大量文学经验，形成民族审美鉴赏力，对传统文化有更全面深入的了解，使其对我国优秀传统文化产生更强的自豪感与认同感，形成更强烈的文化自信，从而更好地传承和发扬我国优秀的传统文化。① 对比该学习任务群与其他学习任务群可以发现，本任务群的学分为2分，完成任务共需36课时，学生在这36课时的学习中可以对不同时期、不同类型的经典文言作品有所了解，体悟其中的精神内涵，挖掘其中的文化价值，了解其审美追求。此外，本学习任务群重在帮助学生学习掌握一些常见的文学知识，对文言文中的虚词、实词及特殊句式等有一定的认识，了解古今语言在运用方面的区别与共同点，提高学生的鉴赏水平。

二、基于语文核心素养的文言文教学的实践意义

（一）提升教师的教学水平

在高中语文的课堂教学中，教师承担着主导者的角色，其教学水平的高低对语文教学质量有决定性的作用。尤其在教授文言文课文时，教学难度比现代文更高，因此，文言文教学通常对语文教师的教学能力有更加严格的要求。

首先，教师应改变教学理念。一直以来，绝大部分语文教师认为语文教学就是将教材中的文章提前设计成教案，在课堂上将教案讲授给学生。但教师们往往因为平时工作量巨大而分不出足够的精力和时间来查找、搜集与课程内容相关的课外资料，因此，文言文教学只是教师向学生灌输文言文的文章结构、字词解释、写作手法、特殊句式、思想感情等文言知识的过程，学生的实际需要并没有得到很好地满足。2018年课程标准提出教师应将教学的焦点放在使学生提高语文学习能力，形成语文核心素养。在该课程理念的要求与指导下，一方面，教师转变之前的教学理念的信心更加坚定，并逐渐树立与时代发展相适

---

① 胡虹丽.坚守与创新：百年中小学文言诗文教学研究[D].长沙：湖南师范大学，2010.

应的新的教学观念；另一方面，学生的主体地位在教学中得到进一步强化，学生的思维分析能力进一步提高。在实际教学过程中，促使师生关系、生生关系得以改善，使文言文教学彻底摆脱"一言堂"的教学模式，为文言文教学注入了生机与活力。

其次，教师应提高教学素质。高中语文教师一般都具有较高的教学水平和教学素质，但在实际教学实践中，教师们普遍将视线聚焦于学生的学习情况，一旦学生出现了学习方面的问题，教师们总是将之归结于学生的学习状态，不会反思自身的教学是否存在不足。《普通高中语文课程标准（2017年版2020年修订）》规定，普通高中所开展的语文科目教学实践活动，应建立在培养学生形成一定的语文核心素养的基础要求上，语文教师应在文言文的教学中融入语文核心素养的相关理念，在教学实践过程中不断进行自我反思，及时发现自身教学素质的不足。教师应在自我反思中不断提升自身教学素质，改进教学方式，转变教学观念，提高教学水平。总之，教师不仅是教学工作者和知识传播者，也是受教育者；不仅是教学问题的发现者，也是教学问题的研究者和解决者。

最后，教师应提高自身的专业水准。相较于以往的课程标准，《普通高中语文课程标准（2017年版2020年修订）》明确提出，高中语文教学应重点培养学生形成一定的语文核心素养。语文核心素养的相关要求与内容应与文言文教学有机结合，帮助学生积累丰富的语言底蕴，促使学生形成较高的审美鉴赏能力和敏锐的思维能力，为学生奠定全面发展与终身学习的基础，达成新课标的教育目标。这对教师的专业水平有着较高的要求，为了实现该目标，高中语文教师应做好以下几点：①深入研究语文核心素养的要求和内容；②及时反思自身的教学过程，不断更新教学观念，坚持学习；③将语文核心素养提出的各项要求与文言文教学相结合，以此为标准进行教学方法设计、教学程序设计、教学内容安排。

（二）培养学生的学习能力

高中文言文教学与语文核心素养的结合，有助于促进教师教学水平的提高，还能够促使学生产生浓厚的学习兴趣，使其学习能力得以提升。

培养学习兴趣。"兴趣是最好的老师"，只有对一件事物产生了浓厚的兴趣，才会内化为了解和研究的动力，产生求知行为。学生一旦对某一学科产生了兴趣，就会格外专注地钻研该学科的内容。每一篇文言文都经历了漫长的岁月，站在学生的角度上看，文言文是神秘且陌生的，而作为汉语的一部分，文言文又使学生倍感好奇与亲切，教师应充分利用这种好奇心理，并结合现代教学手段如网络、多媒体等，通过播放相关图片或视频帮助学生充分了解文章的相关历史文化、创作背景以及思想内涵。首先，教师应善于使用各种教学工具，使教学内容丰富起来，而不是局限于文章结构、表达手法以及字词句段等方面的教学；其次，教学理念的转变十分重要，教师应尽可能调动课堂氛围，活跃课堂气氛，充分发挥学生的求知欲和学习的积极性[1]，帮助学生提升语言功底，形成一定的鉴赏能力和思维能力，进而掌握学习方法，提高学习能力。

　　帮助学生学会学习。《中国学生发展核心素养》中指出，学生核心素养的发展应围绕着学习进行，学会学习就是"学生在学习意识的形成、学习方式方法的选择、学习进程评估调控等方面的综合表现"[2]。"具体包括乐学善学、勤于反思、信息意识等基本要点。"[3] 每一篇被选录进高中语文教材的文章，都需要学生具备一定的学习能力才能深刻理解其内涵。而且文言文本身与白话文有很大的区别，很多特殊句式和字词不经解释难以理解，这就需要学生有一定的语言功底和学习能力。但目前的高中语文教育仍无法做到全面培养学生的学习能力，向文言文教学中导入并融合新课标要求的语文核心素养，有利于充分激发学生的学习兴趣，产生学习动力，深入了解蕴含在传统文化中的优秀民族精神和思想品质。教师应引导学生循序渐进地学习文言文，不断探寻适合自己的文言文学习方式。

　　帮助学生积累人文底蕴。在《中国学生发展核心素养》中，人文底蕴是重要的基础文化内容，即"学生在学习、理解、运用人文领域知识和技能等方面所形成的基本能力、情感态度和价值取向，具体包括人文积淀、人文情怀和审美情趣等基本要点"。[4] 中华民族的人文情怀及人文积淀在很大程度上都能够在语文学科中体现出来，而语文核心素养也特别要求学生在语文教学中对我国传统文化的人文精神与核心思想理念有深刻的了解和体会。在高中语文文言文课程中，教师应在讲授基础的语言文字知识的同时，引导学生从字里行间深刻体会文章的意境、作者的情感与思想，挖掘其中的人文精神。

　　文言文教学需要循序渐进，这是一个需要长久坚持的过程，教师应坚持将

---

[1] 童志斌.文言文课程目标与内容研究[D].上海：上海师范大学，2014.
[2] 许茜茜.核心素养视阈下的语文版初中文言文教学策略研究[D].新乡：河南师范大学，2017.
[3] 程欣.基于语文核心素养的高中阅读教学策略研究[D].扬州：扬州大学，2017.
[4] 李书娟.提升高中生文言文学习兴趣的教学策略研究[D].北京：中央民族大学，2017.

文言文教学与语文核心素养的各项要求和内容相结合，引导学生学会体悟文章的思想感情和人文底蕴，促使学生全面发展，为学生奠定终身学习的基础。

（三）弘扬与传承传统文化

语文核心素养将理解与传承传统文化作为一项重要内容。作为中华民族传统文化的结晶，文言文中蕴含着我国传统文化中的优秀精神品质与思想内涵，将语文核心素养与文言文教学相结合，对我国优秀传统文化的传承和发扬有着重要意义。

二者的结合能够使学生对传统文化形成更强的传承意识。教师在进行文言文教学时，应将语文核心素养作为重要指导方向，引导学生形成强烈的文化自信，自觉地传承、弘扬我国优秀的传统文化。通常情况下，高中古诗词中所蕴含的浓厚人文精神，可以完善学生的人格[1]。例如，古诗文中往往蕴含着民族气节、英雄气概、忠君报国、忠贞宽厚、孝亲敬长等多种情感，都能够影响学生，其中最重要的是，熟读这些古诗文还能够在提高文学素养的同时使其感受和体验其中的真善美，自觉地通过自身的行动来传承传统文化。鉴赏古诗文，体会祖国语言之美，感受古人的雄心壮志，领略祖国的大好山河，感受包罗万象的中华精神，强化学生对传统文化和对祖国的热爱，增强对传统文化的传承意识。

二者的结合有利于进一步弘扬我国优秀的传统文化。我国一直将弘扬传统文化作为一项伟大的事业长期践行。在教学中，教师应引导学生深入文言文，挖掘其中的思想内涵，并将其思想内涵与现实社会相联系，在无形中向学生渗透德育教育。"在高中文言文教学过程中，我们语文老师都应像这样结合文章进行德育渗透，做到既解文又寓道，使文道有机统一。"[2] 将文言文教学与德育教育合而为一，学生就会在学习文言文的过程中，既能形成语文素养，又能了解继承其中所承载的仁民爱物、仁者爱人的人文精神，兼收并蓄、厚德载物的宽容精神，自强不息、刚健有为的进取精神，天人合一、贵和尚中的和谐精神等，进一步实现对民族优秀文化的传承与弘扬。

二者的结合有利于让传统文化更好地适应时代的变化，获得更长久的发展。中华民族传统文化历经五千多年的历史积淀，源远流长，生生不息，中华民族亘古至今的精神追求至今仍然深刻影响着中国人。文言文教学与语文核心

---

[1] 肖文丽.高中文言文有效性教学之研究[D].武汉：华中师范大学，2017.
[2] 黎德红.高中文言文教学有效性的现状调查与对策研究[D].成都：四川师范大学，2017.

素养的结合对中华文明的继承与发展有着重要的作用,对人类文明的延续和进步有重要的意义。在当前阶段的语文文言文教学中,语文核心素养是一项十分重要的内容,它在很大程度上影响着文言文的教学。从高中语文教材内容的选编上看,其中的文言文篇目都传达着内涵深厚的传统文化精神和积极前行的人生态度,教师在讲授这些文言文作品时,可以将其中所体现的思想主体和作者的情感态度相结合,延伸到现实生活当中,拓展到我国现阶段的发展形势与国际交往局势,引发学生深入思考,促使学生对我国优秀传统文化与民族精神产生强烈的维护、继承和发展之心,从而使我国传统文化精神与时代的发展相适应,在当代社会获得更好的发展和延续。

第三节 基于语文核心素养的文言文教学的策略

每个时代,教师在文化教育方面的作用都不可忽视。无论是被誉为至圣先师的孔子,还是现代的众多名师,如于漪、钱梦龙、余映潮等,都证实了,教师和教育实践对教育发展的重要性。学生的学习质量与教师的教学水平之间具有一定的正向关系。在新的时代环境中,要想使教师的整体水平全面提高,首先要帮助教师提高自身的教学水平。文言文在中华优秀传统文化的传承上发挥着重要作用,核心素养的教育标准对语文教师提出了更为严格的要求。语文教师应抓紧时代变化的节奏,不断提高自身的文学素养、研究能力与专业水平,推进文言文教学的改善,促进文言文教育的繁荣发展。

一、重视语言基础,增强学生的语言构建与运用能力

语言的根基是文字,因此,要想学会文言文,就必须对其中的字词有深入的了解。随着历史的发展,学习文言文越来越困难,教师应充分调动学生的学习积极性,让他们对文言文产生浓厚的兴趣,强化日常积累,促使其阅读、鉴赏、建构、交流、运用文言文的能力日益提高。

(一)搭建文言桥梁,培养兴趣习惯

1. 运用现代汉语,搭建文言桥梁

据调查,很多高中生在学习文言文过程中产生畏难情绪的原因在于文言文与现代汉语之间有较大差异。其实现代汉语中有很大一部分字词的用法和意义

与文言文中的相同。据统计,《说文解字》中所收录的汉字有 70% 以上常用于现代汉语中,这些文字在现代汉语和文言文中都有很高的覆盖率。以日常生活中常见的一些单音节词为例,虽然文言文中随处可见的单音节词,如之乎者也等,并不常见于现代汉语中,但现代汉语的合成词常常会用到它们,如之前、之间……另外,有些句法在文言文与现代汉语中都会使用。因此,文言文中一些难以被学生理解的句式可以适当结合现代汉语使学生更好地理解,架构起现代汉语与文言文之间的桥梁提高学生的学习效果。

  流传至今的成语有很多都出自文言文。例如,栉风沐雨、鱼目混珠等,很多成语都有其对应的固定句式,学生可以结合这些成语的含义了解对应的文言句式。这些句式包括:①被动句,如受制于人、水滴石穿等;②状语后置句,如无济于事、严于律己等;③宾语前置句,如马首是瞻、唯命是从等;④省略句,如防患未然等。这些成语为学习文言文搭建起了畅通的桥梁,有助于学生拆分理解一些难以理解的、较特别的文言句式。现代汉语中也有很多由文言单音节词组合的双音节词,这为学生提供了大量学习和活用词汇的优质素材。例如,意动用法的词语:厚道、寡情;使动用法的词语:热饭、松绑;名状用法的词语:宴请、花开;等等。教师在进行文言文教学时,应善于发现和运用文言文与现代汉语的共同点帮助学生深入探究文言文,产生事半功倍的教学效果。

  2. 培养兴趣习惯,增强文言积累

  汉字是一种具有悠久发展史和浓厚文化底蕴的表意文字,是中华民族文化的瑰宝。汉字的音与形构成了一个有机的整体,其文化内涵极为丰富。汉字在造字规律上反映出了汉民族周全细致的思维习惯,体现了汉民族文化的博大精深。新课标汉字汉语专题研讨学习任务群在 2017 年提出,中学教师在教学当中应有目的地培养学生形成一定的语文基础,帮助学生梳理归纳汉语、汉字中出现的问题。帮助学生了解汉语、汉字的运用规律及相关理论,促使学生对汉语现象有更充分的理性认识。《普通高中语文课程标准(2017 年版 2020 年修订)》要求学生对汉字知识进行系统的学习,挖掘掌握词义与汉字之间存在的内在联系,对语言现象产生更深刻的理解。因此,熟练掌握文言字词的引申义和本义对文言文的学习非常重要,对学生提升自身学习能力也大有裨益。教师要能够清晰地梳理出汉字的发展历程与用法规则,并在文言文教学中合理运用,为学生学习文言文提供一定的指导。当学生理解了汉字,明确了汉字之间的联系后,就会产生更大的学习兴趣与求知欲望,减少了学习文言文的生涩与负担，进而在学习文言文时处处留心，融会贯通，游刃有余。

《普通高中语文课程标准（2017年版2020年修订）》中的中华传统文化经典研习任务群要求学生尽可能积累阅读与鉴赏古代作品的相关经验，选择类型不同、所处时代不同且具有一定代表性的优秀作品来赏析和学习，深入挖掘其中的文化价值和精神内涵，了解其审美追求，提升自身的文学审美水平。通过课内外的长期的阅读实践，培养学生逐渐形成积累、钻研文言现象的良好习惯。

教师应在文言文的课堂教学中，把握学生的思路，引领其捕捉和积累文言字词，掌握一些重要词汇的意义及运用规则，熟悉文言作品中的句式的常见用法，通过反复阅读积累语感经验，为其进行课外阅读打下基础，使其能够游刃有余地品读鉴赏一般的文言作品。教师还应引导学生养成在阅读文言文的过程中积累成语故事、经典名句的好习惯，引导其将之灵活地运用于写作之中，提高写作水平。

课外阅读有助于补充、巩固和延伸课堂上所学的内容。教师应注重引导学生进行适量的课外阅读，根据新课标对课外读物的推荐帮助学生筛选一些兼具文学性与艺术性的文言经典，选择时应以学生对文言文的阅读和理解能力为重要参考。学生阅读时，应对有疑问和有感悟的地方做好批注，对其中的疑问、难点，应先自行思考，再进行查阅验证，从而加深印象。学生还可以通过做照抄本、读书卡以及写读后感等形式辅助阅读，制订科学的阅读计划，通过对文言文的课内外阅读实践来提升自身阅读与学习文言文的能力。

（二）听说读写结合，提高运用能力

学习运用语言文字不仅是文言文教学的基础，也是核心，还是本质要求。汉语课程以语言文字为基本构成要素，从古至今，语言文字都是构成词语及文本的本体。古代汉语与现代汉语之间的关系并不会因为语言文字在使用过程中出现的变化而断绝，对任何国家来说，语言的存在不只是一种交流沟通的工具，更是象征着其民族文化精神的系统。语言不仅能体现国家对客观世界的理解方式，还能为民族文化传承发展提供重要依靠。学生需要不断学习才能正确地理解语言文字，通过不断进行听说读写的实践才能熟练运用语言文字。

（1）听，即要求学生通过听教师的讲课沉浸到教学情境中，认真辨别、梳理、理解和整合教师讲授的知识。通过听名师诵读或教师在课堂中的范读融入教学情境中，跟随教师的诵读节奏发挥想象，增强自身的理解能力、记忆能力和文言语感。文言文语言在运用上向来秉承主题凝练、内容简洁的原则，其中的文化内涵渗透在每一个字中，前人睿智机敏的思维方式通过炼字炼句得以体现。

（2）说，即结合自身对课文的了解，组织语言，发表对所学内容的看法。这种方法有助于学生积累更深厚的语言能力和表达能力，进一步提高学生理解和整合文言作品的能力。例如，在讲授《阿房宫赋》这篇文学作品时，黄厚江老师设计了这样的填空题：

阿房之宫，其形可谓（　）矣，其制可谓（　）矣，宫中之女可谓（　）矣，宫中之宝可谓（　）矣，其费可谓（　）矣，其奢可谓（　）矣。其亡亦可谓（　）矣！嗟乎！后人哀之而不鉴之，亦可（　）矣。

基于学生对文章的阅读和理解，黄老师结合秦始皇的奢靡与阿房宫的富贵奢华，从文中提炼出了一些关键字，设计出了这个填空题，他以这种方式对学生说的能力进行了锻炼，在课堂上引导学生发散思维，加深了学生对教学内容的理解。教师还可以通过其他方式来锻炼学生说的能力，如在课前预留几分钟时间鼓励学生演讲，学生可以将在课余时间了解的一些古代历史故事、某一文言论点、某种经验总结等作为演讲主题，在讲述与辩论中使自身的语言运用能力与表达能力快速提高。

（3）读，即阅读课内外文言作品的能力，课内文言文是初高中阶段学生读的主要内容。学生在阅读之前，应从文章的整体层面对其中的情感、思想、内容有一定的把握，恰当地运用阅读技巧，使用真情实感来阅读。学生的这种读不仅仅是逐字逐句的朗读，更应该是一种带有鉴赏成分的品读，是综合浏览、略读以及精读等方式的阅读，学生在读的过程中应运用逻辑、修辞、语法等方面的知识，带着解疑的目的，由表及里地了解、感受和体感文本的内容与内涵。在文言文教学中，诵读法是一种重要的学习方法，学生可以通过这种方法感受文章所蕴含的情感及思想。诵读与朗读在本质上有很大的不同，诵读以理解为基础，以兴趣为先导，注重学生的感受与体悟，在此过程中，学生的想象是沟通自身理解与文本内涵思想的桥梁，各项诵读技巧和学习技巧是保证诵读效果的关键。① 在诵读的过程中，抓住以上要素，就能够直达作者的内心世界，掌握文章的主旨内涵。

（4）写，即一种输出的语言应用能力，能够检验学生对语言文字的积累成效。例如，"落霞与孤鹜齐飞，秋水共长天一色""知彼知己，百战不殆""尺

---

① 胡虹丽.百年中小学文言诗文教学史论[M].北京：中国社会科学出版社，2017：376.

有所短,寸有所长"等,古代文化典籍中传诵至今的名言名句不胜枚举,展现着古人的智慧与思想,激励和影响着每个时代的人。因此,学生在阅读课内外文言作品时应注重自身文学底蕴的积累,在课内外接触和学习古代成语故事、文学典故、名言警句的过程中不断积累,熟练掌握并将之运用到写作中,提高自己的写作能力和运用文言语言文字的能力。

(三)回归文本世界,注重"文""言"统一

自改革开放以来,语文的工具性和人文性备受重视,并在一定程度上对文言文的教学内容产生了影响。文言文教学在很长的一段时间里都存在一些比较尴尬的问题,如教师在向学生讲授语言文字的相关知识时,文言文教学就成了分析语法句式与文言字词的教学专场,导致课堂气氛枯燥无味,使师生都对文言文教学感到疲惫;教师试图利用文言文教学对学生的价值观与情感态度进行引导和培养时,教学乏味空洞,缺少实质性的内容,导致学生的语言能力及文言文水平急剧下降。

关于文言文教学内容,李卫东老师提出:"一、教文言文的'言'和'文',积累基本的文言词汇,运用有生命力的语词,感受文气,理解内容,承继文化。言文统一。二、'言'是'文'的基础,'文'是'言'的生成,两者浑然一体,文言文不是'言'和'文'的简单拼盘。"[①]

1. 由"言"到"文",回归文本语词世界

文本语词世界指使用文本中的语言来对文章中的内容进行体悟。文言文教学要做到"文字、文章、文学和文化的统一"。其中,文学具有特殊的语言运用方式,是一种有组织的、独特的加工凝练普通语言文字的方式。这种组织语言的特殊之处在于,词语本身平常,但在一定的语境条件中运用该词语时,就会产生特别的作用或含义,偏离原本的性质,发生陌生化的转变。什克洛夫斯基是俄国的一位文艺评论家,他认为这种"陌生化"产生于我们更新对世界、对人生以及对事物的观念的过程中,是新观念不同于陈旧观念的一种体现,它给人一种与平常有异的感受。例如,"我辈正经人,确乎犯不上酱在一起"是《高老夫子》中的一句话,其中"酱"一字将名词使用成动词,贴切巧妙地使人了解其"混合"之意。又如,在《烛之武退秦师》中,烛之武所说的"既东封郑,又欲肆其西封"这句话,其中的"肆"字具有"扩张"和"延伸"的意思,深入推敲,又能从中体味出"肆无忌惮""放肆"的意味来,晋军的欲望

---

① 李卫东.如何确定文言文的教学内容[J].中学语文教学,2011(6):8.

此刻表露无遗。在进行文言文教学时，教师应将这些陌生化的词语紧紧抓住，引导学生对其反复推敲揣摩，进入文本蕴藏的语词世界中。

2."文""言"并重，文言文教学的追求

"文""言"并重一直是文言文教学的追求。文言文教学要求以"言"促"文"和以"文"带"言"，要求在二者的学习上做到相辅相成，达到相互交融的程度。以"言"促"文"即要求通过炼字炼句对古人的思维方式和文章的文化意蕴有所了解和把握；以"文"带"言"则是要求在学习文言文时，将其视为一个整体，从整体层面梳理和感知文言，注重积累，提升文言运用能力，而不是将其打碎分散成字、词、句、段来学习其中零碎化的文言文知识。正所谓"字不离词，词不离句，句不离篇"。通过把握整体的内容，结合具体语境对文言实词与虚词的用法和含义进行推敲和理解，有助于学生对文章的内涵思想产生更深刻的感悟。例如，教师在讲授《师说》的第二段内容时，可以预设以下问题：在第二段的内容中找出三组类比关系，这三组类比分别表述了怎样的观点？这三组类比表现了六类人不同的从师态度，都有哪些结果？作者在面对这些结果时，情感发生了怎样的变化？相关的语句依据是什么？大部分学生都可以在其中找到"吾未见其明也""其皆出于此乎？"及"其可怪也欤"，并在理解文章整体内容时对这三句中"其"所代表的不同含义有所感悟。这种理解方式比教师的单向灌输更能使学生对"其"的意思产生深刻的理解，能够使学生从整体层面上对词义做出更好的理解和判断。

二、关注思维拓展，促进学生思维发展与提升

高中阶段的学生有足够的能力结合自身的想法，对文本提出疑问。对此，核心素养在新课标中要求，教师在教学时应注重提升和发展学生的思维能力，帮助学生提高自身发展能力。文言文使用的是古代书面语言，与古代汉语也有很大不同，其中的思想内容、语法字词都能够影响学生的思维发展，尤其是一些存疑和有矛盾的地方，对学生的思维发展有促进作用。通过培养学生形成批判性和创造性思维，就能够发展和提升学生的思维，从而达到教学目标。

（一）领悟诵读，善于有效提问

1.领悟诵读法，带领学生深度阅读

在文言文的教学中，诵读法具有重要的作用，学生通过诵读法对文言文作品获得更全面、深层次的感悟。诵读法与朗读法不同，就作用效果来说，后者

只是一种教学的方式和手段,而前者指通过反复诵读,不断加深对所学内容的感悟和理解,从而熟悉文本的内容和内涵。诵读旨在促使学生在反复理解领会的过程中受到潜移默化的影响,通过深度阅读感受作者的思想,跨越时空,实现与作者的沟通,深入了解体会古人的情怀与思想,因此,诵读法是一种有品位、有感情和有一定目的性的读书学习方法。但是,当代很多教师无法明确地区分诵读与朗读,虽然他们也会在课堂上组织学生对文章内容进行阅读,但并不能保证全部学生进入文本的情境,无法通过阅读全面了解文章,因此无法判断反复阅读对于学生来说到底能否达到理想的教学效果。笔者发现,在很多教室中虽然书声琅琅,但真正进入文本语境之中的学生很少,很多学生由于在反复的阅读中并没有获得理想的学习效果,因此产生厌倦感,难以走入文言文的世界。虽然现在有些教师在教授文言文时也运用了诵读法,但其对诵读法的理解不足,只将其作为连接分析与讲解的环节,只能使诵读法发挥点缀教学的作用。

诵读应怎样进行呢?什么样的诵读才能对学生的思维发展起到促进作用呢?

诵读实质上是要通过声音的传递来理解作品的意义,经过口诵心惟,使原本无声的书面语言变得有声化,引动直觉思维积极活动,虽然这种阅读方式与朗读相比,表演性低、感染性差,但仍做到了声情并茂。诵读与默读也不相同,默读的重点在于边读边思考,不注重外部的表现,而诵读相对来看更为全面,其对外部表现与诵读者的内心体验都有一定的要求。诵读要求诵读者将自身思想沉浸于文本情境之中,获得身临其境的奇特体验,并以此获得和表现出其感悟文本的能力及感悟程度,此过程会全面调动诵读者的情感、思维、注意力、想象力以及感知力等。[①] 因此,我们应该从整体视角观察和面对诵读法,不再只将其作为点缀教学的小环节,要重视其对学生综合训练的作用。以黄玉峰老师讲授《阿房宫赋》的课程为例,黄老师使用了诵读法,首先引用相关典故将这一节新的课堂内容导入,自身先进行范读,再引导学生对文中"气候不齐""覆压三百余里……流入宫墙""檐牙"等关键的词、句进行诵读,引导学生了解和品味其中的含义与用法,之后,黄老师又指导学生诵读"毕""一""兀""出"这四个字,接着指导学生诵读第一段内容;随后,在教授第二段时,先让学生朗读文本,从中感受语言的高低起伏,体会作者心理上

---

① 畅广元.二十世纪西方文学理论[M].西安:陕西人民出版社,1990.

的变化；最后，黄老师又引导学生对第三段的文本进行诵读，对其中具有议论性的语言进行品味，总结该段内容；黄老师带领学生回顾品味整篇文本，总结历史教训，对其主题深入挖掘。

在教学中，教师应注意，不能用自己的朗读代替引导学生的诵读，诵读过程应以学生为主体，教师负责在旁指导，充分发挥学生的积极性，引导学生自行诵读文本，思考想象、感受体验，分析文本讲解留下的空白。教师应鼓励学生将身心沉浸在文本的世界中，与作者对话，结合文本语境调整诵读时的语速、语调和节奏，反复诵读，使学生理解其中蕴含的主题深意，完成一次心灵上的文言之旅。学生应向叶圣陶先生所提出来的那样，将诵读作为享受语言文字的方式，不将其看成负担，在反复诵读中，获得一遍比一遍更为深入的理解与体会，同时，教师不要求学生快速背诵，使其自然地达到熟练的地步。学生因此学得快乐，学到的内容也丰富，达到一定的学习效果。在诵读的过程中，学生的思维、阅读、理解及审美各项能力将不断得到锻炼并持续提高。

2. 善于有效提问

有效的提问有助于帮助学生更好地理解文本内容，提高教学效率，而无效的提问不会帮助学生理解文本，只能是浪费教学时间。现阶段，很多教师并不知道怎样提问才是有效的，因此往往导致自己虽然在课堂上提出的问题大多都是为了复述文章内容，只有很少的一部分会引起学生的思考，因此，课堂的大多数时间里都是在梳理文章，学生的思维能力并没有得到很好的发展。从以下两个角度来考虑有助于教师提出有效的问题。

（1）提问要有梯度。

从建构主义的层面上看，人的语言技能与其自身的智力是相关的。对学生来说，学习就是一个发现问题再提出并解决问题的过程，更是培养其形成创造性思维的过程。学生发展思维的过程具有一定的梯度，其通常在以往经验的基础上形成新认知，因此，新认知的建构过程往往建立在已有的经验上，故有效提问的重点在于，教师可以依据教学梯度来提问学生，针对同一个教学目标，教师应设置多个有深度、有层次的问题，注意问题之间的过渡性和衔接性，要引领学生循序渐进地达成教学目标。以《赤壁赋》的教学为例，要想从文中了解苏轼的思想变化，可以设置一系列相关联的问题，如第一段内容中营造的意境是怎样的？苏轼的感受如何？阅读第二和第三自然段，苏轼是否发生了感情变化？体现在文章的何处？理解"愀然"一词，苏轼产生感情变化的诱因是什么？发生变化的原因是什么？阅读第四段内容，了解苏轼对客人进行了怎样的开导。在教学过程中向学生提出这样一系列循序渐进、层次逐渐加深的问题,既能够引起学生探究大文豪苏东坡的积极性,又能引导学生在回答问题的过程中掌握文章内容。

(2)善于在矛盾处提问。

世界上一切事物都包含着既对立,又统一的两个方面。从某些角度上看,教材中有些文言文的确存在自相矛盾之处,这些矛盾能够使学生在认知范围中产生认知冲突,但这些矛盾之处却往往体现了文言文的精彩。人们的思维方式与生活方式随着社会的发展不断变化,学生逐渐在学习的过程中了解到现代与古代之间的不同与矛盾,教师也可以结合教学目标创造其他的矛盾点。通过设置矛盾,可以使学生产生认知冲突,由此调动学生的学习兴趣,使学生带着兴趣与疑问深入到课本之中,认真探究。文本的矛盾与学生认知上的冲突不断形成、打破,发展着学生的思维,学生原本的认知结构不断重组、成熟。例如,学生在中学阶段,学习了《桃花源记》《饮酒》《归去来兮辞》等众多陶渊明的作品,陶渊明以其独特的风格与思想被视为田园诗人。我们可以通过他的文章看到,他厌弃官场的态度在他所处的时代中是受赞扬的,但还是被人给予消极避世的评价,由此提问:"你对陶渊明东篱采菊的生活有怎样的看法?"以此矛盾点来引发学生的思考,挖掘学生在不同角度上的评价,以进一步发展学生的思维,使其表达能力得到提高。

(二)敢于质疑,培养批判思维

文言文距我们现在所处的时代十分遥远。从现代的视角看待文言文的含义,就会从不同角度对其解读。解读文学作品的角度向来不是固定的,解读的人不同就会有不同的解读角度,以文学视野开阔的现代角度审视古代的文学作品时,就会产生更加频繁的思维交锋,为高中生审视文本创造更大的思考空间。

学生学习时往往会产生各种不同的想法,文学作品这种可以多角度解读的性质为学生提供了更加宽阔的思考与想象空间,通过思考和想象对古人的志向产生更深刻的了解,从而激发自身的志向追求,或者批判或质疑古人的行为,以此提高自身的语言表达能力和发展自身的批判性思维。教师应以理性的视角分析文本,对文章有深刻且充分的理解,充分考虑学生的特点,鼓励学生质疑文本(这种质疑的方向应合理),引导学生产生思想上的交流与争锋,带领其思想蔓延至文章深处。教师可以通过阅读文学评价来开阔自身的视野,加深自身的认知。在解读文本的过程中,一旦发现学生可能产生疑问或者矛盾的地方,教师就应对学生进行有利的引导。思维的发展是一个持续的过程,教师应对学生思维的发展过程投以更多的关注,适当开放教学的内容,不断地锻炼学生的思维能力,培养学生形成良好的思考习惯。

(三)注重过程,培养创造思维

感知、思考、理解、记忆、联想等能力是形成创造性思维的基础。当今社会对创造性人才及创造性思维十分重视,因此,教师应重视学生创造性思维的培养。在现代社会中,虽然单位的用人缺口向创造性人才的倾斜程度日益加大,但是,培养创造性人才需要一个长期的过程,这样的矛盾在文言文教学中尤其明显。文言文诞生的年代与我们所处的年代十分久远,现代汉语与古代汉语之间的联系逐渐衰减,在语法、字词、表达方式等方面差距巨大,对大多数学生来说,写作文就已经有一定的难度了,而创作文言文只有极少数的学生可以做到。为了培养学生在文言文方面的创造性,教师应在教学中更加注重培养学生对创作文言文的兴趣,而不是从开始就将创作的结果作为关注的焦点。

教师应培养学生的创作兴趣。高中语文教材中所选择的文言文篇章均文质兼美,适合学生全面、细致地揣摩和品读,无论哪种文体的文章,学生都可以通过阅读产生丰富的联想。例如,通过对《谏太宗十思疏》的学习,学生了解了文中的劝谏技巧,产生了一定的触动;通过对议论文文体的文章,如《过秦论》《烛之武退秦师》等的学习,学生更加了解古人巧妙的表达技巧与缜密的逻辑思维,从而产生了强烈的崇拜之情,将心中的敬仰之情以写作的形式展现出来。此外,《滕王阁序》《陈情表》《项脊轩志》等散文采用了抒情的手法,先描写了周围的景物,或借景抒情,或运用相关的典故将作者心中的志向与感情表达出来。由于文言文作品言简意赅,文中大多数为单音节词,学生很难真正走入文字,融入作者笔下的景物,因此,难以感受景物的美。对此,教师应对学生进行正确的引导,帮助学生创造相关的联想,进入文章的意境中,在古人的文字中浏览美景,再结合自己的语言来形容和扩充景物,形成具有创造性的想象力。在《滕王阁序》中,"落霞与孤鹜齐飞,秋水共长天一色"这句千古名句因其意境的优美而广为传颂。如果学生能够充分发挥自身的联想与想象能力,将自身的情绪和思想与句子中的意境相融合,扩充其中的景物,会更容易领会到其中的美,从而达到忘我的境界。通过扩写,学生会逐渐提升自身在写作方面的创造性,从而获得独特的创造能力与认识。

三、强化审美意识,鼓励学生进行审美鉴赏与创造

《普通高中语文课程标准(2017年版2020年修订)》中提出,审美鉴赏与创造是培养学生形成语文核心素养的重要内容之一。随着教育的发展和改革,语文课标在不断地发展变化,教育部门对培养学生审美能力日趋重视。文言文凝聚了古代优秀的文化与智慧,是传统文化的结晶,是语言、文化与思想的有机结合。文言文具有丰富的人文性和语言性,在培养学生形成审美能力与养成审美情趣方面发挥了巨大的作用,文言文的美是一个综合体,是一种去繁化简的美,它包括风景、人物、情感、语言、思想方面的美。因此,在文言文教学中,教师应注意充分利用不同层次的美,充分调动学生的审美兴趣,使学生形成一定的审美创造能力与审美能力。

(一)分析文本,挖掘审美因素

1. 文言文中的语言文字美

我国的语言文字经历了数千年的变迁,无论是王朝的更迭,还是战火的侵袭,都没有将其传承打断,语言文字依旧在我国历史中熠熠生辉。从古代汉语到现代汉语,从甲骨文到楷书,历代文人墨客将满腔热情浇筑于文字之上,传承演变至今,成为优雅的方块字。语言是人类的交流工具,有口头语言与书面语言之分,现代汉语的书面语就是在文言文的基础上发展而来的。文言文注重韵律、平仄,有对仗工整的创作要求,骈文文体的文章最为常见。从结构上看,骈文拥有一种独特的美感,读起来抑扬顿挫。古人在创作时,大量的修辞信手拈来,使文言文具有更加丰富的意蕴。以《滕王阁序》为例,对偶句式在文中占了很大比重,创造了音韵的和谐。"落霞与孤鹜齐飞,秋水共长天一色""潦水尽而寒潭清,烟光凝而暮山紫""老当益壮,宁移白首之心?穷且益坚,不坠青云之志"等句子言辞华丽,对仗工整,阅读时就会使人沉浸在优美的语言之中,感受古人令人惊艳的才华。因此,教师在讲授文言文时,应带领学生感悟文字带来的韵律美、语言美和结构感。

2. 文言文中的人物形象美

在文言文中,人物形象是一项必不可少的审美因素。《史记》是我国第一部纪传体通史,鲁迅誉其为"史家之绝唱,无韵之离骚"。《史记》生动地刻画了众多历史人物,如《鸿门宴》中的项羽、刘邦,《李将军列传》中的李广等。司马迁精准把握人物所具有的个性特征,形象生动地刻画出了血肉丰满、风貌

独特的人物。其中，司马迁描写最多的人物就是项羽，他的描写展现了项羽充满矛盾的性格，他仁爱却也残暴，大方却也吝啬，他性格中的矛盾在《鸿门宴》中就体现得淋漓尽致。项羽身上集中表现出的这些相互对立的性格特征，将项羽的人物形象烘托得更加形象立体、底蕴深厚、内涵丰富。学生在分析项羽的人物形象时，要感受其闪光点。此外，还有众多具有卓然才华的古人，在经历了多次人生失意、不得志之后，还能够用满腔热情笑看人生，他们使用各种不同的自我排解的方法，踏出豁达的道路，如苏轼虽然仕途坎坷，数次被贬谪，但在他的诗词、散文中都展现着他的豁达乐观。他被贬黄州之时，创作了《赤壁赋》，将其与朋友泛舟于赤壁的经历、见闻与感悟写了下来，虽有着怀古伤今的哀伤，但最终获得了精神上的解脱。苏轼的这种豁达就是他的优秀品质。在文言文教学中，教师不仅要引导学生深入分析文章的思想内容，还要将人物作为重要的切入点，在审视文言文中的人物形象的过程中强化自身对文言文人物描写的审美能力和辨别能力。

3. 文言文中的自然景色美

文言文中所描绘的自然风景也是一种文言文的美。古代文人历来喜欢游览山水。学生可以将思想依附于古人的文章、诗词，随着古人畅游在山水之间，感受四时之美，窥视其中的花鸟鱼虫，领略其中的鬼斧神工。文言文中赞誉祖国壮美山河的文章不在少数，如《兰亭集序》中静谧幽深的竹林，《赤壁赋》中优美的月下赤壁，《滕王阁序》中美丽迷人的风景胜状。文言文言简意赅，通过短短数字就能够生动传神地将自然风貌展现出来，又将作者丰富的思想与情感融入其中，通过文章表述出来，即"一切景语皆情语"。作者通过对景物传神的描写表达出自身对大自然的热爱，传达出自己的人生态度。教师在实际的教学实践中，应注重培养学生的观察、感受与表达能力，指导学生抓住景物的特点，引领学生从文言文中品读、欣赏自然之美，从而培养学生对文言文景物描写的良好审美能力与鉴赏能力。

4. 文言文中的思想情感美

作者写文章的目的在于表情达意，任何文言文的创作都离不开言志载道，都是为了宣泄内心的情感，引起读者的共鸣。因此，在学习文言文时，应结合作者的情感与思想，将自己的感情植入文中，做到情感共鸣，使自身对文言文思想描写形成良好的审美能力。古人通过文言文来记录和表达自身对祖国壮丽山河的热爱，他们将自己内心深处的情感羁绊寄托在山水间，如苏轼通过《赤壁赋》来排解人生的失意，表现内心的豁达；《荆轲刺秦王》中荆轲忠于国家,赴汤蹈火、不怕牺牲的精神;《逍遥游》中不因外物而困扰的潇洒的人生态度……文言文中所体现的古人优秀的精神品质与道德修养流传至今,是中华民族宝贵的精神财富,是构成我国优秀传统文化的重要内容。处于高中阶段的学生大多具有新奇大胆的想法、较强的质疑能力以及探索能力,他们的这些品质为形成文言文审美能力创造了有利的基础。每个人审视文言文的角度不同,对文言文的理解与感悟也不尽相同,所产生的情感思想也均不同,因此,文言文的教学应该具有一定的民主性,每一个学生都能产生不同的情感体验,对文言文的内容与思想表达出不同的看法。

(二)品味意境,增强审美鉴赏力

学生在学习和品读文言文时,如果能够从中发现具有中国特色的审美因素,并自觉了解和感受这些因素,就能够使自身的审美意识与感知能力得到提升,这就为文言文审美的教学创造了开端。当学生已经形成了一定的审美意识后,就可以对其审美鉴赏能力进行重点训练。审美鉴赏力是一种人类特有的能力,人们往往在积累了大量文化、历史、艺术、社会等方面的知识或经历了很长时间的审美实践、生活实践与艺术实践的过程中获得这种能力,这种能力是人类主观意识下产生的对客体的美的认识,体现了在人类主观意识层面上创造与认识、理性与感性、评价与再创造的统一。审美鉴赏能力具有一定的时代性,受时代、民族、知识积累、思维能力以及文化素养的影响,不同人的审美鉴赏的侧重点不同。① 因此,教师应注意,在文言文的教学过程中,尽可能帮助学生积累历史文化知识、丰富生活体验、提升其对事物的理性与感性的领悟能力,进而使自身审美鉴赏能力得到提升。

1.创设教学情境,引起审美共鸣

教师为了完成教学目标而创造的适宜的教学情境,有利于学生更快地融入教学环境,对文本中蕴含的情感氛围有所感知。现阶段,很多教师在教学时应用了情境教学法,但由于高中生的情感体验不够丰富,生活经验不足,尤其是在学习情感真实丰富的文本时教师通常需要结合文本创设相应的教学情境来帮助学生理解和感悟。由于文言文与现代汉语之间存在一定的差异,导致很多学生对学习文言文没有兴趣,对此,教师就可以通过创设相应的教学情境,引导学生加强练习,完成学习目标。

学生往往很难沉浸于文言文的课堂教学中,对此,教师可以适当结合现代

---

① 张锡坤.新编美学辞典[M].长春:吉林人民出版社,1987.

化的教学方法帮助学生融入文言文的教学情境。多媒体教学具有良好的辅助教学效果，它可以通过直接表现音频、视频、图片等形式最大化地激发学生的注意力，使学生产生浓厚的学习兴趣，为培养学生形成一定的文言文审美能力打下良好的基础。例如，李密使用质朴简单的语言写下了《陈情表》，表达了其感人肺腑的忠诚与孝悌。由于时代变迁，年代久远，学生对亲情并没有太深刻的思考，因此，学生虽可能在品读文章后产生同理心，却不一定能达到落泪的程度，由于学生涉世未深，他们大多享受在亲情之中，但并没有对亲人们的付出产生深刻的了解和思考。在教学中，教师可以向学生征集全家福照片，在课堂中展示于PPT上，搭配恰当的背景音乐，引导学生回忆与家人相处的时光，回忆成长历程，感悟亲情。随后，引导学生联想时间飞逝，父母青丝变华发，自己成长到不惑之年，面对着"子欲养而亲不待"的问题，从而了解文本中李密对祖母尽孝的强烈愿望，感受李密的情深义重，引起学生的情感共鸣。

2. 结合社会、文化、历史背景及生活经验感悟作品

审美通常建立在一定的知识积累、历史文化积淀以及生活经验之上。文言文创作于一定的历史时代背景中，受当时社会环境的影响。因此，教师在进行文言文教学时，应充分利用这些重要因素，将文本分析代入相应的时代背景，向学生介绍作者的生平，帮助学生从理性与感性的角度对文言文产生更强烈的审美体验。比如，《滕王阁序》中使用了很多典故，畅谈历史，分析典故可以使学生在文言文中获得的审美体验更富有层次感。教师应帮助学生了解典故的出处和内涵，了解王勃在文言文中运用典故巧妙结合眼前情与景的艺术手法，从而了解他于文本中抒发的怀才不遇的哀伤与对失败的不甘，感受其披荆斩棘、勇往直前的心理感情。王勃以十分曲折委婉的方式宣泄着自身的情感，学生可以将自己代入其中来了解其登阁过程中的心境变化。教师可以通过补充文章的历史背景，帮助学生充分了解人物的生平与历史的发展来开阔视野，增长见识，阅读文学作品并深入体会文本内涵，从而形成审美意识和理性的思辨分析能力，站在自己的角度上分析和鉴赏文本。

3. 通过联想和想象品味文言文意境

高中语文教材中所选录的文言文大部分意境深远，尤其是一些抒情的作品。文艺作品的意境是作者将情感思想与生活相融合而成的一种艺术境界，融情于景，以景抒情。景（意象）与情的结合就是意境，人对文言文的审美能力就代表着其品味意境的能力。只有具有一定的想象力和联想力才能有品位意境的能力，想象和联想这两种能力能够帮助学生在分析写景抒情的文言作品时顺

利地进入文本情境，实现与作者的跨时空对话。"作者把经验或想象的事物译为文字，我们仍然需要把它翻译成具体事物，这就要借助想象。"① 文言文最大的特点在于语言凝练、简洁，用有限的语言就能够将无限的内容形象地描述出来，即"言有尽而意无穷"，读者需要以自身丰富的想象力与联想力，基于自身对文本的基础了解与生活体验，从凝练、简洁的语言中体验无穷的意境，进而使自身审美能力得到提升。例如，《滕王阁序》中流传至今的千古名句"落霞与孤鹜齐飞，秋水共长天一色"，仅寥寥数字，就将一幅邈远温暖又充满生机的秋景图呈现在读者眼前，仅凭翻译无法传达出其意境的深邃和韵味，只有充分发挥想象，才能获得身临其境般的感受。

想象力是体验文言文所蕴含的意境美不可或缺的能力。教师在讲授文言文课程时，应善于引导学生发现和感悟其中的意境之美，使学生发挥想象与联想感受意境美，获得良好的审美体验，从而提高他们的审美鉴赏能力。例如，在教学《赤壁赋》时，文中的第一段内容是学生品味意境的重要部分，其中的"月出于东山之上，徘徊于斗牛之间。白露横江，水光接天，纵一苇之所如，凌万顷之茫然"，虽然所使用的语言十分简约，却生动形象地展现出了月下赤壁之景中的缥缈与浩荡，引人入境，感受意境的美妙之处。教师应带领学生对此类文章进行反复诵读，在诵读的过程中进入文本情境，与作者的感情产生共鸣，使学生的审美鉴赏能力逐步提高。

（三）追求细节，培养审美创造力

在具备了一定的审美鉴赏能力与审美感知能力的基础上，审美创造能力能够进一步提高读者的审美能力。想要高中生创作文言文并达到古代文豪大家文质兼美的程度是不现实的，但是，只要使用恰当的方法，来感受和分析文言文中的美产生的过程，就能了解到作者在创作过程中炼字炼句的精细讲究与细腻心思，这就是一种模仿古人创作的方式，也可以在文章中找出"空白"来实现再创作。

1. 在角色扮演中体悟人物的内心世界

在文言文的教学中采用角色扮演的方法不仅能促使学生产生极大的学习兴趣，还能帮助学生对文本的人物、情感、内容产生更为深刻的理解，此外，角色扮演需要对文本中的人物角色有全面、细致的分析和审美，并将自身对角色的了解转化为外在表现。在此过程中，学生可以了解到作者创作时的情感思

---

① 夏丏尊，叶圣陶.文心 叶圣陶的三十二堂国文课[M].北京：中国致公出版社.2019.

想。对于古代具有叙事性质的一些散文来说，其中不仅故事情节完整，人物的形象也十分生活鲜明，采用角色扮演的方法进行教学，有助于学生对人物的形象与内心有更好的理解，还能够通过对文本中炼字炼句的分析感受作者用词之精巧。比如，在《荆轲刺秦王》中，作者将描写的重点放在了荆轲刺杀秦王这一部分，其中有着十分精彩的动作描写。笔者曾观看过一期关于《荆轲刺秦王》的课堂教育实录，教师在讲授第二课时，学生因审美疲劳，学习兴致大大减少，教师临时决定将课本变成剧本，选择两个学生在课堂中分别扮演秦王与荆轲，要求结合自身的理解，细致地表现文本中"刺杀"这一情境。这一举措极大地调动了学生的兴趣，学生开始对原文进行细致的阅读，从文中圈出重点并互相小声交流，经过两分钟的准备，课堂中有六七位学生积极踊跃地想要尝试，于是教师从众多学生中选出了三组同学参与课堂表演，起初大多数学生还比较羞涩，随后学生们渐入佳境，表演愈加精彩，甚至还对角色的小动作与面部表情进行了设计。在此过程中，"荆轲逐秦王，秦王还柱而走"中的"还"字引起了学生的激烈讨论，最终确定"还"的意思为"环绕"。这堂课因一小段的表演变得非常生动精彩，教学效果十分显著。学生在参与角色扮演时，自主地了解文言文中人物的语言、心理、表情、动作等，充分发挥创造性来表演，对文章的理解和印象都十分深刻。笔者认为，在角色扮演结束后，可以进行评价，结合互评和自评加深学生对人物、文本内容的认识。

学生需要自行探究文中人物的性格、心理、语言、动作、表情等，在研究时，由学生自行挖掘出或教师提出具有争议的问题引起学生的探讨研究，学生通过精彩的表演将人物的内心世界剖析出来，这就是对文本中人物形象的一次审美过程，学生能够在学习的过程中感受作者对人物的精心塑造，并学习这种塑造方法，为培养学生的创造性打下坚实的基础。教师应探寻尝试各种可能使学生产生兴奋的方式，引起学生的学习兴趣，引导学生全身心地投入文本的学习，促使其自主探究获取知识。

2. 在审美创造中延续文言文之美

学生在对文章脉络有一定的感知和对作者的情感与思想有一定的了解的基础上，结合自身积累的知识与生活经验对文言文作品进行再加工，这一过程就是再创作。再创作以学生理解文本的程度为基础，是学生鉴赏分析文本之后的结果，能够考量学生的审美能力。学生进行再创作的方式有很多种，如创意改写、续写与仿写等。

创意改写一般对学生的要求比较高，其要求学生首先要吃透文本，对文本的内容内涵都有深刻的理解，之后再转换文体，这就需要学生具备较强的写作能力，积累大量的文体知识。创意改写可以是以人物写作的形式创作墓志铭或者古诗文，也可以是以古诗文的形式改写文言文。笔者曾听说，西安的一位中学教师在讲授公开课《窦娥冤》时，对学生提出了为窦娥冤写一首诗或者墓志铭的要求，令人惊讶的是，学生们都有着非常出色的表现，他们的创作情感饱满真挚，将窦娥悲惨的命运与社会的不公形象地诉说出来。他们的作品中运用了对仗、押韵等修辞手法，展现出巨大的文言文创作潜力。因此，笔者认为，创意改写也可以应用在文言文上。文言文中丰富优美的自然风光与众多精神品质优秀、值得人们赞颂的英雄人物，还有众多为人处世的深刻道理，为文言文的创意改写提供了大量的素材，如《荆轲刺秦王》中，荆轲在明知道生还的可能几乎为零的情况下仍毅然扛起国家的重任，刺杀秦王；如《兰亭集序》中令人心旷神怡的清流急湍、嵩山峻岭与茂林修竹；如前有乌江，后有追兵，不愿过江于乌江边自刎的项羽；等等。学生怀揣着敬畏之心来看待和评价历史人物与事实的过程就是一个审美创作的过程。学生在进行创意改写时，应将身心浸没于文言文蕴含的深远意境中，像古人一样抒发自身的情感，创作具有意境的作品。

创意续写的前提是了解文章的发展脉络，再充分发挥想象与联想，为文章构建合理的后续情节。创意续写是考量学生理解文本能力的一种实践，能够考量其创造能力与创新能力。学生在进行创意续写之前，必须对文本有全面、深刻的了解和掌握，需要学生有对文言文的审美体验，结合这种审美完成续写。创意续写需要有一定的思想路径作为支撑，不可胡乱编凑。笔者曾听过一位初中教师的课，该教师在《孙权劝学》一课进入尾声时，向学生布置了续写作业，从学生上交的作业上看，绝大部分学生都能以文本主旋律为重要依据，站在虚心听取他人意见的层面上对吕蒙学习的故事进行续写，但也有一部分学生将续写故事阐述得天花乱坠，由此可见，教师培养初中阶段的学生形成正确的审美方向的重要性。高中阶段的学生思维更加成熟细密，对于事情的考量也更为周到，因此，应重视这一阶段的学生的审美创作能力的培养，通过改写和续写文言文的方式帮助学生发掘创作的乐趣，养成自觉写作的好习惯。

四、回归优秀传统文化，促进学生对文化的理解与传承

对于国家、民族来讲，文化就是其灵魂所在。文化从根本上为民族独立于世界民族之林提供了支撑作用，民族文化的进步带动着民族的发展和进步，灿

烂的中华民族传统文化诞生于我国数千年的发展历史之中。学校是传承文化、教化人民的主要场所，语文学科更是在文化的传承与人民的教化方面发挥着不可或缺的作用。语文学科是母语的教学，语言实践是语文教学的核心，语文课程蕴含着我国优秀的传统文化，其中还包含着古代传统文化的载体——文言文，通过文言文的教学，积极向上的思想道德观念、丰富的古代文化常识以及各种优秀的传统文化都随之传承下来。语文教学使中华民族的文化瑰宝代代传递下来，在古代优秀文化的传承中发挥着重要的作用。《普通高中语文课程标准（2021年版）》设有18个学习任务群，其中"中华传统文化经典研习"旨在引导学生"通过阅读中华传统文化经典作品，增进对中华传统文化的理解，更好地继承和弘扬中华优秀传统文化"。"中华传统文化专题研讨"是在"中华传统文化经典研习"的基础之上，选择中华传统优秀文化的内容以组成专题的形式进行深入研讨，旨在加深对传统文化的认识和理解。可见传承与弘扬中华传统文化的重要性。文言文作为载体，承载着我国源远流长的传统文化，其在传统文化的传承方面也有极大的价值。但教学过程中，教师通常对传统文化的传承教育重视程度不足，只为学生讲解相关文言知识，帮其理解作者表达的思想与情感，却很少有教师将蕴含在其中的经典文化介绍及讲解出来。文言文在苏教版的高中语文教材中都是以专题的形式出现的，每一种文化精神设有一个专题，因此，教师在教学时就会将文言文中蕴含的文化精神讲出来。学习文言文可以增强学生对民族文化的认同感，产生对民族精神文化的强烈自信，对民族优秀文化的传承有着非常积极的作用。

（一）积累文化知识，提升文化修养

1. 积累文化知识

我国传统民族文化是独特的，这种独特表现在古代的习俗、礼仪、器具、称谓、社会制度、饮食等各个方面，我国古代的官职名称、古人字号等也是独特的。众多独特的文化随着历史的发展与变迁不断完善、成型，为华夏文明所独有，是我国的瑰宝。文言文承载着我国数千年的发展进程，其中包含着丰富的古代文化常识，应该让学生了解和学习这些常识，进而使学生更加了解古代文化，强化自身的民族自豪感和对民族文化的认同感。

例如，在学习《送东阳马生序》时，有"既加冠，益慕圣贤之道"一句，学生应在教师的引导下，先对"加冠"一词进行分析。"加冠"即男子年满20岁时需要在宗庙中完成加冠的成年礼，也就是加冠礼，主持者是该男子的父亲，再由邀请的贵宾为其加冠三次，宣告此人可以参与政治、保卫社稷以及参加祭祀，之后贵宾对受冠礼的人宣读美好的祝词，并为其取字，宣告其成年。在学习《滕王阁序》时，有"无路请缨，等终军之弱冠"一句，引用了终军请缨的典故，抒发了自己虽然成年，空有一腔报国志向却报国无门的悲哀之情。教师在教学的过程中向学生介绍讲解一些古代的文化知识，既能帮助学生更好地了解文章，又能帮助学生积累深厚的古代文学常识，提升自身的文化素养。除了与文言文课文相关的文化知识，教师还可以向学生介绍普及其他的文化常识，帮助学生扩充知识面，提高知识含量。需要注意的是，教师应以辅助教学的目的适当进行扩充，不可模糊教学的重点。

2. 提升文化修养

在文言文的"一体四面"中，"一体"指文体，"四面"指文章、文言、文化、文学。文言文教学应以文化为切入点，教师通过带领学生学习文章的章法、品读文言文、研究作者的炼字炼句，认识和理解文化，继而传承文化。各方面的文化常识中不仅包含了古人良好的修养道德、出色的人格魅力，还包含了正确的价值观、人生观，为人的成长做出了正确的指引，这些内容为文言文的学习提供了各种层次、角度的落脚点。"真正的文化不是书籍的记载、历史文物、古群落遗存，而是存在于显性物质背后的、与之相关的人类物质及精神生活存在状态的信息的集聚。"中华传统文化是中华民族经历数千年所积淀下来的重要的精神财富，极其珍贵。

例如，体现在《世说新语》中的美好品德与人格魅力，体现在《离骚》中的爱国情怀，体现在《鱼我所欲也》中的舍生取义的价值观，体现在《兰亭集序》中超脱生死的洒脱，体现在《陈情表》中感人肺腑的孝悌，体现在《指南录后序》中饱经磨难后仍对国家、对民族忠贞不屈的大义情怀……文言文中蕴含着古人崇高的精神道德、美好的理想与信仰、端正的人生态度、正确的思想观念、美好的人格品质等都能对学生产生潜移默化的影响，这就是学生学习文言文的重要原因。要想使学生接受古代优秀传统文化的熏陶和滋养，教师就要真正在文言文教学中落实对真善美的追求和对学生正确价值观和成长方向的引导，从教学实践中对学生的思想、行为进行渗透。

（二）消除文化隔膜，增强文化自信

1. 古今观照，增强作品与时代精神的联系

每个时代的人们所处的历史背景、社会环境不同，产生的集体意识也不同，这种共同的意识就是人们所处时代特有的时代精神。时代精神是人们在某一时代背景下形成和壮大的优良品质与精神风貌，激励着民族积极拼搏、奋发

向上。我国作为世界四大文明古国之一,在时代的缩影中,绽放着民族精神的闪耀光辉,不断塑造着各种精彩的时代精神形象。文言文能够体现不同时代的思想精神背景以及道德建设风貌,如《师说》《劝学》《大学》中德厚流光、修身立志的做人观念;《荆轲刺秦王》《廉颇蔺相如列传》《苏武传》中爱国兴邦、忠贞不渝的爱国精神;《采薇》《项脊轩志》《陈情表》中孝亲敬长、舐犊情深的亲情……文言文中蕴含着古人丰富深厚的情感,为学生领悟时代精神、传承传统文化建构了跨越时空的桥梁。教师在文言文教学中应观照古今,消除古代文化与学生之间的隔阂,帮助学生更进一步地了解古代传统文化,使其产生更强烈的文化认同感。文化关乎着民族的存亡和国家的发展,当一个人对本民族文化有一定的了解后就会对民族文化产生自豪感和认同感,从而由内向外地对本民族文化感到自信和骄傲。千百年来,古人各种美好的文化精神传承和影响至今,如司马迁在《报任安书》中列举的多个例子都是讲述华夏儿女的自强不息;《五人墓碑记》中记述了五个未经过正统教育,却愿意为民族大义牺牲性命的义士,表现了他们英勇无畏、甘于奉献的精神;《季氏将伐颛臾》中经世济民的思想等,都对现代人有着十分深刻的影响。而在近现代,众多英雄战士为了国家统一,为了撑起民族的脊梁,为了国家发展和壮大,英勇奋斗,无谓牺牲,涌现如长征精神、雷锋精神、延安精神、航天精神、抗震救灾精神、奥运精神等,这些精神都是对传统文化与民族精神的继承、凝聚、弘扬与升华,展现出我国人民对本民族文化的强烈自信和认同。身为教师,就是要通过文言文教学将传统文化完整地传承下去,培养祖国的新一代形成强烈的民族文化认同和自信,为中华民族优秀的传统文化在未来的传承与发展积蓄新力量。

2. 用现代眼光审视,多元解读

时代在不断变化,生活在时代中的人,其思想也在不断变化,古人生活的时代、自身的思想观念与现代人之间有很大的差异,因此,要用辩证的眼光看待文言作品。例如,在解读《狼》一文时,可以将古人生存的智慧与现代人保护自然生灵的做法进行对比,从多元角度解读文学作品,产生多种新颖的看法。在面对传统文化时,应秉承批判的态度来继承和弘扬,并不是传承至今的文化都是优秀可取的,应取其精华去其糟粕,因此,高中阶段的文言文教学还应培养学生对文化的判断、筛选能力,使学生更加准确的理解传统文化,不断吸收传统文化中的精华并将其发扬光大,帮助学生形成正确的传统文化传承观念和价值观念。在文言文教学中,应开放学生解读文言文的角度,如在讲授《陈太丘与友期》这篇作品时,对于其中陈太丘之子与客人的对话,大部分人站在做人要讲诚信的角度上解读这篇文章，认为陈元方的行为是对父亲尊严的维护，其中"入门不顾"表现出陈元方的大无畏精神；另外，还有少部分人从陈元方失礼这一角度解读文章，认为其待客无礼。对于这篇文章，中华民族向来讲究为人要讲诚信，但对于待客之道也有一定的礼仪要求，因此，无论陈元方的行为如何，在教学中都应该允许学生从多元的角度进行解读。由于文学作品的时代属性通常很强，往往能折射出本时代的思想。因此，在时代背景下，不少文言作品受到的质疑越来越多，这种现象在初中、高中都比较多见，因此，教师应带领学生从不同的时代角度分别审视文言文，帮助学生在思维争锋的过程中对传统文化有更深刻的了解，形成正确的价值观。

（三）开展专题活动，弘扬优秀传统

了解和传承传统文化，不仅可以通过课堂教学进行，还可以组织一些以传统文化为专题的教学实践活动，使学生通过实践真正认识文化，了解和传承传统文化，强化自身弘扬传统文化的使命感与责任感。

1. 专题实践研究

"综合实践活动是从学生的真实生活和发展需要出发，从生活情境中发现问题，转化为活动主题，通过探究、服务、制作、体验等方式，培养学生综合素质的跨学科实践性课程。""文言文教学也要开发拓展综合实践活动课程，把优秀传统文化的教育落实在一切实践活动中。"在社会上、生活中，能够接触和学习传统文化的地方有很多，如博物馆、名人故居、古文化遗址、古建筑等。有条件的教师还可以组织学生游览孔子故里，学习《论语》，进一步接受孔子思想的洗礼与浸染；学习了《阿房宫赋》后，教师可以带学生参观陕西省西安市的阿房宫遗址，让学生对古代社会有更深刻的了解。学生可以根据自己的兴趣，选择一定的参与方式，如参观、志愿服务、讲解、调查等，主动了解历史文化，接受优秀传统文化的熏陶。

开展实践活动不仅要确定活动的内容与主题，还要选择恰当的活动场所，制定合适的活动流程，在活动结束后，进行总结和评价，引导学生在整个流程的所有环节中积极参与，用心感受传统文化。这种教学实践活动更像是文化体验，不需要家长与学校教师向学生施加压力，学生会自行感受传统文化的魅力，在体验中对传统文化产生喜爱与认同。教师应善于利用这些社会上、生活中的平台，组织开展以传统文化为主题的实践活动，以推进教学目标的达成。

2. 传统节日与语文活动

定期组织开展专题研究活动有助于进一步向学生渗透文言文中蕴含的传统

文化。传统节日也是一种重要的传统文化，是国家和民族的历史文化在漫长的发展与积淀中凝聚的结晶，是中华民族多姿多彩的社会生活与文化习俗凝聚而成的，是华夏千年文化内涵的集中体现。但随着外来文化的交流与冲击，加上中华文明对异族文化的包容，如情人节、圣诞节等一些西方国家的节日走进了中国并开始扎根发芽，而我国传统节日的地位却逐渐下降。据统计，现今很多90后与00后的年轻人都比较重视圣诞节，在圣诞节他们会互赠礼物，穿戴具有圣诞元素的服装、饰品，还举办各种庆祝活动。然而，在我国传统节日，如清明节当天，祭拜先人的却很少……我们在欣然接受外来文化的同时应重视本民族文化的传承与发展，作为新一代的年轻人，更应该重视我国的传统节日，让我国千年的传承延续下来，保护好我国优秀的传统文化，努力让世界认识我国的传统节日，将我国优秀的传统文化、传统习俗发扬光大。

传承我国传统文化需要所有中国人共同为之努力，尤其是新一代青年、少年，更应该加强他们对传统文化的了解与认知，让他们明确传统文化对我国长久发展的重要性。在语文教学中，学校与教师可以适当组织开展以传统节日为主题的研究活动，使学生对春节、清明节、端午节、中秋节等我国传承千年的传统节日有更加深入的研究和了解，进而保护、传承和发展传统节日。例如，在端午节即将来临时，教师可以组织学生观察生活中的节日习俗，查阅相关历史资料，了解节日的起源与发展历史，了解节日的习俗活动等；在春节即将到来时，家家户户准备年货，打扫卫生，除夕那天，大家换上新衣服，互相拜年，教师可以引导学生感受浓郁的节日气氛，与家人一起贴春联，仔细观察家家户户的春联，了解春联中的内容与内涵，查阅相关资料，了解节日的起源及在发展过程中的变化……教师还可以组织学生围绕传统节日举办专题演讲、交流会、讨论会等活动，拓展语文课堂。文言文教学对于传统文化的研究教学，应与学生的日常生活相结合，使学生真正体会到节日的内涵，真正了解传统节日，对传统节日及传统文化产生浓厚的兴趣，继承和发扬中华优秀传统文化。

第四章 基于新课标的中学文言文教学

第一节 新课标对中学文言文教学有关要求的解读

在对初中文言文的教学策略进行探究时,首先要对新课标(《义务教育语文课程标准(2021年版)》)里与文言文相关的教学要求进行全面而清楚的认识,将此作为研究的依据和基础。由于"新课标体现出对以往多年语文教学经验的反思,对教学理念、内容体系、教学资源、教学手段和方法等各个层次的相关问题都给予了充分的阐释和说明"①。接下来我们将结合教材,对新课标中初中文言文教学的具体要求进行解读。

一、新课标对初中文言文教学目标和内容的要求

(一)新课标对初中文言文教学目标的要求

教学目标是教学过程里更加具体化的课程目标,它指的是教师和学生在一定课程目标之下的教与学的目标。新课标的"课程目标与内容"这一部分提出了关于初中文言文教学的相关要求,能借助工具书阅读浅易文言文,背诵优秀诗文240篇。

除此之外,"学段阅读目标"的第八条也对初中文言文教学做出了规定,诵读古代诗词,阅读浅易文言文,能借助注释和工具书理解基本内容。注重积累、感悟和运用,提高自己的欣赏品位。由此可以看出,到了初中阶段,也就是第四学段,文言文才成为学生的重点学习内容之一。初中文言文教学以培养学生的文言语感,帮助学生积累文化知识作为总体目标。从文言文的特殊性出

---

① 王清清. 初中语文新课改与文言文教学[D]. 开封:河南大学,2011.

发，可以进行如下细化（表4-1）。

表4-1　目标类型与目标外显行为

目标类型	目标外显行为
字词积累	正确使用《古代汉语词典》等工具书
	根据语境解释、辨别或判定某个实词/虚词在文中的含义
句子理解	根据原文的基本意思，将指定的文言语段用自己的话表达出来
	在文中画出符合要求的字词句段
文意感悟、欣赏	概括所阅读的文言文材料的内容要点
	用自己的话评析阅读材料中的形象、语言风格和表达技巧
	条理清晰、恰当评价文章的思想内容和文中作者的观点、态度
语感、文化积累	重视诵读，背诵规定的篇目

（二）新课标对初中文言文教学内容的要求

"语文课程目标的规定性，决定了语文课程内容的确定性"，虽然对于初中文言文的教学内容，新课标并未做硬性要求，但其第二部分"课程目标和内容"里提到的总体目标以及对于初中阶段内容与目标的规定和描述，从现实层面对语文教师的教学起到了明确的指导作用。因此可以看出，初中文言文教学内容的核心就是，重视从中学生身心发展的特点及文言文的学习规律出发培养学生的兴趣和语感；重视文言文教学内容的积累。

为了保证更快速、更有效地达成语文素养目标，新课标针对初中文言文的教学问题，提出了一系列语文教材编写在义务教育阶段的要求，如"作为母语教材，在继承与弘扬我国优秀文化传统方面有所担当""选文要文质兼美，题材、体裁、风格、类别适当配置，适合学生学习"[1] 等。这些要求直观体现在文言文篇目的数量上，以下通过表格形式来展现在新课标理念下人教版初中语文教材中文言文各类体裁篇目的数量（表4-2）。

---

[1] 中华人民共和国教育部.义务教育语文课程标准(2011年版)[M].北京:北京师范大学出版社，2012.

表 4-2 新课标理念下人教版初中语文教材中文言文各类体裁篇目的数量

分类	年级		
	七年级	八年级	九年级
记叙类	12	15	10
议论类	1	2	3
说明类	0	1	0
人物传记	0	1	2
小说	1	0	0
山水游记	0	5	0
山水小品	0	5	0
寓言	3	1	3
神话	3	0	0
铭、表、序	0	4	2

从上表中可以看出，初中文言文教学从量到质都出现了一定的变化。首先从量的角度来看，在新课标的要求下，学生的背诵内容、数量和以往相比出现了一些变化，过去为"背诵基本课文"，而现在则是"背诵一定数量的名篇"，在教材中有背诵要求的文言文篇目共 30 篇，占据总数的三分之二。再从质的角度来看，在新课标理念下，初中语文课本中的文言文作品一般都会倾向于切合学生的兴趣和需求来选择，文章往往具有趣味性或者生活性。例如，除了以往经典的《马说》和《〈论语〉十二章》之外，还加入了《庄子》故事二则以及《伤仲永》这两篇具有趣味性和哲理性的文章，以及《狼》《塞翁失马》等具有生活气息的文章。综上可以看出，在新课标理念下的初中文言文教学内容主要有以下几方面的特点：

（1）精选文言文课文，其中包括山水游记、人物传记、寓言、神话和小说等，体裁丰富。

（2）文言文单元的内容和思想倾向，即浅易文言文的词句含义、文章内容；经典文言作品的人文内涵、民族精神。

（3）重点的文言实词、虚词、文言句式，以其在课文中的意义的梳理归纳为着重点。

（4）简单的文学、文化常识，包括古代著名作家作品知识，古代文化常识，如人物称谓、历史纪年、传统礼俗等。

（5）文言文学习策略与方法。比如，评点、翻译、诵读的技巧，如何选择和使用工具书，设定什么样的自我目标以及自我监控的学习策略等。

以上罗列的这些选文特点，十分有利于推动教师研究和实施科学合理的教学策略。除此之外，鉴于教师往往需要在实际教学中对当前教学内容进行一定的创新。从这个角度来看，在新课标视野下的文言文教学内容不仅要包括课文篇目自身的名言佳句、实词虚词、思想感情，更要囊括文言文的阅读技巧以及策略性知识，如评点、感悟和诵读技巧，如何选择与使用工具书等。

二、新课标中初中文言文教学实施建议的解读

在新课标中，有两处解释了初中文言文应该"怎么教"。

第一个是"课程基本理念"。作为义务教育阶段语文课程中十分重要的一个组成部分，初中文言文在实际教学过程中必须体现"工具性与人文性的统一"，促进重视借助文言文中丰富的人文内涵来熏陶和感染学生的精神世界，在潜移默化中促进学生的和谐发展，帮助其塑造健全的人格，形成良好的个性，并具备最基本的语文素养。除此之外，教师还要注意敦促学生注重日积月累，坚持阅读和写作，从大量的语文实践中体会文言文的学习规律并加以掌握，培养自身的文言文语感和整体把握能力。最后，由于学习的主体是学生，我们要提倡科学的学习方式，以合作、自主和探究为主，在设立语文课程时，教师一定要遵循语文的学习特点，并根据学生的身心发展状况来定，对学生的求知欲和好奇心要给予充分保护，针对每个学生的学习需求与个体化差异进行教学。①

第二个是"教学建议"。新课标对此部分有极为明确的规定，要求教师在教学过程中尽可能地将语文的综合性和实践性体现出来，正确引导学生的价值观、态度和情感，将教师和学生两方在教学中的创造性和主动性充分发挥出来。② 所以在进行初中文言文实际教学的过程中，教师需要根据初中生的生理、心理和语言能力特点，根据每一篇文言文教学内容和其中的学习规律，精心设计教学活动，掌握教学方向，创造合作、自主、和谐、探究学习的良好环境，

---

① 中华人民共和国教育部．义务教育语文课程标准(2011年版)[M]．北京：北京师范大学出版社，2012.19

② 中华人民共和国教育部．义务教育语文课程标准(2011年版)[M]．北京：北京师范大学出版社，2012.30

师生之间在进行平等的对话交流时，也要注意将学生的习惯与主体意识凸显出来。新课标中对教师的要求为教师需坚持提高自身的综合素养。在教学实施中体现为可以正确地理解与掌握教材内容，并在此基础上对教材进行创造性地使用；开发并合理利用课程资源，熟练掌握现代教育技术，主动探索在新的网络环境中更加科学的教学方式；将"知识与能力、过程与方法、情感态度与价值观"三维目标进行整体考虑，进一步整合教学内容，合理安排教学活动，将以往粗糙、机械的作业进行改革创新，让学生在语文实践里逐渐了解和学习文言文并学会如何学习文言文等。此外，教师要在阅读教学中重视学生自身的感受和理解，即教师使用的教学方法要尊重和鼓励学生自己进行思考与体验，而非直接用模式化的解读进行教学，也不可让个人阅读被集体讨论替代，正确的做法应当是指导、点拨与引领学生，让其通过合作学习等方式来处理阅读问题。无论在哪个学段，阅读教学中的朗读与默读都是重中之重，这对于古诗文的学习来说格外重要，所以还需要敦促学生诵读，以此来丰富学生自身的知识，增强其体验感，培养其文言文语感。

三、关于新课标中初中文言文教学评价的思考

如何才能客观而科学地对文言文的教学效果进行评定或者衡量这个问题，在对新课标中初中文言文教学评价方式进行一系列思考，通过确定初中文言文究竟是达到预期标准，还是未能完成目标后，就可以很好地解答。

从评价视角来看，尽管目前提倡素质教育，但初中文言文教学归根结底是一种应试教育。这种情况主要是由我国国情而定的，截至目前，尚未确定一种能够代替"考试（特别是中考和高考）"的更加公平的选拔以及升学制度。所以在对初中文言文教学进行评定衡量时，大多数人难免会选择把中考试题中的文言文分数作为衡量的标尺，但这种评价明显与新课标理念相悖。新课标中的"评价建议"部分，对学生学习文言文做出了相关解释，内容大概是：要评价学生对浅易的文言文以及古诗词的掌握情况，以记诵积累为考查重点，注重学生借助工具书与注释来了解诗文大意的能力，考试内容不包括有关句法和词法的概念。由此可以看出，新课标下的文言文阅读教学内容考核更注重理解大意与记诵积累，更加深奥的语法结构和文风章法等则没有涉及。所以符合新课标要求的文言文试题，其中的句子翻译、词语理解、文艺理解等考查内容，它们的出发点都是"看懂"，考点范围也主要以初中三年来的教读篇目为主，有稳定的题型和分值，具体包括文言翻译、词语理解和文章大意这几个基本方面。

我们可以看出，按照新课标要求命制的试题十分符合此阶段学生的特点，难度适中，并未给学生造成过多的负担，但也有一定的难度，可以有效促进学生的学习。

在对新课标"评价建议"部分进行思考之后，我们还可以总结出以下结论：对文言文课堂的评价，其根本目的是让教师的教学水平得到提升，让学生能够更好地学习。因此，在评价时，我们必须树立起全面落实文言文教学目标的整体观，根据每个学段的课程目标和每个年龄段学生自身的学习特点，从关键点出发，将重点突出，以一种科学合理的方式让评价效率得到有效提升。除此之外，在进行文言文评价时还要注意不可对甄别与选拔状况过度重视，要重点突出评价的发展功能以及诊断功能。

综上所述，对于探索良性监测机制，新课标起到了重要的作用。因此，在评定当前的初中文言文教学效果时，评定的基准毫无疑问就是新课标中的语文课程目标，在评定过程中要注意突出重点、抓住关键，在评价时要坚持主体的多元化，并灵活地根据实际情况采取合适的方式。除此之外，还要根据当前的教学现实来看，若考试指挥棒依旧还在文言文教学上挥舞，那文言文教学也难免要向应试教学倒去，这是我们在进行教学评价时要格外注意的地方。而修正措施则是从新课标出发，在整个教学过程里建立一些阶段性的测验以及日常评价等，形成多元化评价机制，促进学生学习。

第二节　中学文言文教学中存在的问题与归因

一、文言文教学的价值取向趋于现实

（一）应试教育致使教学目的狭隘

在教育的发展过程中，每个阶段提出的"课标"或者"大纲"都具有其独特的价值取向。自21世纪以来，我国提出的课程标准受到了历史遗留问题以及中考应试教育的影响，所以在当今的语文教学中，文言文教学仍有侧重于工具化的价值取向。这是由于两方面的原因：一方面，初中阶段的学生学习文言文的目的往往较为单纯，考试考查文言文学习程度仅限于背诵诗句、了解词句含义和一些重点的文言知识。学生在学习时，或许产生过学会这项技能就可以

自主阅读更多古代典籍，了解古代发生的故事，考究一些有趣的史实等想法。然而在实际学习过程中，学习以应对考试为主，这种想法也就逐步淡化了。另一方面，对初中生来说文言文本身就十分抽象，语文教师为了应对考试，会重点讲解文言语法词句等枯燥的知识，使得抽象的文言知识与注重细节的教学方式结合在一起，让学生感到更加晦涩难懂，难以投入到学习中，学习兴趣也就消失殆尽了。因此，当代的文言文教学要有更加人性化的价值取向。新课标的改革与落实是当前的社会需要，更是一场具有现实意义的教学改革。若教学当中只注重"文白"互译这种方法，忽视了挖掘文言文作品中的艺术、人文、历史文化，体现出的便是一种狭隘化的文言文教学意义。

（二）时代发展使得文言文的工具性胜于人文性

语文教育的发展历史长达数千年，而文言文在其中的至高地位已经几经跌宕、不复从前，但其一直都担负着传承和发扬中国传统文化的艰巨任务。它受到过政治文化运动的影响，享受过改革开放的推动，一次次的时代变迁让文言表达形式已经无法融入实际生活中，如今文言文在人们眼中的作用以其工具性特征为主，而更深层次的文化价值等却被人们所忽视。这种情况下的文言文教学如同空中楼阁，无法发挥它传承中华优秀传统文化的作用。而新课标便是帮助文言文教学破除字义、词义、句义等工具化知识束缚的利斧，在新课标之下，文言文教学不再仅关注语言学方面的知识，更要注重挖掘文章深处蕴藏的文化、人文因素，彰显人文性教育。

（三）西方商业文化的冲击导致功利性十足

在全球化的时代背景下，各地文化交流日益频繁，西方文化介入我国产生了一系列的矛盾，整个社会趋向功利化，物欲横流，人情冷漠，人们对传统文化起了排斥心理。商业文化的猛烈冲击让人们的大脑也变得更加混乱，如同工业时代升起的雾霾一般，呈现混沌状态。社会的进步让实用主义变得更受欢迎，而人们的精神文化却一步步走向荒漠化。国人倘若还想在之后的世界竞争中占据有利地位，就必须重视精神文明建设，为思想注入营养，为精神注入鲜活血液，锻炼出坚实的文化肌肉，提高对国学文化的重视。我们需要站在"文化"的角度上，再次将叶圣陶和朱自清先生提出的"古典的训练"拿出来，将文化取向作为新的重心，再次审视1912年曾提出的文化素养要求，"涵养文学之兴趣，兼以启发智德……兼顾文字之源流、文法之要略还有文学史之大概"。将其中对现代社会有益的部分提取出来，成为优化设计语文课程的营养,让学生变成真正的中国文化人,真正实现"修身、齐家、治国、平天下"。

二、文言文教学存在的问题

(一)讲授模式单一

如今教师的教学形式依旧以单向讲授为主。文言文生僻晦涩,这是初中生阅读时的最大障碍,所以教师在进行文言文教学时,必须先解决文中的词义和句意,才能让学生更好地从整体上理解整篇文言文的内容,并以此为基础对文章的内涵思想进行探究。因此,在文言文教学时,教师不能在阅读方面单独让学生独立进行,这也是文言文教学与现代文教学在学生是否占据主体地位上的一种区别。在文言文考试中以文言知识为主要考查点。因此,教师在教授文言文时自然会将大部分时间放在文言文的知识讲解上,这使得学生在文言文其他方面的学习不够深入。但教师对此也十分无奈,考试方向性的规定,有限的教学时间,还有来自校方或教育局的种种规定,都限制着教师必须在限定时间内完成规定的基础教学任务,能做到此已经是不容易了,自然再难对文言文进行深一步地探究。

新课标明确强调了语文课的实践性,提倡教师借助语文实践活动来促进学生语文实践能力的提高。现今尚有很多语文老师未能较好地开发和运用教学资源,大部分教师倾向于将一些课外经典文言文引入课堂并进行讲解,借此创建一些关联,填补教材空缺的内容,帮助学生更好地理解文言文。如今的方法也都是建立在阅读和诵读的基础上的。在信息化、科技化的新时代中,国际交流愈发频繁,数字科技发展迅速,为教学操作形式带来了更多的可能性。但许多受过常规师范教育的教师在进入岗位之后却在开发和学习新形式时受到诸多局限。在相对落后区域的教师也很难接触到外界的培训学习,导致如今尽管有光盘和慕课或去其他区域学习的机会,但真正学习的次数却并不多。教师仍需要将大部分时间放到课前准备和课后批改作业上,除此之外,学校组织的开会、听课、汇报等活动也在占据着教师的空闲时间。学校为教师提供的条件限制了教师的眼界,而过于饱和的课程安排和学生数量也在限制着教学的时间与空间,而且如今将安全责任放在最首位,这使得任何存在安全隐患的教学手段都被否决了。结合文章讲述的内容去观山看海,或是其他延伸性的学习都被排除在教师的教学计划范围之外。在这样的环境之下,如何才能让新课标中提到的"感受""思考""领悟""鉴赏""积累""整合""应用""拓展""发展""创新"实现呢?

（二）文言文教学缺乏生活体验

优秀的文言文作品来源于古人丰富多彩的生活体验以及日积月累的文学素养，这些生活上的体验与对大自然的感受就是古人创作灵感的不竭源泉，是巧妇之食材，构建好文章的前提是作者有一个新奇的观察和灵感一现，或是历经生活磨炼的感悟。很多艺术创作者都奉行一个重要原则，即"艺术源于生活"，因此，优秀的文学艺术必然贴近现实生活。有一个在俄罗斯学习服装设计的朋友讲过一个经典的事例。一天，老师在服装课后给学生留了一个作业，要求每个人画出自己印象里的花朵图案，且不能低于五个。朋友努力思考、奋力想象，勉勉强强画出了五个十分简单的花朵图案，然而到了第二天上交作业时，他却发现其他俄罗斯同学画的图案远远不止五个，许多人甚至画出了十多种图案，由此可以看出这些俄罗斯学生更加关注大自然，对自然的了解和体会也更多。这个例子体现了体验生活和感受自然魅力的重要性，文字和现实里的生活、自然相比，远没有生活自然的亲和力与敏感性。因此，有时学生在学习文言文时没有激情，并非是他们没有细致地研究文章，而是他们自身没有如此丰富多彩或波澜壮阔的生活体验，无法借助自身经验进行联想。新课标对学生阅读做出了要求，即学生要能够欣赏文学作品，且有自身的情感体验，对作品中的内涵有初步的领悟，并在文章中得到对于社会、自然以及人生的有益启示。因此，我们只有更深入地认识和了解自然与生活，才能更好地将理论与实际结合起来，获得真知灼见。

当今，中学生们的生活往往是家和学校两点一线，周末又被大量的补习所占据。因此学生和自然之间的距离越来越远，对于自然与社会的认识都只是局限在文字上。这样很难让学生对学习产生积极性，其学习往往都是被动的，是为了应对考试和未来生存而进行的，长久如此很容易产生抑郁心理，一些学生出现自杀倾向、抑郁等心理问题也正是源于此。

（三）教学资源利用不足

信息化、科学化和多元化是当今时代的新标签，许多新名词也涌入了我们的生活，如云计算、大数据、虚拟技术等。如今的初中课堂中已经出现了更加多样化的教学模式，如多媒体投影教学、生活化课堂、微格教学和慕课等。然而一些相对落后地区的初中学校却未能很好地利用这些新教学设备，这主要是由于以下几方面：

（1）许多教师受传统师范教育的限制，在教学文言文时以示范诵读、板书等常规教学模式为主，这些模式操作简单且较为熟悉；虽然很多教师已经接受过教育部门和学校组织的计算机应用培训，也参与了相关的能力测试，但大多数中老年教师在应用电脑设备、软件等新的教学设备时比较懈怠，应用频率远低于中青年教师，因此，即便配备了新设备，其使用率依旧较低。

（2）为了能够及时完成学期的教学目标，应对考试要求，教学的内容和时间安排往往比较紧张，教师如果采用新的教学设备和教学形式，需要花费更多的准备时间，因此，新教学形式往往会在比赛场合与示范课上出现，但在日常课堂里仍旧以传统教学模式为主。

总体来讲，教学单位当中依旧存在着形式主义，为教学配备的设备和新的教学形式仅仅是初步的"拥有"，并未真正地运用到实际教学当中。

三、文言文教学的评价流于形式

（一）文言文教学评价主体单一

如今，教师在文言文教学评价当中依旧占据着主导地位，师生的角色关系并未出现明显改观，在实际文言文教学活动中，学生总是在被动接受，受到教师的制约。许多事实都表明教师之间的水平参差不齐，这使得学生受到的评价结果也并非完全客观。学生的学习成果往往取决于教师拟定的测试，这让学生很难获得成就感。而教学互动、教学反思等形式通常又是一带而过、草草了事，很难发挥教学评价的职能效果。而这种单一化评价主体也很难积极地反馈文言文教学的实际效果。

（二）文言文教学评价方式形式化

现如今，文言文往往采用一些机械化、量化的方式来考查学生，如批改作业、课堂提问和期末测试等。这些形式实际上就是单纯地判断学生是否记住了教材里繁杂的文言知识点，效果十分有限。新课标中有对文言文阅读评价要求的相关阐述，大概内容为：考查学生是否热爱和喜好传统文化，在进行文言文阅读时，是否主动地了解过文章的文化背景，并感受到了其中蕴含的中国文化精神；在进行评价时，要帮助学生建立起古为今用意识，站在现代角度对作品中的内容与思想倾向进行审视。由此可看出，传统古板的评价形式的作用比较有限，很难同时完成提高学生的阅读能力、培养学生的人文素养等诸多任务，多向度的教学目标不能依靠形式化的量化评价方法来实现。要想将文言文中的内容和文化融入学生的生活，保证学生从认知到情感都可以接受和理解传统文化，就必须对文言文教学的形式与评价方式进行一系列改革。

第三节　新课标视野下初中文言文教学策略

初中文言文教学的一大难题就是许多学生都缺乏学习文言文的兴趣，缺乏积极性和主动性。尽管现在教师的教学方式和教学理念已经做出了改变，但是教学策略仍然不够完善，导致教学实践与新教学理念之间的结合效果较差。而想要解决此问题，初中文言文教学就必须根据新课标中的要求和建议不断改进，从文言文的特点出发，从教学课堂、教学主体以及教学评价等多个角度找到能够全方位提升文言文教学质量的科学对策。

一、初中文言文"自主探究"式教学构建策略

新课标积极倡导自主探究型学习方式。其中自主探究指的是学生主体在整个学习过程有非常明确的学习目标，主动关注与研究学习内容，将学习作为内需。在这种学习状态下，学生会受到自身好奇心与兴趣的驱使而积极主动地进行尝试，以亲身实践来发现、提出、分析和解决问题，并激活自身的创新意识。由于文言文具有"历时性"等特点，因此教师在进行教学时，要注意创设一个更加开放的情境，引导学生，帮助其融入角色，促使其主动探究学习，并在这个过程中不断发现和创造。只有这样才能让文言文教学的活力和效率得到有效提高，才能让新时代的血液流淌在文言文教学中。

（一）民主宽松的"对话型"文言文教学环境构建策略

新课标中提到，语文教学要建立在师生之间平等对话的基础之上[1]。所以，在进行文言文教学时可以采取"对话式"的教学形式，这既有利于营造一种宽松、民主的交流环境，让学生敢于、乐于分享自身见解，并让学生得到更多的课堂时间，在课堂的"舞台"上经历一个真正的学习过程。

比如，在笔者执教《水调歌头》时，先导入新课，在之后的朗读环节开启"对话型"形式，由教师引导交流内容，让学生明确学习目标——教师进行示

---

[1] 中华人民共和国教育部.义务教育语文课程标准(2011年版)[M].北京:北京师范大学出版社，2012.

范性朗读，学生自由朗读，并朝着设定好的目标前进——小组内交流朗读，学生之间进行相互交流和讨论——检验学习成果，随机挑选小组中的一个学生来朗读课文，并由老师和其他学生一同品评。整个"对话型"过程中，学生朝着既定目标不断努力，接受一系列挑战，并最终提升自身能力，所以整个学习过程都显现出了极高的效率。

大量实践和研究表明，在营造一个和谐、民主、平等、轻松的课堂环境时，建立起一个以学生自主活动为主，将学生主动探索、参与作为主要特征的初中文言文教学课堂教学体系，教师应重视将教育学、心理学、新课标以及课程教学论等理论作为依据，并将以下两方面做好。

1. 建立和谐、有"温度"的师生关系

正所谓"亲其师，信其道"。想要建立宽松、民主的话语环境，首先要保证师生之间关系的和谐，只有这样才能得到更好的教学效果。站在文言文教学角度来看，若要将"自主探究"式教学实施开来，就需要营造一个宽松、民主的"对话型"教学环境。在这个环境中，教师要懂得尊重、欣赏学生。新课标理念要求教师将多元互动和鼓励性评价的作用充分发挥出来，以打破如今传统课堂评价中仅有教师这一评价主体的情况，将学生互评、自评以及师生互评都运用到实际中，让各主体之间的沟通和了解更加深入，从而形成真正民主的文言文课堂环境。除此之外，也要注意将教师鼓励性正面评价的作用发挥出来，让学生的正能量情感得到激发，从而提升其对文言文的学习兴趣，保持师生之间和谐、稳定的良好关系。一个高效的文言文课堂最明显的特点就是教师可以灵活采用口头表扬等正向反馈，或者引导学生进行相互评价，以此来增强学生的自我评价，提升学生学习的积极性，构建和谐良好的师生关系，让学生一步步变成文言文学习的主人。

2. 坚守"教师主导，学生主体"的角色地位

新课标提出学习语文的主体是学生，而教师则负责组织和设计教学活动，提升教学质量，并启迪学生。由此可以看出，在新课标的要求下，教师需要将自身和学生之间的关系和位置调整好，树立起科学正确的学生观，尽可能地改善学生的学习方式，促使其从过去的被动型学习转变成发现型、探索型学习。

施教主动，贵在引路，重在转化，妙在开窍。让学生成为课堂的主人，将大量的课堂空间和时间都留给学生，让其自由发挥，才是教师最根本的作用。语文教师要在新课标的引导下把握好文言文课堂教学里"主导"的内涵，将教材中的正面激励因素挖掘出来。教师要在设计教学活动时留下可供学生参与的

探索空间，借此来鼓励学生进行自主学习，保证学习中学生的主体地位。为了让学生对文言文材料产生兴趣，提升整个学习过程的效率，教师要"以己之情"来引导学生的"参与之趣"，如通过游戏、谜语、歌诀等途径提升教学趣味性，或者通过多媒体播放视频、图片等引发学生的好奇心，促使学生主动参与到课堂中。当教师成功营造出一种和谐、平等、宽容、理解、尊重、愉快的学习环境之后，学生自然就会在课堂上变得敢说、想说、爱说，并渐渐成为学习的主人，在学习文言文时也就不再持冷漠态度或者缩手缩脚了。

总而言之，只有全体学生都积极主动地参与进来，才能保证文言文教学的质量。在整个教学过程中，教师必须保证学生拥有更多的探索空间，让学生有条件进行自主思考、自主操作、主动尝试和自主表达，有时间和空间提出问题、思考问题和解决问题，并在此过程中掌握更多的知识，提升自身的能力，以更加主动的姿态积极参与学习，以提高学生整体的文言文素养。

（二）利用现代信息技术构建文言文阅读学习情境的策略

新课标要求教师对文言文教学方式尽快进行创新和改进，融入现代科技，构建"自主探究"式的教学，新的教学方式有利于发挥学生的主体性，对培养学生的探索精神、创新精神效果十分明显。借助现代信息技术来搭建文言文的阅读学习情境，应以"比翼齐飞"观念为主——一翼是多媒体，另一翼则是网络。

策略一：以"多媒体"促进文言文课堂的"深度阅读"

每一篇选入初中教材的文言课文都文质兼美，其中蕴含着巨大的艺术魅力与生命力。然而倘若教师上课时仅单调地举着课本来分析、阅读，这样很难调动学生的主动性。教师若是在教学时采用多媒体课件进行辅助，会为学生学习文言课文创设更加良好的情境，学生的主动性自然而然就会被唤醒，并进入学习主体的角色。

借助多媒体课件，教师可以展示图片、影片等，可以使较为枯燥的文言文课堂教学变得更加趣味横生，学生也会投入到学习当中。比如，在介绍文章背景资料时，以往教师可能只是一笔带过，学生听的也是收效甚微。而如果将多媒体课件应用到教学当中，教师就可以选择相应的视频和图片来展示文章的背景资料，以视听结合的方式加深学生的印象。对于故事性较强的课文，教师还可以借助多媒体来鼓励学生进行深度阅读，增加其对课文的理解。比如，在教学《卖油翁》一文时，教师就可以用多媒体辅助构建文言文阅读学习环境，推动文言文课堂"深度阅读",具体教学步骤如下。

教学步骤1:"微课"导入。借助相关技术制作微课,通过iPad等工具让学生模拟出卖油翁的酌油场面。之后将这个场面录制下来并放到PPT里,作为课堂的"导入"部分,这些由自己或其他同学表演的片段会让学生感到兴奋和惊奇,其注意力与视线也会被很快的吸引到课堂学习中。

教学步骤2:问题探究。在PPT页面上将主要问题展现出来——为何视频里的同学无法将油通过钱孔倒进葫芦里,而卖油翁却可以?用这个问题来引导学生的思维,让其带着问题和高涨的热情主动学习课文,自主寻求答案。

教学步骤3:主旨深化。通过PPT展现来自其他成语故事书中的和本文相关的图片,让学生在观看图片的同时,借助直观形象来展开联想,从而更加深入地理解课文。

教学步骤4:拓展延伸。在课件中演示"熟能生巧"的成语故事的动画视频,让学生在观看视频后进一步了解课文内涵,对课文进行深度阅读。

通过多媒体技术,结合视频、图像、音频等进行文言文教学,形成情景交融的良好学习环境,让学生在充满趣味的学习环境中轻松自在地学习,主动而积极地进行深度阅读,让教学效果得到有效提升。

策略二:通过"网络"突破文言文教学的时空限制

计算机网络的普及让人们的社会生活和学习等多个领域发生了极为深刻的变化,而初中文言文教学自然也要顺应时代潮流,在教学活动中,积极引入网络信息技术进行辅助,整合网络上的教学资源,打破课堂教学的时空限制,让学生自主探究语文学习活动,同时,提升文言文教学的效率。所以在实际教学过程中,一定要注意网络对于语文教学的帮助,发挥其独特的优势,借助网络来激发学生的学习兴趣,引导学生通过网络获取自身需要的学习资料,自主学习、积累文言知识。笔者曾借助网络开展了学生自主探究学习文言文的活动,并取得了一定的成效。

(1)"背景资料"的搜集。让学生在文言文学习的预习环节中,主动从网络上搜集与文章相关的资料,如创作背景、作者资料等,甚至可以主动浏览一些专家学者对课文的评价以及跟课文相关的视频、音频等,学生在资料收集的过程中,将不断加深对课文的认识和理解,如在学习《隆中对》时,教师可以要求学生提前从网络搜集与诸葛亮相关的资料,以及该课文的背景资料。开课前,先让学生进行自主交流,每个学生搜索的资料都有些许不同,综合起来就会形成十分丰富的资料,一些同学甚至会找到诸葛亮故乡的照片,学生的视野和知识面都会在资料交流的过程中不断拓宽。在进行《诗经两首》教学时，学生互相分享了自己搜集的视频资料，使得整堂课都在美妙的音乐中进行，大家还在音乐中进行了诵读，形成了一幅充满青春气息与幻想色彩的美好画面。学生在搜集资料的过程中，其辨别能力和信息搜索能力得到有效提升，收集到的资料又可以应用到课堂教学当中，学生之间也可以通过搜集资料学会共享和相互合作，让学生拥有了更多展示自我的机会。通过这种学习方式，可以打破传统教学的限制，让学生的学习更加自由、主动，并凸显出学生在学习中的主体地位。

（2）课堂"链接"增加容量。教师可以在配备网络设备的教室中根据"生成"或"预设"需求调整整个教学过程，在教学过程中随时可以借助网络和相关的教学内容进行"链接"，以此来促进学生的"主动"学习。比如，在学习范仲淹的《岳阳楼记》时，鉴于此文章为流传千古的名篇，其中语言简练、传神，平仄配和，音律协和，再加上作者文采斐然，读起来朗朗上口，其中立意更是高远，因此在教学时要注意让学生反复朗读和品味。同时，为了让学生能够更深刻地了解文章的内容，教师应借助网络搜索引擎查找"《岳阳楼记》配乐朗诵"，不出几秒钟，多个视频便跃然出现，呈现出多个知名朗诵家配乐朗诵的高清视频。再搭配与内容遥相呼应的音乐、配图、视频等，让学生在舒适愉悦的情境里感受文章的魅力，接受其艺术熏陶。这种"链接"如同夜空中明亮的白月和耀星，照亮我们走进文言课文的道路，为我们指引前行的方向，让整个课堂出现众多亮点，课堂效率也明显提高。但在实际教学中还必须注意一点，就是要把握好"度"，网络教学只是文言文教学的一种辅助手段，是画龙点睛的存在，不可过度使用，以免"喧宾夺主"。

（3）网络论坛自主讨论。学生在校园学习网站的讨论模块中进行网上讨论就是网络论坛自主讨论。这种讨论脱离了以往的课堂讨论，且不限时间、空间和对象范围。通常会选择将学校的网络教学主页讨论区作为学生自由发帖讨论的地方，一般都是由教师发布一个主题帖，提出相应的问题来引导学生，学生在假日或者放学后可以在家中上网，围绕主题帖中的问题进行讨论。学生有时也会主动在讨论区发表自己的问题和看法，来寻求教师或者同学们的意见和帮助。通过这种方式，学生拓宽了发表自己想法的渠道，"超教室"学习得以实现。

总而言之，拥有便捷的搜索方式、大知识覆盖面和生动的情境创设特点的网络信息技术，在帮助学生进行自主性语文学习以及其他教育过程中起到了重要的作用。在进行教学时要注意适度运用网络技术，让具有时空穿透力、画面与有张力文字的网络媒介在文言文教学中发挥积极的作用。

二、初中文言文阅读教学课堂设计策略

新课标倡导的学习方式是自主的、探究的、合作的，要求文言文教学课堂必须开放且具有活力。因此，教师必须在设计文言文阅读教学时注意使用策略，让教学扎实有效，避免重知识轻人文、重全文翻译轻三维目标、教学模式僵化、目标单一等教学问题的出现。

（一）"以'教学目标理论'为工具制定导学目标"的教学目标设计策略

一切行动都以目标为导向，因此，教学设计的灵魂与核心便是教学目标。在设计文言文阅读教学时，教师可以细化原有的课文教学目标，转变成更加明确清晰的课时导学目标。课时导学目标主要包括两层含义：①将新课标中提到的"三维目标"作为制定科学的课时教学任务的原则，也就是"教什么"。制定的课时学习目标必须具体而明确，让学生在看见之后就可以确定自身的学习任务，明确自身需要解决的问题，知道自己要去做什么以及如何做，还有采取何种方式来完成目标。②思考怎样让学生在引导下顺利达成目标，也就是"如何教"。制定的每个学习目标都要方法化和过程化，让学生在教师的引导下，自主建立起学习目标和生活经验以及已有知识之间的联系，达成原有知识与新知识的迁移，从而完成学习目标，并在这个需要观察、思考、反思、实践、交流的活动过程里积累自身经验，提升各项能力。

如何才能制定出明确而科学的课时导学目标呢？此时，可以采用布鲁姆认知目标分类法。教师在掌握这种理论之后就可以避免在制定教学目标时只能设计出比较简单的教学目标，而是根据理论和实际情况制定出合理的课时导学目标。比如，笔者的《小石潭记》教学设计里就充分利用了布鲁姆认知目标分类法，从如下几方面定位和分解了教学目标。

《小石潭记》教学目标的分解和定位。

目标1：读准字音，读懂文义，厘清游记的文脉。

目标2：细读文本，赏景悟情，感受古代文人的山水情怀。

目标3：联系背景，体悟中国士大夫的济世情怀。

具体见表4-3。

表 4-3 布鲁姆认知目标分类与《小石潭记》教学目标联系表

知识维度	认知过程维度					
	记忆	理解	运用	分析	评价	创造
事实性知识	目标1					
概念性知识		目标1				
程序性知识		目标1		目标2		
反省认知知识				目标2		

可以看出，设定的三个教学目标：厘清文脉——赏景悟情——体悟情怀，三者之间存在着层次和梯度关系，与阅读规律相符。在文言文教学目标设计过程中，借助布鲁姆认知目标分类法可以为我们提供指导和依据，帮助我们设计出层次鲜明、合理准确的课时目标。

除此之外，布鲁姆认知目标分类法在指导教师设计教学时保持教学、学习与评价的一致性方面也有重要作用，以下仍以《小石潭记》为例（表4-4）。

表 4-4 教学目标对应的活动与评价

目标	活动	评价
目标1：读准字音，读懂文义，厘清游记的文脉	活动1：初读感知，厘清游记的文脉	评价1：能圈出表明作者心情变化的两个字
目标2：细读文本，赏景悟情，感受古代文人的山水情怀	活动2：再读赏景，感受文人的山水情怀	评价2：能批注前三段的景物特点
目标3：……	活动3：……	评价3：能批注前三段的景物何"乐"之有

研究和实践表明，教师只有重视制定教学目标的策略，才有可能获得理想的教学效果。正所谓"工欲善其事，必先利其器"，学习和运用布鲁姆认知目标分类法等专业教学理论工具，往往就可以设计出符合新课标要求的、具有导向作用的三维课时导学目标。

（二）"以学生活动为中心实施'对话'探究"的教学环节设计

成功的教学策略并不是强制，而是一种唤醒。"阅读教学是学生、教师、教科书编者、文本之间的多重对话，是思想碰撞和心灵交流的动态过程。"[1] 文言文历史悠久的特点决定了它的阅读教学与其他文章的阅读教学环节之间的设计必然存在些许差别。不可一味放手让学生自主阅读，出现应付教学环节设计等现象，也要避免学生的阅读直接被教师的阅读替代。前者会导致难以突破教学难点，难以达成教学目标，而后者则是一种填鸭式的课堂设计，教师大量串讲，学生只能机械记忆，课堂氛围过于单调沉闷。所以教师在设计初中文言文教学环节时，要自觉践行新课标倡导的自主合作探究学习方式，从学生自身的心理特点和知识水平出发，找到可以激发他们兴趣的关键点来组织活动，引导"生生对话"和"生本对话"，让学生从以往的被动接受转变成主动探寻，培养学生养成合作交流学习的好习惯。

例如，笔者的《狼》教学活动环节设计，将读、背、练、译和论巧妙地结合成受教学目标统率的自主合作探究学习活动，具体见表4-5。

表4-5 《狼》一文的教学活动环节设计

学生活动流程	活动内容	活动形式
活动1：说一说	说说你知道的狼的成语或说说你心目中狼的形象	个人竞赛
活动2：读一读	朗读：①个人读，正音；②齐读两遍，熟练；③小组赛读	小组竞赛
活动3：测一测	字词预习检测	小组竞赛
活动4：议一议	故事情节（遇狼—惧狼—御狼—杀狼）、文章寓意	小组讨论、师生答疑
活动5：背一背	小结背诵全文	看图背诵

通过环环相扣的系列活动，让学生主动参与到教学活动中，学生在简单有趣的"对话"环节里，不断地体验和思考、感悟，逐渐掌握学习方法和文章内涵，收获学习的快乐，感受文章中的真实情感，让整个课堂都变得生动有趣。并在生生对话过程中互相启发，在师生对话里触发更多的感悟，在生本对话里将个性内化，减少学生的依赖心理，提升课堂效率。总而言之，阅读从本质上来看就是一种有意义的创造性活动，只有调动起学生的兴趣与情感，才能让他们和文言文之间的距离更加贴近，让学生在活动中感悟文情，积累知识，探索成长，这种文言文教学环节设计应成为广大教师的共识与追求。

---

[1] 张秋玲. 新版课程标准解析与教学指导（初中语文）[M]. 北京：北京师范大学出版社，2012.

（三）"以'文''言'并举为基点处理文本载体"的教学内容取舍策略

教材里的文言文作为学生课堂活动中最主要的载体，每一篇文章都文质兼美、脍炙人口，都是经过历史沉淀流传下来的经典作品。这些作品既然如此优秀，那我们就要学会好好利用，而且语文课程人文性和工具性相统一的性质，以及当下新课标对初中文言文评价都要求教师在设计文言文教学内容时必须将"文"和"言"作为基本点，将两者放在同样重要的地位上。统一文章、语言和文化，将文言文教学内容的内涵体现出来。具体来讲，即在文言文教学里，不仅要重视让学生掌握所有基本古汉语字词句知识，还要注意让学生了解和感受文本中的思想感情，接受古代文化的熏陶。纵观当前的文言文教学，大部分都存在"重'文'轻'言'"或"重'言'轻'文'"这两种倾向，前者"废于清议"，教师过度关注文本中的人文精神和情感价值，对其大量拓展，尽管课堂可能充满趣味和激情，但是学生的语言根基却不够牢靠，收效甚微。后者"死于章句"，教师一字一句地翻译，学生闷头做笔记，整个课堂枯燥沉闷。以上两种情况都是在设计文言文教学内容时，没有将"文"和"言"的关系处理好而导致的，那如何才能让"文""言"两手抓，两手都要硬呢？

我们可以在设计课堂教学时采取以"言"悟"文"的形式，将朗诵化作"文""言"之间结合的桥梁，实现两者的统一。比如，在教学《岳阳楼记》时，第一课时就可以采取以下所示的教学流程。

一、教师范读，初步感知

正字正音：谪读"zhé"……

二、了解背景，铺垫蓄势

1.介绍写作背景。

2.请在文中找出揭示背景的语句。（第1段）

教师引导学生：第一段采用了记叙的表达方式，大家在朗读时要保持<u>平缓沉稳的语调</u>。

三、仿效圣贤，登楼游湖

1.我们一起登临岳阳楼。抬眼望去——

（第2段）

教师引导学生：这是概括写景，视野开阔，气象雄浑。请用<u>大气的口吻</u>朗读此段。

2.假如登楼的是写《天净沙·秋思》的马致远，他看到的景色可能是——

（第3段）

教师点拨学生：此情此景，登楼者是怎样的伤感悲恸。请用<u>低沉伤感的语调</u>读此段。

3.假如登楼的是写《秋词》的刘禹锡，他看到的景色可能是——

（第4段前四句）

4.假如登楼的是写《记承天寺夜游》的苏轼，他看到的景色可能是——

（第4段后四句）

四、琅琅书声赏洞庭

想要更好地了解句子和文本，首先要做到的就是掌握字词，毕竟"词不离句，句不离篇"。如此设计并非是将字词教学、朗读和文本理解三者分割开来，形成三个独立的部分，而是将朗诵作为串起整个学习过程的学习方法，和字词教学与内容理解融合到一起，在指导学生诵读时，注意节奏、语气的正确性，把握其中的情感。正确的节奏有利于明确句意，正确的语气可以帮助学生更好地把握作者的感情，进而更深层次地了解和学习。在这种独特的诵读设计之下，学生可以轻松地积累和理解其中优美的词句，提升阅读文言文的语感和能力，并在理解的整个过程中潜移默化地接受思想熏陶，提升其自身文化素养。

除此之外，还可以设计为理"言"品"文"的形式，借助多种多样的活动来统一"言""文"。例如，在教学《愚公移山》时，可以采取这样的教学设计。

（1）课前布置预习作业，要求学生借助工具书和课文的注释自主学习课文，针对"愚公真愚"和"愚公不愚"这两个相反的观点来准备自由辩论。

（2）课堂辩论环节中，对每位辩手做出要求，其发言要满足理"言"品"文"的格式要求，即观点是什么，并在文中找出能够支持观点的词句，解释句意，进行分析。

如此设计，学生既可以在辩论环节中掌握课文中的文言文基础知识，也可以兼顾分析其中的人物形象，不仅可以加深其对于文本思想内容的理解，更能促进其多方面能力的有效提高。

（四）以"新颖独特、实用高效为追求"的教学思路创新策略

"教无定法，贵在得法。"教师创新课堂教学设计体现了教师自身的教学智慧与教学素养。在设计文言文教学时要根据学生的实际情况，尽可能地采取独特的角度、清晰的思路以及实用新颖的创意。借助教学资源来完成教材的优化，以更加巧妙的设计思路来增加学生的"活动"，引导其深入到课文文本中。将文言文阅读教学思路进行创新时，教师要站在多层面和多角度上进行体味和思考，并遵循以下几个原则：①坚持将新课标中的认真钻研教材，正确地把握和理解教材，创造性地使用教材等作为最基本的指导思想；②要保证清晰的教学思路，尽可能创新出新颖的课题，提问时要抓重点，品读时要细腻，并保证学生充分融入课堂；③将积累、诵读、感悟、品析等文言文课堂中的教学要素充分体现出来，尽可能地简化、美化和优化文本。在这个基础上，教师在进行文言文阅读教学设计时便会有多种多样的角度和内容创新思路，如"主问题"导学角度、"旁逸斜出"连读角度、"板块式"角度、"选点式"角度和"课中微型话题"角度等。

要确定哪个角度，就需要教师灵活地根据学情和自身教学风格而定，制订出创新设计的方案，下文将以"'主问题'导学角度"和"'旁逸斜出'连读角度"的创新设计策略为例进行简略的介绍说明。

首先来讲"'主问题'导学角度"。提问是每一节文言文教学课堂里不可缺少的环节，但以往都是"碎问碎答"，耗时长效率低，更会限制学生发挥创造性思维。想要避免这种状况，比较有效的策略就是设计出"主问题"，借此组织高效的课堂活动。什么才是"主问题"？我们可以借助下面这个例子来理解。

当《邹忌讽齐王纳谏》的教学进入到课文理解的环节时，教师提出问题，"请同学们在细读文章之后，将文中的'三'作为话题，互相交流自身的阅读感受"。

通过这个问题，学生就会主动地从头到尾地阅读课文，并在思考之后表达自身的看法。这种可以引导学生将注意力放在整个教学内容中的"问题""提问"或者是"话题"便是"主问题"，而这种利用关键问题来促使学生阅读整篇文章的设计思路便是"主问题"的设计思路。例如，在学习蒲松龄的《狼》一文时，教师可以直接设计一个问题，"请思考'狼亦黠矣'这个结尾句，来谈一谈你对《狼》整个故事的理解"。这种"实、精、少"的提问可以轻松引导学生深入阅读和理解整篇文章。这是对过去教学里的"碎问碎答"的一个创

新，体现出了"妙在这一问"的新颖创意。①

所有的"主问题"都可以体现出一问代替多问的教学效果，既可以避免如今文言文教学里经常出现的一讲到底和肢解课文等现象，还可以出现让人眼前一亮的课例，让人看过之后不禁拍案叫绝。

除此之外，"'旁逸斜出'连读角度"这一创新设计策略还可以帮助教师充分发挥自身的创意。所谓旁逸斜出，指的并不是课堂生成，而是指教师创造性地采取"一文为主，多文联读"方式对教材进行处理。即"一次多篇""课文连读"式的教学。在设计文言文教学时，旁逸斜出的连读拓展策略往往用在设计精短课文上，借助"增容"让这些课文在映衬与烘托里凸显精美之处。还有便是从感情和趣味上活跃课堂的教学气氛，让学生更深入地品味作品意境和其中的主旨。比如，在设计《答谢中书书》教学时就可以采取旁逸斜出的策略，将其和《五柳先生传》《与朱元思书》连读拓展。通过连读，学生会对"书"这一体裁作品的特点产生更加深刻、清晰的印象，也会更加了解作者陶弘景，从而把握好整篇文章的思想感情。

经典篇目的文言文阅读教学要常教常新，所以为了避免文言文教学模式僵化、教学方法单一等现象，归根结底要做的就是提升自身的创新意识，将新课标要求作为指导思想，将实用高效和独特新颖作为追求，在设计课堂教学时增加对创新策略的运用。

总而言之，教师、学生和文本三者之间的交流构成了语文课堂教学，因为学生通常把文言文课堂作为学习文言文的主场，所以想要提高文言文教学质量，需要从文言文课堂教学上进行突破。因此，上文提到的"初中文言文阅读教学课堂设计策略"和其他策略相比，拥有其独特的意义与重要性。笔者作为初中的一线教师，为了开展"初中文言文教学策略"的课题研究，对理论研究十分重视，并注重以教学实践来检验研究成果，并不断深化和完善之后的研究。多年来，在实际执教过程中，笔者能根据学情、自身教学风格和不同的课文灵活采取上述诸多文言文教学设计创新策略，并取得了一定的教学成果。

三、初中文言文综合性学习课外活动开展策略

语文学习的外延与生活是等同的。新课标对"综合性活动"极为重视，不仅在"学段目标与内容"部分中对每个学段都专门列出了明确的"综合性学习"内容要点，在"评价建议"部分中，也针对"综合性活动"做了许多明确的指

---

① 余映潮．美妙的"主问题"[J]．中学语文教学，2014（7）：1．

导,并且在语文教材编写体系上新课标也展现出了对"综合性活动"的重视,当翻开人教版初中语文教材时,可以看到每个单元都有"阅读""综合性学习"两个部分,在文言文单元里也不例外。综合性学习在初中文言文单元主要体现为将现代文知识和文言文进行综合运用,将实践活动和课堂学习紧密地结合在一起,加强其与其他学科之间的交流。通过活动的方式呈现给学生,培养其合作精神、探究能力以及自主学习能力,让学生在自主实践学习中不断提升文言文素养和能力。所以,如何才能在文言文课堂教学之外组织学生进行有目的、有计划的文言文综合性课外活动呢?从新课标在第四学段里的"综合性学习"目标、内容和"评价建议"出发,笔者认为有以下几个策略可以运用到初中文言文综合性课外活动中。

(一)合理拓展,找准落脚点,开展针对性专题探究

此处的"专题探究"主要指鼓励学生在课外自主利用网络信息技术或者图书馆书籍等资源,开展关于文言文学习内容的综合性学习互动。在人教版的6册初中语文教材中一共有15个"综合性学习"的专题,其中和文言文教学相关的、可以设计成以文言文内容为主的分别包括"漫游语文世界""古诗苑漫步"和"话说千古风流人物"等,并且可以根据教学内容与学情自行设计专题。例如,设计"感受思乡之情"来探究七年级的文言文课文,结合文言山水游记课文设计一场"古人笔下的山川名楼"专题,或者根据九年级复习需求设计"分门别类辑古文"专题。

现以"分门别类辑古文"专题为例来说一说此策略的具体操作和作用。教师首先要让学生了解其自主探究专题的范围,也就是探究任务,如根据古文里的"名胜"作为专题归类点,之后为学生指引出探究路径,如要求学生从"楼阁""山川"等方面搜集资料,进行探究;最后展示专题探究成果,这里通常会采取小组之间交流评比的方式,如让学生组成小组,一同绘制以"山水楼台"为主题的文言文手抄报,或者让学生轮流朗诵或背诵跟山水楼台相关的课内外古文、名句,以及借助互联网搜索制作出视听结合、图文并茂的名胜专题PPT等。或者确定"古文中的'荷'"专题,在明确了自主探究任务之后,让同学自由结成小组,根据各小组意愿承担不同的主题任务,其中"读荷"小组负责搜索与"荷"相关的经典古文以及朗诵语音,"赏荷"小组则负责收集"荷"的相关图片和视频资料,"评荷"小组负责搜索与"荷"相关的课内外文言文篇目。各小组分工合作,一同搜集相关资料,并在教师的组织下讨论交流,将各自的探究成果借助网络技术制作成网页或者幻灯片等,轮流进行成果展示、

介绍,之后组织全体学生对每个小组的制作成果从制作、内容等方面进行评分,选出多个最佳奖项,为整个专题探究活动画上圆满的句号。

在进行活动时,教师要格外注意一点,那就是无论这项活动涉及了哪项领域和哪门学科,其出发点都是巩固学生的文言文基础知识,促进学生形成和发展基本素养。比如,在"漫游语文世界和大自然"这一综合性学习中,其中一项活动是在野外采集和制作标本,并给标本配上一首诗,这个活动看起来是和生物知识相关的标本采集、制作内容,但是采集标本这项活动对学生来说并不是重点,真正的重点在于给标本配诗,让学生在活动中积累、理解诗词,并合理运用诗词。倘若学生在菊花标本上配了"采菊东篱下"的诗句,还题上了"菊,花之隐逸者也"等相关诗句,则点明了活动的过程与主题,这才是活动在预期中要达到的效果。

(二)搭建舞台,组织丰富的竞赛活动

正如张战备所讲的,教师可以借助网络资源、电视、广播、电影等,搜集和整理各种相关的音频、图片和视频资源,服务于教学活动。这些内容对于激发学生的学习兴趣的效果毋庸置疑,它们可以拓展学生的视野,促进其通过形象的内容来更好地记忆、理解以及掌握文言文。①

新课标对教师开发利用资源做出了一系列要求,目的是让初中文言文的教学氛围在更大范围内发生改变,尽可能减少学生进行机械作业的方式,如背书等,让文言文教学成为学生的生活舞台。通过创新,开展更多内容丰富的综合实践社团竞赛活动,让学生拥有一个展现才能的平台,并使学生享受到更加丰富的校园生活,以此来激发文言文教学的生命力。近年来,央视科教频道也带来了许多寓教于乐的益智节目,如《中国成语大会》《中国听写大会》以及《中国诗词大会》等,都受到了观众的欢迎。文言文课外活动也应该以此为参考对象,借鉴其积分规则和比赛机制,组织一系列文言文知识比拼和赏析的活动,让学生在参与活动的同时,巩固文言文知识,感受到文言文的魅力,吸收古人的经验和指挥。以下以"古文苑漫步"竞赛过程为例,谈谈该策略具体实施内容。

环节一:热身活动。为学生播放《中国诗词大会》的片段,引起学生的注意力,激发其参与兴趣,让学生大概了解此类比赛的机制以及积分规则,之后再鼓励学生一同为活动出谋划策,让学生参与到规划和完善活动步骤当中。以《中国诗词大会》为参考对象,将竞赛分成擂主争霸赛和单人追逐赛两个部分。

---

① 张战备.新课标背景下高中文言文教学策略研究[D].石家庄:河北师范大学,2007.

环节二：制作赛题。赛题可向学生公开征集，再由教师把控，师生之间共同决定竞赛题目，竞赛形式也要多样化。例如，比拼才艺形式的赛题，可以设置需要根据课文来作画的"别出心裁画古文"，还有"声情并茂诵古文"的文言文朗诵比赛，或者是"开动脑筋猜古诗"的赛题，让学生从"丢脸"这一谜题中猜出"人面不知何处去"这一谜底，以及和文言文相关的歌唱比赛"引吭高歌唱古诗"等。

环节三：单人追逐赛。在此赛制中，需要三位选手和各小组团队竞争回答赛题，回答正确率最高、速度最快的人将成为赛段优胜者，即攻擂者。学生在此活动中可以尽可能地展现出自身积累的丰富的文言文知识。

环节四：擂主争霸赛。攻擂者需要在此环节和擂主相互比拼，来争夺擂主之位。每个小组团体里答题最多、正确率最高的三位选手将成为下场比赛的挑战者，每个小组的成员在此环节都可以把自身的拿手绝活和本领表演给大家。

在整个竞赛过程中，竞赛学生获得了展示自身的机会，锻炼了多项能力，发展了新特长，在观赛时也能积累更多的古文知识，文言文综合素养得以有效提升。总而言之，正确地借鉴电视节目来设计和组织综合性课外活动，可以产生非常可观的影响。学生在这样的活动中不仅可以加深对文言文课文的印象，产生更加深刻的理解，也会培养与提高其他学科的综合知识和能力，学生会对文言文产生兴趣，并更加主动地扩大自身阅读面，从而形成一种自主合作探究的良好学习氛围。

和课堂教学相比，文言文课外综合性活动的组织和设计都会有更大的难度，然而其带来的效果却远远超过了课堂教学。因此，虽然组织该类活动耗时耗力，但是语文老师们也要不畏艰难，要借助策略和技巧来开展内容丰富、有声有色的文言文综合性活动，充分调动学生的积极性，以获得更好的教学效果。

四、初中文言文教学内容的达标策略

教学评价贯穿在文言文的整个教学活动中。根据新课标对"评价建议"做出的定义可以确定一件事，即考试评价对于初中文言文学习具有导向和诊断的作用，因此其对文言文的整个学习过程有着重大影响。现如今要做到的就是处理好文言文教学和考试评价制度之间的矛盾，避免出现教师的教学目标过于功利等一系列问题。想要保证文言文教学内容的考评达标，需要教师在教学过程中注重文言的"双基"，即基础知识和基础技能；而想要保证"双基"达标，笔者探索出了一些有效策略，具体如下。

（一）初中文言文基础知识积累策略

策略一："琅琅吟诵"，日积月累

在文言文教学中，地位最为重要的当属朗诵，通过朗诵，学生将视觉上的书面语言转变为听觉中的有声语言，做到眼到、口到、心到，把学习内容吸收进自身的知识系统。所以大量的吟诵朗读仍旧是如今学习文言文时最基本的知识积累策略。在文言文教学中要格外重视读书和诵书环节，以多样化的诵读方式引起学生的学习兴趣，让学生学会欣赏文言文里的人文美、意境美和古典美。例如，在教学《湖心亭看雪》一文时，倘若运用朗读背诵的策略，那学生就可以通过个人朗读、齐声朗读、配乐朗读等方式，学习到其写景、记事、抒情相互交融的表达方式，感受到优美语言带来的至高艺术境界，轻松掌握课文层次，体会作者的心情、文中的意境，受到其中的文化熏陶。而且在日积月累的诵读当中，学生既可以流利地掌握并背诵整篇课文，还可以在作文里直接运用或仿写文言文中的好句子。

策略二："字词"卡片，分类归纳

文言文中的字词知识看起来十分繁杂，因此，教师可以教授学生"分类归纳"的方法，让他们自己动手制作"字词"知识点卡片，系统化地梳理、归纳所学知识点，将相同的知识点联系起来，让文言知识变得更加条理化。其中最常用的分类方式是固定的"八类"，包括实词一词多义、通假字、古今异义词、特殊句式、虚词一词多义、活用词、成语、名句。当学生完成一个单元或一篇文章的学习之后，每次都要坚持按照这"八类"进行知识点归纳整理。比如，在初中阶段，学生需要掌握10个虚词，其中一个是"之"，教师可以要求学生在课后按照单元整理出一个表格，如《核舟记》一课里的"之"可以归纳整理成下面样式的卡片（表4-6）。

表4-6 《核舟记》的分类归纳

课文	文言虚词		例句与释义
《核舟记》	之	代词	箬篷覆之（它，代船舱） 石青糁之（它，代对联的字） 左臂挂念珠倚之（它，代左膝） 盖简桃核修狭者为之（它，代核舟）
		助词	能以径寸之木（的）

同时，可以根据课文来进行系统化的整合，并以表格形式展现出来（表4-7）。

表4-7 文言文中"之"字的分类归纳

文言虚词		常见义项	例句	出处（课文）
之	代词	1.它、他（她） 它们、他（她）们 2.这、这种、这件事	公与之乘（他，代曹刿） 使之冲烟而飞鸣（它们，代蚊子） 余闻之也久（这件事，代仲永的事）	《曹刿论战》 《童趣》 《伤仲永》
	助词	1.的 2.结构助词，不译 3.宾语前置的标志，不译 4.定语后置的标志，不译 5.音节助词，无义，不译	醉翁之意不在酒 无案牍之劳形 何陋之有 居庙堂之高则忧其民 久之，目似瞑	《醉翁亭记》 《陋室铭》 《陋室铭》 《岳阳楼记》 《狼》
	动词	往、到	辍耕之垄上	《陈涉世家》

除此之外，教师还可以根据学情设计个性化的作业，引导学生积极参与，让学生在根据教师展示的参考例子做作业的同时，记下制表过程中产生的体会和心得，学会举一反三，养成积累的良好习惯。这一策略在文言文教学中的效果良好。以下以"文言实词"的"古今异义"整理提示设计为例略作说明。

设计示例：

1.以下表格（表4-8）中列出了一些古文中常出现的"古今异义"词，请你根据要求将表格填写完整。

表4-8 古今异义词列举

例句（出处）	实词	古义	今义
能张目对日，明察秋毫（《童趣》）	秋毫	鸟兽在秋天新长的羽毛	比喻细微的事物
惟危楼一座，直接霄汉（《山市》）	危	高	危险
未尝识书具（《伤仲永》）	尝	曾经	尝试
太丘舍去（《陈太丘与友期》）	去	离开	从……到……

2.请以上表为参考，制作本册第五单元课文中"古今异义"实词的表格。

总而言之，在文言文教学时要注意引导学生从课文中的例子出发，自主归纳出一些用法和一般的义项，借此形成系统化的认识，并在语境里夯实文言文字词。教师还要让学生掌握"词不离句"的方法,根据一些要求和方式来自己动手制作相关的知识点卡片,整理文言知识,将字词放到句子中后再进行记忆和理解,避免出现死记硬背的情况。例如,"之"字可以用在疑问句里作为宾语前置的标志,学生如果在学习《墨子·公输》时掌握了"宋何罪之有"这句话,等到高中学习"夫晋,何厌之有"时就可以融会贯通,更好地掌握句意。教师在初中阶段刚开始时就重视培养学生养成通过作业、卡片等形式自主整理文言知识点的良好习惯,那学生对基础文言知识的了解和掌握就会更加透彻和牢固,之后的文言文学习也会变得更加轻松。

策略三:趁热打铁,"活动"过关

课后,根据艾宾浩斯遗忘曲线,教师应该"趁热打铁",及时帮助学生巩固知识。根据计划,利用课前或课中的五分钟时间,来展开一个涉及三到五个知识点的小测验或者小组抢答竞赛等活动,以此来强化学生的记忆,巩固其所学知识,并根据测验或竞赛得到的反馈,及时查漏补缺,抓好双基。活动项目包括文言文实词、常见虚词、文学知识、文言句式等。而想要得到良好的成效,就必须保证活动的持续性,但频繁进行相同的活动难免会导致学生产生麻木感或者厌烦心理,因此,教师要注意活动的新颖性,增加多样化的活动形式。比如,组织"口试"活动,在完成一个文言课文学习之后,将课文里的注释作为考查点,制作一个包括释义、字词读音、句子翻译等内容的"口试"试卷,每张试卷仅涵盖一个小知识点,让学生随机抽取其中的一张试卷,在课堂上"通关",过关者给予小奖励,不过关者则惩罚表演和文言文相关的节目,或者采取"百词测验"抢答比赛,学生通过比赛主动梳理自身学过的文言文,把许多可能存在混淆和比较重要的字词整理到一起,做好比赛准备,并在这个过程里增加自身字词的积累量。通过这些趣味横生的活动,既可以让学生学习的方式方法变得更加有趣,又可以活跃课堂氛围,还能借助活动让学生"温故知新",强化自身积累,可谓是一举三得。不过在开展活动的过程中要注意维持学生认知的内驱力。相关研究表明,学生在取得好的分数之后会提升对学习的直接兴趣,达到事半功倍的效果。所以教师要注意采取一定的监督引导措施,在活动结束之后,及时向学生反馈分数,借助科学手段来跟踪其进退情况,对个别落队学生进行适当的知识补缺和心理辅导。大部分学生都会在活动实践里取得不错的成绩,并顺理成章地产生对学习的兴趣,从而提升自身的学习效率,并取得良好的成绩。

（二）初中文言文基本能力达标策略

在初中语文试卷中，最重要的测试板块就是文言文阅读，它是集中体现初中生文言文基本能力的途径之一。对全国各地这些年来中考语文试题里和文言文阅读相关的部分进行研究之后发现，考点大致相同的地方为题型类别，主要有句子翻译、词语解释、阅读感悟和内容理解等几个模块；不同点则是一些文言文阅读材料分课内和课外。而新课标中的评价建议部分在评价初中生文言文的基本能力时，以学生是否可以借助工具书和注释来理解诗文大意作为重点考查内容，检验其是否可以自主阅读浅易文言文以及古代诗词。接下来本文以新课标为指导思想，以广州市中考命题的趋势和特点为例子，提出以下几条策略。

策略一：明确目标，立足教材

学生的文言文阅读能力反映了其对于文言知识的掌握程度，所以设计试题时通常从横纵两个方向出发，即字词句篇和文章的内容以及继承与批判，试题中涉及的内容通常十分丰富，在"面"上足够广，在"度"上也足够深，但又没有跳出"浅易文言文"的范畴。通过整理研究这几年广州市的文言文阅读考题，可总结出一些规律：①广州市的文言文阅读考试中往往包含了词语理解、文言翻译和文意理解三个考点，考点较为稳定，且篇目以八、九年级为主。②考试的分值和题型较为固定，通常采用选择题形式考查学生对文言词句的理解和文意的理解，采用主观题形式考查学生的文言文翻译。考试范围往往覆盖初中的较多篇目，所以在教学和备考过程中，教师要以课本为主，并注重两方面：一是要注意带领学生熟背初中较多篇目里需要背诵的名句名篇，通过"文"来促进"言"，让学生理解和运用，并加以迁移归纳。二是懂得合理的侧重和取舍教学内容，根据文言文考试范围来进行重难点教学，总结考试规律和考试要点。比如，句子翻译要将课本作为主阵地，将重点句子精选出来，进行专门的翻译训练，根据文言句式的用语习惯和特点采取"删""留""补""换""调"等方式进行翻译；在翻译文章时要达到完整、顺畅、准确的标准；坚持"直译为主，意译为辅"的原则，落实每一个字词的含义，在此基础上兼顾全句的意译等。

策略二：比较整合，"吃透"课文

"文意理解"在新课标中的达标要求是学生可以自主归纳文章内容，对作者的态度观点进行分析，评价文言文中蕴含的思想内容以及使用的表达技巧。所以应对这一要求，教学实践应采取的策略为：引导学生更加细致地阅读文言文经典篇目，为学生提供更多的整合示例，让学生在比较和整合的过程中把握文言文内容，做到"吃透"课文。具体有以下两种方法：

（1）文体整合。每种文体的文言文特点都有所不同，将所有文言文根据文体进行分类整理，有助于学生掌握文章内容。例如，在教学《出师表》时，其内容以诸葛亮在即将出师之际向后主刘禅进谏，表达自身对先帝知遇之恩的感激。全篇内容以叙事为主，结合了叙事、议论和抒情，情感真实，道理深刻，十分感人，将"表"的特色展现得淋漓尽致。在实际教学当中，教师可以根据学情来组织学生归纳整理文言文文体，如可以像表4-9一样整理"说"这类文体的文言文篇目。

表4-9　"说"这类文体的文言文篇目

篇目	作者	朝代及文体类型	中心句	主要内容	思想感情
《爱莲说》	周敦颐	北宋（散文）	出淤泥而不染，濯清涟而不妖。莲，花之君子者也	以莲花自喻，描绘莲花的美好形象	采用托物言志的写法，表达了作者不慕名利，洁身自好，不与世俗同流合污的高尚情操，同时表达了作者对追名逐利，趋炎附势的鄙弃
《马说》	韩愈	唐代（议论文）	其真无马邪？其真不知马也	通过描述千里马的遭遇说明伯乐不常有的社会现实	表达了作者怀才不遇、壮志难酬的愤懑之情

（2）内容整合。将两篇及以上在形式或内容上关联的文章放在一起进行对照和分析，加深学生对课文的理解，提升其深入分析的能力以及迁移能力。该类整合的总体原则为"同中求异，异中求同"。初中教材中的文言文根据主题主要可以划分为以下几类。

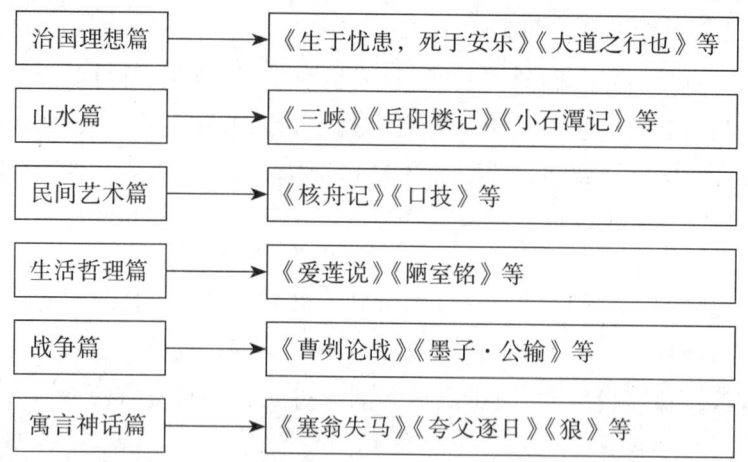

策略三：精讲精练，优化方法。

提升学生的文言文阅读能力时，无论是从文言文的字词出发，还是落实到文章的思想内容上，都要在制定达标策略时注意以下两点：其一为落实学生自主学习，教师要通过教学或课后活动等形式来引导学生将通读教材，并在此基础上主动积极地自己动手整理知识，而非单纯被动地学习和摘抄教案、教材上现有的资料，避免出现借助"古文今译"等现成的翻译来代替自身的理解。学生只有亲自借助工具书和注释理解了文章的大意，落实了自主学习的方式，其文言文阅读能力才能得到有效提高。其二是强调学生的自我感受。阅读评价要将考查的重点放在学生在阅读中的感受、收获、体验、自身的理解以及价值取向等方面，从多个角度进行评价。① 文言文不可仅从字面上进行理解，还需要个性化的体验。因此，教师在教学时要注意精讲精练，授人以渔，让学生掌握多元化的答题技巧和答题思路，提升其辨析能力和自主读题能力，使用此策略主要有以下几个步骤：

（1）在日常考试、测验中采用中考题型进行训练。

（2）注意查漏补缺，关注错题。让学生明确题目做错的原因，是一时马虎，还是知识掌握得不牢固，在明确问题之后及时补漏补缺。

（3）研究中考试卷的出题规律，帮助学生总结答题方法和规律，针对性训练学生的答题能力。比如，在面对"启示类"题目时，学生要学会根据文章中的主要内容和情节以及上下句的含义，了解作者的立场和感情思想，抓住各种具有评价性的语句，从多个角度总结做题思路以及技巧。

---

① 义务教育语文课程标准（2011年版）[M].北京：北京师范大学出版社，2012.

第五章 基于训诂学的中学文言文教学

第一节 训诂学简述

一、训诂的含义

《说文解字·言部》中称:"训,说教也。诂,训故言也。"段玉裁《说文解字注》:"说教者,说释而教之,必顺其理。训故言者,说释故言以教人,是之谓诂。"从段玉裁对"训"和"诂"的注释可以看出"训"与"诂"为一组同义词,大体上都有"解释"之意,但在具体意义上略微不同,其中"训"为一般性的解释,而"诂"则侧重于古言的解释。

"训诂"两字连用最早出现在秦汉时期鲁国毛亨的著作中,毛亨在为《诗经》做注解时,其书名为《毛诗故训传》,"故"同"诂",所以该书又被称为《毛诗诂训传》。唐代著名学者孔颖达在《毛诗正义》中说:"诂者,古也,古今异言,通之使人知也;训者,道也,道物之貌以告人也。"清代学者马瑞辰在《毛诗诂训传名义考》中对"训诂传"的具体内容做了进一步阐述。他说:"毛公传诗多古文,其释诗实兼诂、训、传之体,故名其书为《诂训传》。尝即《关雎》一诗言之,如'窈窕,幽闲也;淑,善;逑,匹也'之类,诂之体也;'关关,和声也'之类,训之体也;若'夫妇有别则父子亲,父子亲则君臣敬,君臣敬则朝廷正,朝廷正则王化成',则传之体也。"孔颖达和马瑞辰对"诂""训"的解释都提到了二者之间的内涵差异。联系与《毛诗诂训传》有密切关系的《尔雅》前三篇的《释诂》《释言》《释训》的命名可以进一步了解"诂"和"训"具体的内涵差异。清代训诂家郝懿行在《尔雅义疏》中分别对《释诂》《释言》《释训》三篇的内容做了概括性解释。他说:"《释诂》皆举古言,释以今语;《释言》约取常行之字,而以异义释之;《释训》多形容写貌之词，故重文、叠字累载于篇。"清代著名的文字学家朱骏声在《说文通训定声》一书中明确指出:"《尔雅·释诂》者，释古言也;《释言》者，释方言也;《释训》者，释双声、叠韵、连语单辞，重辞与发声助语之辞也。"

把孔颖达、马瑞辰对《毛诗诂训传》中的"诂"和"训"的解释和郝懿行、朱骏声对《尔雅》的《释诂》《释训》的解说联系起来，可以清楚地看出"诂"和"训"散文则通，对文则别，即"训"和"诂"在泛指时不存在区别，都为"解释"之意。而在特指时，两者的意义就有一定的差别，其中"诂"的范围较小，仅是对于方言和古语的解释；而"训"则为一般性解释，和"诂"相比具有更加广泛的解释内容，涵盖了字、词、句、篇章的解释，如《尔雅·释训》所"训"既有叠音词、联绵词，又有诗句；又如对"是刘是濩"(《诗经·周南·葛覃》),"张仲孝友"(《诗经·小雅·六月》),"有客宿宿，有客信信"(《诗经·周颂·有客》)等的解释，《尔雅·释训》甚至引用了《诗经·卫风·淇奥》几乎全篇的内容。

作为传统小学中的专用术语，"训诂"一词在一开始被人们称为"诂训"。孔颖达在《毛诗正义》中给"诂训"下了一个定义，"训诂者，通古今异辞，辨物之形貌。"孔颖达所定义的"诂训"（又叫"训诂"）就成为传统小学专用名词。

不过"训诂"虽然是传统小学专用术语，然而每个时代对古书注释的范围与侧重之处各有不同，因而在每个历史阶段中"训诂"的含义也有所不同。在研究唐代古书的注解特点之后，孔颖达将"训诂"定义为综合概括"训"和"诂"里的特指意义，从而阐明其含义。训诂自唐代到清代都为此意。而到了近代，时代的发展和进步使得古书的注释范围与侧重点出现了变化，训诂的含义也有所改变。近代语言文字学家黄侃站在语义系统性的角度将"训诂"定义为:"训诂者，用语言解释语言之谓。"① 训诂大家陆宗达则从古书注释的特点出发，将"训诂"定义为:"以扫除古代文献中语言文字障碍为实用目的的一种工具性的专门工作叫训诂。"②

陆宗达所提出的训诂的定义，既将当代训诂的性质和目的进行了阐述，又将训诂是学术研究的本质特征揭示了出来，与训诂的历史事实相符合。

---

① 白兆麟.校勘训诂论丛[M].合肥：安徽大学出版社，2001.
② 陆宗达.训诂简论[M].北京：北京出版社，1980.

二、训诂的产生和发展

（一）训诂的产生

1. 训诂产生的原因

近代学者刘师培在其《周代训诂学释例》中详细论述了关于训诂如何产生的问题，他认为："三代以前，以字音表字义，无俟训诂，然后语言变迁，略有数端，有随时而殊者，如《尔雅》：'夏曰岁，商曰祀，周曰年，唐虞曰载'、《孟子》：'夏曰校，商曰序，周曰庠'是也。同一事物而代之称各殊，则生于后世必有不能识古义者，欲通其言，必须以今语释古语。同一名义四方之称各殊，则生于此地必有不能识彼地之言者，欲通其言，必须以雅言证方言。且语言既与文字分离，凡通俗之文必与文言之文有别，则书籍所用之文，又必以通俗之文解之，综斯之故，而训诂之学兴。"

我们可以在刘师培的此段论述中看出，训诂的产生主要有三个方面的原因：①时间上的原因。古今字出现些许变化，每个时代的字义不同使得古今异义词产生了。②空间上的原因。南北语言有所差异，不同的地区存在方言和雅言的差异。③书籍上通俗文章和文言文章之间的差异。在古代文献中，最主要的语言文学障碍就是文言文、方言、通俗文和古语之间的差异，而为了扫除这些障碍，以便于后人阅读理解古书，训诂学应运而生。

2. 训诂产生的时代

训诂大约产生于东周时期，据《国语·周语》记载，周灵王二十五年，即公元前547年，晋国大夫叔向到周聘问，叔向在周聘问期间，曾经和单中公讨论《诗经·周颂·昊天有成命》这首诗，叔向告单子之老说："《昊天有成命》颂之盛德也。其诗曰：'昊天有成命，二后受之。成王不敢康，夙夜基命宥密。於，缉熙，亶厥心。肆其靖之。'是道成王之德也。成王能明文昭，能定武烈者也。夫道成命者而称昊天，翼其上也，二后受之让于德也。成王不敢康，敬百姓也。夙夜，恭也；基，始也；命，信也；宥，宽也；密，宁也；缉，明也；熙，广也；亶，厚也；肆，固也；靖，和也。其始也，翼上德让，而敬百姓；其中也，恭俭信宽。帅归于宁；其终也，广厚其心，以固和之。始于德让，中于信宽，终于固和，故曰成。"

叔向对《诗经·周颂·昊天有成命》全诗进行了讲解，并对后面的四个诗句逐字解释，这是训诂学中最早的随文释义。

（二）训诂的发展

释义的训诂自春秋末年产生起，至今已有两千多年的历史，训诂在漫长历史中随着时代变迁而不断发展变化，其发展根据每个时代的学术氛围以及其自身的风格和成果可分为萌芽时期、发展时期以及成熟和跨越时期。

1. 训诂的萌芽时期

训诂的萌芽时期为春秋战国至秦。春秋战国时期，社会变革愈演愈烈，思想碰撞格外激烈，是一个思想文化十分活跃的时代，儒家、道家、法家等诸子百家著书立说，明言章理，形成了百花齐放、百家争鸣的学术氛围。而这种崇尚开放的思想文化、鼓励学术交流、支持深入研究学术的社会环境为训诂的发展创造了有利条件。在广泛的学术交流讨论之下，不仅出现了随文释义的注疏，还出现了文献正文中的随文释义。举例如下：

（1）《周易·说卦》："乾，健也；坤，顺也；震，动也；巽，入也；坎，陷也；离，丽也；艮，止也；兑，说也。"

（2）《左传·庄公二十九年》："凡师，有钟鼓曰伐，无曰侵，轻曰袭。"

（3）《左传·庄公三年》："凡师一宿曰舍，再宿曰信，过信曰次。"

（4）《公羊传·隐公元年》："及者何？与也，会及暨，皆与也。"

（5）《论语·季氏》："孔子曰：'侍于君子有三愆：言未及之而言，谓之躁；言及之而不言，谓之隐，未见颜色而言，谓之瞽。'"

（6）《孟子·滕文公上》："分人以财谓之惠。教人以善谓之忠。为天下得人者谓之仁。"

此时期的训诂，不管是文献正文随文释义，还是随文释义注疏，都仅仅是肤浅而分散的零星训诂材料，这些材料往往是随着文人解经的需求或满足学者辩论立说的需要而出现的，并不是有意识的自觉训诂。可见在当时，训诂尚未成为文人学者的共识，社会中也未形成学术研究氛围。

2. 训诂的发展时期

训诂的发展时期为汉代至明代。此时期根据训诂的特点、成果和当时的学术气氛，又可再细分为以下三个阶段。

（1）训诂的兴起阶段。

训诂的兴起阶段为汉代至魏晋南北朝，从严格意义上讲，训诂始于汉代。随着时间的推移，时代的变迁，文字开始变化，词义之间的引申以及不同方言间存在的差异，导致汉代人已经难以完全读懂先秦的典籍，为了减少阅读先秦典籍的障碍，一些精通语言文字且研究过先秦古籍的汉代学者主动承担起了训诂的工作,这些人包括毛亨、孔安国、扬雄、高诱、王逸、郑玄、刘熙、许慎等人,其中鲁国人毛亨在秦汉时期首先开始为《诗经》注释,他是第一个研究训诂的人。这些学者借助当时较为易懂的今语来注释先秦古籍里难懂的古语,用公认的雅言来解释各地的方言,并在注释过程中整理归纳了这些随文释义注疏的材料,汇编到一起,形成了通释语义的训诂专书。

①汉代随文释义的注疏流传至今的,如下所示:

毛亨《毛诗故训传》(通称《毛诗诂训传》)

孔安国《尚书传》

郑玄《毛诗笺》《周易注》《周礼注》《仪礼注》《礼记注》《论语注》

何休《公羊传注》

高诱《战国策注》《淮南子注》《吕氏春秋注》

赵岐《孟子章句》

王逸《楚辞章句》

②通释语义的训诂专书,如下所示:

《尔雅》(未载作者)

扬雄《方言》

许慎《说文解字》

刘熙《释名》

随文释义的训诂在魏晋南北朝时期进一步扩大了范围,学者们不仅注释了儒家经典,还注释了一些史书、子部书与集部书的著作,部分如下所示:

王弼、韩康伯《周易注》

王弼《老子注》

何晏《论语集解》

韦昭《国语注》

杜预《春秋左氏传集解》

郭象《庄子集解》

张湛《列子注》

郭璞《山海经注》《尔雅注》《方言注》

裴骃《史记集解》

裴松之《三国志注》

皇侃《论语义疏》

刘孝标《世说新语注》

郦道元《水经注》

训诂自汉朝到魏晋南北朝期间有以下几个特点：一是学者们已将训诂变为自觉行为，社会上已经形成了浓厚的学术研究氛围；二是随着多位学者的努力，训诂形成了两种体制，分别为通释语义的训诂专书和随文释义的训诂；三是训诂学者在实践当中逐渐确立了一套形音义统一的初步训诂理念，创造了多种训释词义的方式方法，如"声训""以形说义"和"义训"等。

（2）训诂的发展繁荣阶段。

训诂的发展繁荣阶段为唐代至宋代。其中训诂在唐代的发展可谓是继往开来、承前启后。魏晋南北朝时期的随文释义训诂在此时代出现了全新的体式，训诂学家既注释古书正文，也注解前代注家的注文，这就是当时的义疏，《隋书·经籍志》对此曾有记载，群经皆存在"义疏"，但流传到现在的仅剩南朝梁的皇侃的《论语义疏》。作为全新的注释例式，"义疏"最早出现于郑玄的《毛诗笺》。（郑玄在为《诗经》做注释时巧妙地采取了"笺"这个名称，其中特定含义就包括了注解《诗经》的正文和订正补充的《毛传》，但事实上，《毛诗笺》仅是对《毛传》的补充和订正。）"义疏"又并非受限于只对某人注释的再注释，若是古书里存在多人注释，便都对它们进行注释。直到唐代这种注释例式才得以固定，被称为"疏"，又名"正义"。

唐代的训诂将汉代训诂的传统继承了过来，对训释字词、考证史实、名物等十分重视。人们将这种训诂学风称为"朴学"。尽管训诂学家在注释古书时还没有完全脱离经学的桎梏，但为所有古文服务的意识已经出现。唐代学者注释的古书除了儒家经典之外，还包括经、史、子、集四部的重要著作，也有对医学专著、佛教专著的注释。其中较为著名的著作与注家列举如下：

孔颖达《周易正义》《尚书正义》《毛诗正义》《春秋左传正义》《礼记正义》

贾公彦《周礼疏》《仪礼疏》

杨士勋《春秋穀梁传疏》

徐彦《春秋公羊传疏》

司马贞《史记索隐》

张守节《史记正义》

颜师古《汉书注》

李贤《后汉书注》

尹知章《管子注》

杨倞《荀子注》

成玄英《庄子疏》
李善《文选注》
玄应《一切经音义》
慧琳《一切经音义》（一百卷）
王冰《黄帝内经素问注》

在训诂史上，宋代的训诂极具特色。宋代出现了众多著名的理学家，如朱熹、张载、程颐和陆九渊等人，他们对理学极为推崇，将训诂作为其理学工具。在训诂实践里以意义为重而轻考证，以阐明义理为宗旨。因此，其训诂往往具有强烈的主观主义色彩。到了宋代庆历之后，学术风气的改变致使刘敞、欧阳修等人在面对古籍时往往抱有怀疑态度，崇尚"尽信书不如无书"。因此，其训诂学具有创发新义、摆脱旧注的特点，为后代疑古派带来了启发，且影响了以戴震为代表的清代"创新派"的训诂。流传至今的重要宋代训诂注家与著作列举如下：

朱熹《诗集传》《四书集注》《楚辞集注》
邢昺《论语疏》《孝经疏》《尔雅疏》
孙奭《孟子疏》
洪兴祖《楚辞补注》

训诂在唐宋时期具有以下三个特点：一是训诂成为当时学术研究中十分重要的内容。唐代的训诂学家通过总结前代人的经验，形成了关于训诂学术研究价值的共识，"训诂"成为传统小学的专用名词。二是训诂的方法和例式有所创新。在广泛的训诂实践当中，唐代训诂家确立了训诂例式"疏"，而到了宋代，训诂学家则开始重视字的形音义的统一关系，并试图借助形声字声符来探求字义，这为之后清代的训诂学家们研究出通过古音来确定古义的新训诂方法奠定了基础。宋代训诂还有应用彝器与铭文来佐证词义的这一大亮点。三是更新了训诂观念。唐代注家墨守成训、疏不破注的传统观念在宋代出现了转变，宋代训诂学家大胆开创新义，训释文章时不再单纯为释词而释词，而是出现了新的训诂观念，即讲解语法。

（3）训诂的暂时衰落时期。

自元代到明代为训诂的暂时衰落时期。训诂在此历史阶段里由于多种客观原因而出现了暂时的衰落。元朝建国80年后，民族矛盾越发尖锐，社会动荡，文化发展接近停滞，更遑论训诂的发展。明代受到森严理学的限制，再加上这两代的统治者都对文化事业不够重视，所以很少有人在这一历史阶段从事训诂学术研究，此时期的著名训诂学家与训诂著作也屈指可数。较为著名的训诂著作包括胡三省的《资治通鉴释文辨误》和《资治通鉴音注》。

3. 训诂的成熟和跨越时期

训诂的成熟和跨越时期是从清代到近代。训诂在清代逐渐发展成熟，和元明两代相比，清代统治者更加注重建设文化事业。康熙年间，统治者便命令张玉书等人负责编纂《康熙字典》，落实所谓"以昭同文之治……官府吏民亦有所遵守"的原则。到了乾隆年间，永瑢、纪昀等人又在《四库全书》的基础上编纂了《四库全书总目提要》，用于贯彻当时的政治文化宗旨，即"为天地立心，为生民立命，为往圣继绝学，为万世开太平"。语言学研究也因为清代皇帝对汉文化十分重视而获得了发展机遇。传统小学在清代的文化环境下得以全面发展，无论是音韵学、文字学还是新兴的语法学都在这个时代取得了显著的成果，为深入研究训诂学奠定了基础。清代训诂学者将这些研究成果综合运用到训诂实践当中，有效完善了训诂方法，训诂迎来了全新的发展局面。

训诂在清代的发展和之前相比，不管是广度还是深度都出现了极大的进步。广度上，清代的随文释义训诂多如繁星，难以列举。清代学者不仅重新为汉唐曾注释过的一些重要典籍进行了重注，还将《墨子》《韩非子》等前人未涉及的古书进行了注释。清代学者不仅注释了经、史、子、集四部的重要著作，还将许多魏晋之后的文人著作进行了注释。从深度上来看，清代训诂家将汉唐之后的诸多训诂经验进行了归纳总结，并提出了许多求义理论，如"疑于义者，以声考之；疑于音者，以义证之"[①] "训诂之旨，本于声音"[②] 等，借助理论来解决训诂实践中遇到的难题，致力于撰写高质量、高水平的训诂专著，如王引之的《经义述闻》，段玉裁的《说文解字注》等。清代随文释义的训诂著作列举如下：

惠栋《周易述》《后汉书补注》

阎若璩《古文尚书疏证》

孙星衍《尚书今古文义疏》

陈奂《毛诗传疏》

马瑞辰《毛诗传笺通释》

王先谦《诗三家义集疏》《汉书补注》《庄子集解》《荀子集解》

刘宝楠《论语正义》

[①] 戴震.方言疏证[M].上海：上海古籍出版社，2017.

[②] 王念孙.广雅疏证[M].上海：上海古籍出版社，1988.

焦循《孟子正义》
洪亮吉《春秋左氏传疏》
刘文淇《春秋左氏传旧注疏证》
沈钦韩《汉书疏证》
郭庆藩《庄子集释》
王先慎《韩非子集释》
王夫之《楚辞通释》
蒋骥《山带阁楚辞注》
杨守敬《水经注疏》
丁晏《曹集诠评》
吴兆宜《徐孝穆集笺注》《玉台新咏笺注》
陶澍《靖节先生集注》
蒋清翊《王子安集注》
倪璠《庾子山集注》
冯浩《玉溪生诗集笺注》《樊南文集详注》
王琦（注）《李太白全集》
仇兆鳌《杜少陵集详注》
赵殿成《王右丞集笺注》
顾嗣立《昌黎先生诗集注》

训诂在清代有四个特点：其一，清代训诂学家可以根据历史观点对语言的变化和发展进行分析，发现时代之间存在的词义差异，并辨别分析古今词义之间的异同，具有十分明确清晰的语言学思想。其二，清代训诂学将汉唐时期训诂学求实的传统进行了继承和发扬，并注重考证史实、名物以及训释词义，注重立说有据。对"墨守成训而鲜会通"和"望文虚造而违古义"都持反对态度。不会盲目对古注依从，更不会未经考据就妄立新说。其三，清代训诂学家确立了一套理论上的汉字形音义相统一的训诂体系。这一点段玉裁在《广雅疏证序》里明确指出，"小学有形，有音，有义，三者互相求，举一可得其二。有古形，有今形，有古音，有今音，有古义，有今义，六者互相求，举一可得其五。[①]"其四，经过大量的训诂实践，清代训诂学家发现语音与语义之间存在着密切关系，并提出了诸多相关的训诂理论，如"因音求义"和"以音证义"。

[①] 王念孙.广雅疏证[M].上海：上海古籍出版社，1988.

训诂学术的研究在清代处于辉煌时期，而从清代到近代则是其跨越发展时期。许多近代著名的语言学家都借助语言学理论和方法深入考察了清代的训诂以及训诂学家们进行的一系列训诂实践，包括黄侃、刘师培、章炳麟等。

他们在总结前人经验的基础上，对训诂的法则和具体体式进行了阐述，总结出一套科学的、与语言规律相符的训诂理论，让训诂学不再作为经学附庸，从传统小学中独立出来，变成了一门研究方向和范围都十分明确的独立学科。

第二节　训诂学在文言文教学中的运用

训诂学跟文言文之间的关系十分密切。文言文指的是由古代书面语言"文言"所写出的文章，其中既包括先秦时期的文言作品，也包括历代文人借鉴模仿先秦书面语言而写的一些作品。文言文拥有十分严格的词汇、语法系统，跟现代语言相比差异较大，因此现代人在阅读文言文时存在一个明显的障碍，即对"文言"十分生疏①。

因此，在对文言文进行阅读和学习时，第一步就是将其字词句上的障碍扫清，之后才是通篇阅读和理解内容。而自先秦起出现的这种处理古代文献里字词句障碍的工作便是训诂，训诂学则是在训诂之后多加了一个"学"字，使训诂变得更加系统化和条理化。黄侃曾说："真正之训诂学，即以语言解释语言，初无时地之限域，且论其法式，明其义例，以求语言文字之系统与根源是也。"②

从这里可以看出文言文和训诂学之间的联系十分密切。在进行中学文言文教学时，教师不仅要帮助学生扫清字词句上的障碍，还需要解决一些疑难问题，而为了更好地处理这些问题，中学语文教师应了解和掌握一些基本训诂常识，从而灵活地将训诂学运用到文言文的备课当中。

一、训诂学运用于中学文言文备课的适切性

"文言文在中学语文教学中有着重要的地位，而文言文的备课并不是一件简单的事，这其中包含着教师的教育理念、教育智慧，尤其需要教师按照文言

---

① 黄灵庚. 训诂学与语文教学[M]. 杭州：浙江大学出版社，2008.
② 黄侃，黄焯. 文字声韵训诂笔记[M]. 上海：上海古籍出版社，1983.

文的教学规律办事。"[1] 我们已知文言文教学与训诂学之间有密切联系，那训诂学是否适合运用到中学文言文备课当中呢？与文言文教学规律是否相符？笔者认为是可行的，正确使用训诂学可以帮助教师在备课时达到事半功倍的效果，保证文章能够翻译正确；在遇到疑难问题时也有一套系统的解决方式；训诂学还有助于提高师生的文言知识积累量。

（一）训诂学是教师进行文言文备课的必备参考

在进行文言文备课时，中学教师首先必须疏通文义，由于文言文和现代汉语存在着词汇和语法上的巨大差别，因此在文言文备课时教师需要参考一些注释。其中阅读和学习文言文时最为直观的一个参考对象就是课本里的注释，这些注释又和训诂有着密切的历史渊源。正如当代学者所认为的，训诂学这门学科研究的对象是古籍里的语言，而研究的内容则是古代汉语的语义规律以及训诂方法。[2]

注释的前身就是训诂，它是在借鉴训诂的基础上而形成的。所以那些在课本里的注释都有训诂形式和训诂方法的影子。例如，在初中语文课本七年级上册的《〈论语〉十二章》里的"人不知而不愠，不亦君子乎？"何晏对此注为："愠，怒也。"而在课本中对"愠"注释为："愠，恼怒。"[3] 可见，无论是古人训诂还是课本注释，两者都在采用互训的方式对词义进行解释。又如，人教版高中语文选修里的《子路、曾皙、冉有、公西华侍坐》："因之以饥馑。"邢昺疏："谷不熟为饥，蔬不熟为馑。"而课本中注："饥，五谷不熟；馑，蔬菜不熟。"[4]

上述两个例子在训释词义时皆采用了下义界的方式。从这里可以看出，课本里的注释传承了古代的训诂方式，并且词语训诂与课本注释有着深厚的历史渊源。

在古代训诂文献里可以找到语文课本中文言文字词句篇等内容训释的根据，所以教师在进行备课时，既要参考课本上已有的注释，更要关注跟课本注释关系密切的来自古代训诂文献的训释，训诂对于教师的文言文备课具有重要的参考价值。通常训诂文献主要有三种：

---

[1] 魏本亚.中学语文教学设计[M].北京：高等教育出版社，2016.
[2] 范泊静.训诂在词典释义中的应用[C]//江西省语言学会2007年年会论文集.南昌：江西省语言学会2007年年会，2007.
[3] 温儒敏.义务教育教科书 语文（七年级下册）[M].北京：人民教育出版社，2016.
[4] 人民教育出版社，课程教材研究所，北京大学中文系，等.普通高中课程标准实验教科书 语文 选修 中国古代诗歌散文欣赏[M].北京：人民教育出版社，2006.

第一种是随文释义的注释材料，即根据不同的语境或者上下文内容直接解释字词句篇章。其中有典籍原文里的训诂，还有一些独立于典籍的训释专书。例如，《诗经·邶风·谷风》："我有旨蓄，亦以御冬。"《毛传》："御，禦也。"此处的两个注解都为随文释义的训诂材料。语文九年级下册《曹刿论战》："肉食者谋之，又何间焉？"其中的"肉食者"在文下注释为"吃肉的人。这里指当权者。"①孔颖达疏："孟子论庶人曰：'五亩之宅，树之以桑，五十者可以衣帛。鸡豚狗彘之畜，无失其时，七十者可以食肉。'是贱人不得食肉，故云在位者也。"从这里可以看出"肉食者"并非是其字面上"吃肉的人"的意思，实际指的是"在位者"。语文教师在进行文言文备课时若研究了随文释义的文献就可以发现课本里的注释都在训诂文献里有根据。

第二种便是纂集类训诂专书，这类文言的出现是为了满足某些社会需求，随着训诂经验的成熟和训诂材料的丰富，人们也提高了对训诂的要求，训诂专书应运而生。其中包括分析字形，并根据部首来统率文字的《说文解字》，研究音韵的音书《广韵》和依物类分篇汇集名物的《尔雅》等。人教版高中语文中的《过秦论》："斩木为兵，揭竿为旗，天下云集响应，赢粮而景从。"文下注释为："赢粮而景从，担着粮食如影相随地跟着（陈涉）。"②很明显此处将"粮"解释成了"粮食"，然而许多人在看到粮食时首先想到的是如同稻米一样囤积在仓库里的谷物，但是携带需要烹饪的稻米作为行军食物明显与客观实际不符，所以此处可以根据训诂专书来确定"粮"的具体含义。《说文解字·米部》："粮，谷也。从米、量声。"而段玉裁注："《周礼·廪人》：'凡邦有会同师役之事，则治其粮与其食'，郑云：'行道曰粮。'《诗》云：'乃裹餱粮。'《庄子》云：'适百里者，宿舂粮，适千里者，三月聚粮'皆谓行道也。"因此可以得知，此处的"粮"并非是尚未加工的稻米，而是在行军前已经制作完毕、随时可以在行军路上食用的干粮。通过对比和研究纂集类专书《说文解字》，可以看到课本里的注释跟纂集类专书中的训诂也有着深厚渊源，教师可以借助此类文献帮助自己在备课过程中对课下注释进行更为准确的判断。

第三种便是札记类训诂著作，这类著作指的是古人在阅读文章时做的读书笔记。例如，王引之的《经义述闻》和孔颖达的《五经正义》等。高中语文必修课本中的《苏武传》："凿地为坎，置煴火，覆武其上，蹈其背以出血。"文

---

① 温儒敏. 义务教育教科书 语文（九年级下册）[M]. 北京：人民教育出版社，2018.
② 人民教育出版社，课程教材研究所，中学语文课程教材研究开发中心，等. 普通高中课程标准实验教科书 语文（必修3）[M]. 北京：人民教育出版社，2007.

下注释"蹈"为"踩"①。而杨树达在《汉书窥管》中说:"背不可蹈,况在刺伤时耶!《国语·鲁语》云:'无搯膺。'韦昭云:'搯,叩也。'马融《长笛赋》云:'搯膺擗摽',搯膺,即叩胸也。搯背者,轻叩其背以出血,不令血淤滞体中为害也。"②将课中注释和札记类文献进行对比研究后可以发现,杨树达理解的"蹈"与实际更相符,可以采用。所以语文教师在备课时要注意参考多个札记类文献,并在教课时选择最恰当的,为学生理解文章扫清障碍。

以上三种训诂文献是训诂学中的重要成果,更是前人留下来的宝贵文化遗产,和我们的中学语文课本文言文注释之间有着密切的关系。教师在文言文备课时若能将训诂学也应用进来,借此来疏通文义,翻译文章,弥补课本中注释的一些不足,有利于文言文教学的顺利进行。所以训诂学是中学文言文备课必不可少的条件之一。

(二)训诂学能够解决文言文备课中的疑难问题

中学语文教师进行文言文备课时需要涉及字、词、句、篇章等全方位的内容,因此仅参考教参或者课下注释往往难以解决全部疑难问题。例如,备课时会发现课本里的某些词很容易出现歧义,然而课下注释却未做出解释,此时就需要教师查阅资料确定词语准确的含义;或者是某些句子的用法较为特殊,需要教师去判断其中的特殊用法。正如沈蘅仲先生在《知困录——中学文言文备课札记》中提到的观点,教师在备课时如果遇到了困难,那就要将课文作为中心点来扩大阅读。因此,教师应掌握必要的训诂学知识来解决文言文备课时可能遇到的疑难问题。

比如,教师在备课时可以根据训诂学对古今词义之间的差异进行辨别。语文七年级上册《〈论语〉十二章》中的第一句选自《论语·学而》,其中"有朋自远方来,不亦乐乎③"这句并未注释,而通过查阅语文教学参考书可以找到,此句翻译为:"有朋友从远方来此,不也是让人感到快乐的吗?"从此处可以看到"朋"在教参中的意思为现代汉语里的"朋友"。倘若教师没有进行探究和讲解,那学生便会理所当然地认为这里的"朋"就是"朋友"的意思。但实际上,在何晏的《论语集解》中引包咸的说法,"同门曰朋"。邢昺的《论语注疏》说:"郑玄注《大司徒》云:'同师曰朋,同志曰友。'然则同门者,同在

---

① 袁行霈.普通高中课程标准实验教科书 语文(必修4)[M].北京:人民教育出版社,2007.
② 杨树达.汉书窥管[M].上海:上海古籍出版社,2006.
③ 温儒敏.义务教育教科书 语文(七年级上册)[M].北京:人民教育出版社,2016.

师门以授学者也。朋即群党之谓。"从这里可以看出,"朋"的意思为"同门",即学习于同一师门之下的人,并且"朋"与"友"的意思也大有不同,"友"指的是志向相同者,所以此处不太适合将"朋"翻译成"朋友",而翻译成"同学"或者"同门"会更恰当一些。中学语文教师在查阅解释《论语》的专书之后,便可以不受教参翻译与自身惯性思维的影响,告诉学生"朋"的准确含义。

通过训诂学,中学教师还可以在进行文言文备课时了解古文里一些特有语言现象。例如,高中语文的《诗经·小雅·采薇》:"昔我往矣,杨柳依依。今我来思,雨雪霏霏。"课本仅对"雨雪"做了注解,意思为"下雪。雨,这里作动词"[1]。这里的"依依"很容易让人理解成"轻柔、柔弱"之意,而"霏霏"则难以确定其含义。孔颖达说:"杨柳,蒲柳也。霏霏,甚也。笺云:'我来戍止,而谓始反时也。上三章言戍役,次二章言将率之行,故此章重序其往反之时,极言其苦以说之。'……汝戍守役等,至岁暮还反之时,当云昔出家往矣之时,杨柳依依然。今我来思事得还返,又遇雨雪霏霏然。"由此可以看出,"霏霏"的意思为"雪下得很大",且鉴于两章为"重序其往反之时",是有相同结构和字数的对文,所以此处的"依依"形容的便是杨柳茂盛的样子。范家相《三家诗拾遗·卷七》中也引韩诗云:"昔,始也。依依,盛貌。"从这些分析中可以看出,"依依"与"霏霏"为对文,含义为"茂盛",这也可以从训诂上找到根据。通过训诂学,教师既可以对古文里的一些特殊语言进行明确,也可以确定词语的含义。

以上两个例子明确表明,教师在文言文备课时正确运用训诂学,可以有效解决可能会在备课过程里出现的一些疑难问题。

(三)训诂学可以帮助师生积累文言文相关知识

在备课过程中,中学语文教师要树立起全局意识,不能仅将注意力放在某一篇课文上,而是要将注意力放在一个单元、一个学期,甚至初中三年的内容上。黄灵庚教授曾表示,许多中学生由于不了解古代语言,对古代语言三要素里词汇的意义,特别是大量的古代常见词汇的常用意义没有足够的积累量,因此在阅读文言文时往往会受到阻碍[2]。

另外,文言文里还包括一些特殊句式与词类活用,这些都是学生阅读文言文的障碍。所以中学语文教师要在备课时格外重视积累文言文知识,并对其进

---

[1] 袁行霈. 普通高中课程标准实验教科书 语文(必修2)[M]. 北京:人民教育出版社,2007.
[2] 黄灵庚. 训诂学与语文教学[M]. 杭州:浙江大学出版社,2008.

行拓展延伸，对文言文知识涉及的内容进行归纳整理，保证在教学时让知识系统化、条理化，有理可循。之后在实际教学里为学生示范，帮助学生积累大量的文言知识，随着知识积累达到一定程度之后，学生在阅读文言文时就会发生质的改变，更加得心应手地阅读课外文言文。作为解释古代书面语并阐明为何可以如此解释的一门学科，训诂学里包括了对于古代典籍的字词句训释。教师在备课时，无论是整理文言文知识还是帮助学生进行积累都离不开训诂学的知识。例如，语文七年级上册的一篇文言文短文《陈太丘与友期》中："元方时年七岁，门外戏。"① 文下并没有针对"时"的解释，教师或许会根据教参直接翻译为"当时"或直接略过。然而这个知识点在语文七年级上册的《〈论语〉十二章》中还会出现，"子曰：'学而时习之，不亦说乎？'"②，倘若教师没有归纳整理出"时"的含义，学生很难自主发现两个词之间的关系。此处就应采用训诂学来梳理"时"字。《说文解字·日部》："时，四时也。从日，寺声。"以及《韵会》："辰也，十二时也。"从这里可以看出，"时"本义为季节，还可以指一天里的十二个时辰，即如今的二十四小时。根据其本义，可将其引申为光阴、时间，如《楚辞·离骚》中的"及年岁之未晏兮，时亦尤其未央"，此处的"时"便泛指光阴。还可以引申为那时、当时，即"元方时年七岁"里"时"的意思。但"学而时习之"里的"时"，并非是"当时"的意思，何晏在《论语集解》中引王肃的说法："时者，学者以时诵习之。诵习以时，学无废业，所以为说怿。"可知"时"在此处作副词，意为"按时"。两个"时"的含义天差地别，倘若教师没有强调，学生便很可能在翻译时出现错误。因此，教师在备课时要通过训诂学来探究"时"在文章中的本义，并整理"时"的各种其他含义，研究该字的词义发展，加以积累，从而指导学生辨别其在不同文章中的不同含义。

语文九年级下册《曹刿论战》："牺牲玉帛，弗敢加也，必以信。"文下注释："牺牲玉帛，古代祭祀用的祭品。牺牲，指祭祀用的牛、羊、猪等。玉帛，祭祀用的玉和丝织品。"③ 此处对于"牺牲"的解释较为模糊，而很多教师在备课时也往往不会重点关注该词，仅将该词定义为"古今异义词"，直接按课本进行解释，这样有诸多不妥。在训诂学相关知识的帮助下，可以将"牺""牲"二字分开来讲。《曹刿论战》选自《左传·庄公十年》，孔颖达疏："牺牲玉帛，

---

① 温儒敏. 义务教育教科书 语文（七年级上册）[M]. 北京：人民教育出版社，2016.
② 温儒敏. 义务教育教科书 语文（七年级上册）[M]. 北京：人民教育出版社，2016.
③ 温儒敏. 义务教育教科书 语文（九年级下册）[M]. 北京：人民教育出版社，2018.

四者皆祭神之物，《曲礼》曰：'天子以牺牛，诸侯以肥牛。'郑玄云：'牺，纯毛也。'肥养于涤也。然则牲谓三牲，牛、羊、豕也。牺者，牲之纯色也。"由此可以看出，"牺"的含义还有纯色的牛、羊、豕，而"牲"则是指"三牲"。"牺牲"两个词在其他古籍中也出现过，如《尚书·微子》："今殷民乃攘窃神祇之牺牷牲用以容，将食无灾。"孔安国在《尚书正义》中说："自来而取曰攘。色纯曰牺。体完曰牷。牛羊豕曰牲。器实曰用。"孔颖达在《春秋左传正义》："《说文》云：'牺，宗庙之牲也。'《曲礼》云：'天子以牺牛。'天子祭牲必用纯色，故知'色纯曰牺'也。《周礼》：'牧人掌牧六牲，以供祭祀之牲牷。'以'牷'为言，必是体全具也，故'体完曰牷'。经传多言'三牲'，知'牲'是牛羊豕也。"通过查阅《尚书正义》及《春秋左传正义》，可以得知"牺牲"为古代祭祀时使用的祭祀物品，而且"牺牲"是两个字合在一起使用的，各有不同的含义，其中"牺"指的是纯色的牛，而"牲"则是牛、羊、猪，在古代祭祀中，要按照严格的等级要求来布置，天子在祭祀时会用到纯色的牛，而诸侯祭祀用的是养在涤处的牛。这些和古代祭祀制度相关的内容也是训诂学的一部分，教师应在备课过程中积累这些古代祭祀知识，并在教学中讲给学生，为学生拓展知识面，积累中国传统文化知识。由此可以看出，训诂学可以帮助教师在备课过程中串联起课本中的文言文词汇，积累和整理重点实词；并帮助教师更加深入地了解古代的政治、文化、生活等多方面知识，从而帮助学生拓展相关古代文化的知识面。

二、训诂学运用于文言文备课的基本原则

将训诂学运用到文言文备课当中具有诸多好处，既可以帮助教师更准确地理解和翻译词语，又可以帮助教师解决备课过程中遇到的一些疑难问题，更能让教师与学生的文言文知识得到积累。可以确定的是，将训诂学运用到文言文备课当中是很有必要的，不过在实际运用时也不可过量、过度，而是要遵循一些原则来正确运用，具体如下。

（一）现代性原则

陆宗达认为训诂学里有众多和汉语词义学相关的理论，并有大量的释词经验与方法[1]。事实上，训诂学中还包含篇章与传统文化知识等诸多内容。以上都是教师在备课过程中需要借鉴和参考的。将训诂学运用到现代的教学当中

---

[1] 陆宗达，王宁，宋永培.训诂学的知识与运用[M].北京：中华书局，2018.

时，要坚持遵循现代性原则。这里的现代性指的就是在运用训诂学进行文言文备课时必须要与客观实际相符，与时俱进。坚持现代性原则主要体现在三个方面：

第一，继承和保留仍在现代汉语中使用的一些古语词。在实际教学中引导学生灵活地使用相关词汇。其中古语词包括历史词和文言词，如在语文八年级下册《核舟记》中的"左臂挂念珠倚之——珠可历历数也①"，此处的"念珠"便是历史词，仍在现代汉语中使用；又如八年级下册《小石潭记》里的"乃记之而去。②"此处的"乃"为文言词，在现代生活中也经常会用到。教师在备课时要借助训诂学确定词的准确含义，了解其使用方式，从而帮助学生正确掌握此类词。

第二，在运用训诂学将古汉语转化成现代汉语时往往会发现一些词语在现代已经不用了，部分词语的使用还需要将其从单音词转变成双音词乃至多音词。例如，八年级上册《生于忧患，死于安乐》中的"舜发于畎亩之中"，文下的注释为"畎亩，田间，田地"③，但在现代汉语中该词已不再使用；又如，九年级上册《醉翁亭记》："醉翁之意不在酒。"其中的"意"需从单音词解释成双音词"意趣、情趣"④，方才翻译得通顺。教师在备课过程中要明确这类词语是否可以继续用在现代汉语当中以及如何使用等问题，并详细地为学生讲解相关知识点。

第三，训诂学注解当中难免会带有古人的思想与政治主张，因此，教师在文言文备课时要注意取其精华，去其糟粕，并将其中的精华内容和时代相互结合。例如，八年级下册《诗经·郑风·子衿》，文下注释说这是一首古老的恋歌，《毛传》："《子衿》，刺学校废也。乱世则学校不修焉。郑国谓学为校，言可以校正道艺。"孔颖达疏："郑国衰乱，不修学校，学者分散，或去或留，故陈其留者恨责去者之辞，以刺学校之废也。经三章，皆陈留者责去者之辞也。"此处对《诗经·郑风·子衿》中的内容进行了分析，还揭示了其主旨。在毛亨看来，这首诗是为讽刺郑国因乱废除学校的现象，而孔颖达又在毛亨思想的基础上将整首诗内容概括成郑国留下的学者对离去学者的谴责。此处主旨与内容

---

① 温儒敏. 义务教育教科书 语文（八年级下册）[M]. 北京：人民教育出版社，2018.
② 温儒敏. 义务教育教科书 语文（八年级下册）[M]. 北京：人民教育出版社，2018.
③ 温儒敏. 义务教育教科书 语文（八年级上册）[M]. 北京：人民教育出版社，2017.
④ 陈斌，何世英. 试论训诂学在中学文言文教学中的运用 [J]. 浙江师范大学学报（社会科学版）.1990，（2）：114-120.

和原诗并不相符，且非教师在讲解时想要向学生传达的内容，所以教师要注意在备课过程中进行辨别，正确取舍。

中学生仍处于身心发展阶段，其理解能力是有限的，因此需要教师为他们传递正确、积极的价值观念。倘若教师将文言文讲解得晦涩难懂，还不经过深思熟虑就将古人的思想直接传递给学生，这不仅会阻碍教学目标的达成，还会挫伤学生学习的积极性。所以中学语文教师在运用训诂学进行文言文备课时要注意坚持现代性原则。

（二）适度性原则

教师在运用训诂学进行文言文备课时还要注意适度性原则，这和课程标准里对浅易文言文的阅读要求具有内在一致性，同时考虑到中学生可接受的程度。即在进行文言文翻译、阅读和设计等一系列备课活动时，一定要适当、适度地使用训诂学。

坚持适度性原则主要体现在以下两个方面：

第一，备课时适度处理文言文字词。教师在进行文言文备课时，可以将一些古今词义相同的字词直接略过，而要格外重视古今词义不相同的词或一些常用词汇的常用含义，既要借助训诂学了解其准确含义，更要勾画出该词的词义发展脉络，但在实际教学时也不可能直接把词义脉络一股脑儿传授给学生。例如，九年级下册《送东阳马生序》："余朝（cháo）京师，生以乡人子谒余，撰长书以为贽。"[①] 此句中的"贽"是一个难点，但由于该词可通过文下注释理解，所以并不是一个重点，而句中的"朝"既是多音字，又有多个意义，学生很容易在学习时产生错误理解，因此，教师在备课时可以参考古籍，并根据学生的接受程度，进行适度的拓展延伸。

在《说文解字·倝部》里，"朝，旦也，从倝，舟声。"本义是"日落日出的大清早"，读作"zhāo"。由于君王要在早朝时升堂理政，因此，便称为"上朝"，并引申出"朝代""朝廷"等用法，此处读为"cháo"。在《左传·成公十二年》中："百官承事，朝而不夕。"孔颖达疏："旦见君谓之朝。"可以看出"朝"指的是拜见君王，所以"朝京师"即可翻译为"拜见君王"。"朝"也有"同类往见"之意，即诸侯之间相见为朝，如《史记·司马相如列传》中："临邛令缪为恭敬，日往朝相如。"该句话可翻译为"临邛县的县令装作一副恭敬的模样，每日前去拜见相如"，此处"朝"为"拜见"的意思。在礼崩乐坏之

---

① 温儒敏. 义务教育教科书 语文（九年级下册）[M]. 北京：人民教育出版社，2018.

后,君王见臣子也被称为"朝",如《礼记·王制》:"天子无事,与诸侯相见曰朝。"郑玄注:"事谓征伐。"此处天子见诸侯可以用"朝"来表示。

教师在备课过程中通过训诂学来梳理词语的常用义,掌握词义的演变过程,对于一些比较晦涩难懂的词义和例句做出取舍,不再一一讲给学生,只需要让学生掌握好"朝"的两个读音,以及其常见含义"朝见""早晨"就算是完成了教学目标。在运用训诂学教学时不可追求过于全面,文言文拓展要注意适度。

第二,教师不可运用训诂学在进行文言文备课设计的时候过度深挖知识点。例如,在进行语文必修二中《兰亭集序》的备课时,第一句为"永和九年,岁在癸丑,暮春之初,会于会稽山阴之兰亭"①。此处可借助形训把"暮"的甲骨文字写下来,然后进行讲解,"日落至草地时,本义便是傍晚,而在此处便引申成晚春。"无须再进一步讲解与"暮"相关的引申义,此处便生动形象地为学生讲解了"暮"的含义,也不会由于内容过于晦涩难懂而加大学生学习的难度。由于中学生接受知识的能力有限,所以中学教师在使用训诂学来进行文言文备课时,要注意根据自己的教学经验以及相关心理学书籍来掌握好教学的"度",在使用训诂学时要坚持适度性原则。

(三)适量性原则

教师在运用训诂学进行文言文备课时还要注意适量性原则,即不可大量使用训诂学相关知识来进行备课设计,要保证合理的使用数量和使用频率。倘若数量和频率过多,学生的新鲜感就会降低,教学效果也会受到影响。适量性原则主要体现在以下两个方面:

第一,不可反复在备课过程中运用训诂学。例如,在进行九年级下册《曹刿论战》的备课时,可将讨论分析"论"字的字形作为导入方式,之后再进入正式学习。《说文解字·言部》:"论,议也。从言,仑声。"即论为形声兼会意字,其本义为分析说明事理,而《曹刿论战》中用到的就是"论"的本义,这篇文章主要内容为曹刿如何分析这一场战争。教师借助"论"的字形分析可以自然引发学生的思考,然后引导学生学习整篇课文。《曹刿论战》是该单元里的第一篇文言文,教师如果采取分析字形的方式导入,之后的三篇文言文就应选择其他的导入方式,倘若反复使用相同方法就会导致教学方式过于单一,教学效果也会受到影响。

---

① 袁行霈.普通高中课程标准实验教科书 语文(必修2)[M].北京:人民教育出版社,2007.

第二，备课时运用到的训诂学知识点要适量。训诂学的内容广泛，包括语法、词语、篇章等，因此在使用时要格外注意使用数量。比如，在《曹刿论战》中不仅包含了前文分析到的"牺牲"二字蕴含的传统祭祀文化，还有许多其他古代文化知识。例如，"十年春，齐师伐我"里的"伐"便蕴含了古代战争相关的知识，在《左传·庄公二十九年》中有："凡师，有钟鼓曰伐，无曰侵。"即"伐"指的是公开宣布、师出有名，伴随着钟鼓齐鸣的征讨，而"侵"则是直接进行军事进犯而不鸣响钟鼓。由于文中有一句"公将鼓之"，可见在这场战争中使用了"鼓"，因此此处不可使用"侵"，只能使用"伐"。从这里可以看出，文章虽然不长，然而其中蕴含的古代文化知识却颇为丰富，但教师在备课时也要懂得取舍，不可把所有知识都设计在课堂中。

从上述两个例子可以看出，教师在运用训诂学进行备课时，不可反复采取相同的方式来进行备课设计；而且每节课的时间都是有限的，鉴于这种课时限制，教师也不可能把文章里包含的每一个训诂知识都拿出来放到教学中。因此，教师在运用训诂学时要注意适量性原则。

三、因形求义

因形求义，就是根据字形推求文献中文字的意思。

（一）"因形求义"中的"形""义"

因形求义的"形"，并非指现在通行的简化字的字体，也不是古书中使用的楷书的繁体字，而是指隶变以前，能够直接体现词的本义的字形。

汉字的形体演变经历了两个阶段，具体如下：

第一阶段是古文字阶段，从商朝直至秦朝。我国最早成系统的文字是商朝的文字，它包括铸刻在青铜器上的金文（铭文）和刻写在龟甲兽骨上的甲骨文。在商朝的文字中，金文比较庄重正规，显示出浓厚的图画性和原始性。甲骨文是商朝日常使用的文字，为了刻写的方便，多用圆匀的线条、笔画，象形的意味较浓。西周初期的金文与商朝的金文没有多大分别，但在西周中期以后，整个文字的布局渐趋平整。到了周宣王、周幽王时期，金文的字体发生了很大的变化，基本上不用肥笔，而改用线条、笔画。到了战国时期，由于形体演变的讹变和简化，各国文字的分化已经十分明显。总体上说，战国文字大致可分为两个系统：一是西方的秦国文字，二是东方六国文字。许慎在《说文解字》中所收录的除小篆以外的各类文字都属于战国文字，其中所谓的"籀文"出自《史籀篇》，就是大篆，是秦国的文字。许慎所收的"古文"则是东方六国的文字。秦始皇统一六国以后，为了结束"言语异声，文字异形"的状况，命李斯将"史籀大篆"略加省改，作为规范文字，这就是通常所说的小篆，小篆以前的历代文字，统称古文字。

汉字形体演变的第二阶段是今文字阶段，时间可追溯到战国时期。由于文牍繁多，书写者为了求方便，将篆文笔画由圆转为方折，再加以减省，成为早期的隶书。秦朝除官方正式使用的文件和碑刻使用篆书外，日常书写的基本上都是隶书，通常称为秦隶。西汉以后，隶书已正式盛行。到了魏晋时期，书法家将行草笔画融入隶书，创造了"真书"，也叫"楷书"，一直沿用至今。从小篆到隶书的转变叫隶变，隶变以后的文字，统称为今文字。今文字的字体已经失去了图画性和原始性，完全符号化了，不能体现造字之初所记录的词义。因此，因形求义的"形"是指小篆、大篆、金文、甲骨文等古文字的字形。

"因形求义"的"义"是特指造字之初据义绘形的"义"，汉语的词绝大多数是多义词，在多义词的意义系统中，其中只有一个是本义（字形所直接体现的词义），别的词义都是由这个意义派生出来的，通常称为引申义。本义是引申义的源头，是引申义的出发点，它指引词义引申的方向。因此，"因形求义"的"义"除了本义外，还包括引申义。

（二）《说文解字》的因形求义

因形求本义，源于许慎的《说文解字》（以下简称《说文》）。

《说文》既是一部不朽的文字学专著，也是一部重要的训诂学专书。许慎在《说文》一书中收录了9353个小篆字体和1000多个"籀文"和"古文"，他根据小篆字体的结构，创建了540个部首，用"六书"（象形、指事、会意、形声、转注、假借）的法则对9353个小篆字体逐个进行解说和形体分析。以形体明字义，以字义证字形。许慎对小篆字体所体现的词的本义的求证，得到了学术界的充分肯定，不少专家学者都认为《说文》所求证的字的本义和字形分析绝大多数是可信的。下面举一些《说文》中因形求本义的例子和文献中的本义用例。

泉 《说文·泉部》："泉，水源也。象水流出成川形。"《易传·象上传·蒙》："山下出泉，蒙。"

口 《说文·口部》："口，人所以言食也。象形。"《荀子·王霸》："夫人之情，目欲綦色，耳欲綦声，口欲綦味，鼻欲綦臭。"

甘 《说文·甘部》："甘，美也。从口，含一。一，道也。"晁错《论贵粟疏》："饥之于食，不待甘旨。"

刃 《说文·刃部》："刃，刀坚也。象刀有刃之形。"《庄子·养生主》："今臣之刀十九年矣，所解数千牛矣，而刀刃若新发于硎。"

《说文》的因形求本义，依据的是小篆字体。小篆是古文字阶段最后一种字体，有些字的小篆字体已很难观察出它的本义，因此，利用《说文》因形求义必须结合金文、甲骨文才能推求其某一个词的真正的本义。例如：

元《说文·元部》："元，始也。从一，从兀。""始"不是"元"的本义，其造型像人形的侧面，而突出其头部。本义是"首（人头）"，《左传·僖公三十三年》："先轸曰：'匹夫逞志于君而无讨，敢不自讨乎？免胄入狄师，死焉。狄人归其元，面如生。'"《孟子·万章下》："勇士不忘丧其元。"

（三）因形求义方法的运用

因形求义是传统训诂学中常用的一种推求词的本义的方法，运用这种方法推求词的本义，具体操作步骤和要求如下。

1. 分析字形

分析字形是因形求义必须具备的最基本条件，这是因为古代造字是根据语言中的词义来描绘字形的。段玉裁在《广雅疏证序》中明确指出："圣人之制字，有义而后有音，有音而后有形。"可见汉语的词最初是形、音、义的完整结合体，字形和词义有着密切的联系，分析字形有助于探求造字者的意图，进而推求词的本义。字形分析必须精通汉字构形学的有关知识，对于初学训诂的人来说，不可能对每个被释词的字体都逐个做形体分析。因此，在对分析释词的字体时，应充分利用前贤和时贤的研究成果。

《说文》是一部专门分析字形、求证本义的训诂专书。因此，字形分析可参考《说文》的分析。对于《说文》中一些不能直接体现其本义的字形分析，则可利用近代以来文字学的研究成果，用金文和甲骨文等古文字的字形加以核证，得出合理的训释。

2. 结合文献

结合文献是因形求义的重要方法，根据字形分析所推求的词的本义是否可靠，必须以文献用例加以核证，因为字形分析可能出现以下两种情况：

一是不同的人对字形的认知和理解不同，在对某一字的形体做分析时，由于理解的不同，分析的结果也就不同，如"妾"古文字写作"妾"，大家对这个字形有两种说法，一说"妾"的上部分是"辛"（薪柴），一说像刀形，如果没有文献用例作为依据，仅凭字形分析就容易仁者见仁，智者见智，因此，字形分析应该以文献用例加以证明。例如：

（1）《尚书·费誓》："臣妾逋逃。"

《尚书传》："役人贱者，男曰臣，女曰妾。"可见"妾"的本义是指女奴仆。

（2）《战国策·赵策》："是使三晋之大臣，不如邹、鲁之仆妾也。"

"仆妾"连用，亦可证明"妾"的本义是女奴仆。

二是因为字形仅仅是词据义绘形的符号，根据字形分析出来的意义并非全是实际使用的词义，如果某词的字形分析的意义在实际语言中并不使用，那么，这个意义就不是词的本义，而是古人造字构形的意图，如"牧"，《说文·支部》："牧，养牛人也，从支，从牛。""养牛人"这一意义在文献中并不使用，因此，这个意义不是"牧"的本义。那么"牧"的本义是什么？必须以文献求证。

《孟子·公孙丑下》："今有受人之牛羊而为之牧之者。"

句中的"牧"是"牧放牛羊"，可见，"牧放牛羊"这个意义才是"牧"的本义。桂馥《说文义证》："牧者，畜养之总名，非止牛马。"

因形求义是推求词的本义和分析引申义的有效方法。在阅读古书中，常常会遇到一些词义难明的情况或某词虽有前人注解，但不知其所以然，或某词之义容易产生误解，都可先根据该词的古文字的字体进行形体分析，推求其本义。例如：

（1）《左传·隐公三年》："可荐于鬼神，可羞于王公。"

杜预注："羞，进也。"

"羞"在现代汉语里，一般表示"难为情（害羞、羞耻之义）"，并没有"进"的意义，杜预为什么把"羞"注释为"进"？要解决这个疑问，可用因形求义的方法推求其本义。

《说文·这部》："羞，进献也，从羊，羊所进也；从丑，丑亦声。""羞"的甲骨文字形为以手持羊头，"羊所进也"是说羊是用来进献的食品，由此可知，"羞"的本义是"进献羊头"。"可羞于王公"意为可向王公进献羊头。

（2）《周礼·夏官·校人》："凡马，特居四之一。"

例句中的"特"，往往容易被误解为限制范围的副词，被理解为"只""仅"。其实这个"特"字并不是用作副词，那么它的词义是什么？也可用因形求义的方法推求。

《说文·牛部》："特，朴特，牛父也。从牛，寺声。"古人造字常以"牛"代表牲畜，可知"特"的本义是指雄性的牲畜。例句中的"特"是指雄性的马。"特居四之一"是说雄性的马占了四分之一。

（3）《诗经·豳风·七月》："七月在野，八月在宇，九月在户，十月蟋蟀入我床下。"

例句中的"宇"词义难明，可因形求其义。《说文·宀部》："宇，屋边也，从宀，于声。"

陆德明《经典释文》："宇，屋四垂为宇。"意思是说房屋四周垂下的部分叫"宇"，可知"宇"的本义是屋檐。"八月在宇"的"宇"用的正是此义。

运用因形求义的方法既可以推求文献中词的本义，又可求证多义词的本义。例如：

（1）《尚书·泰誓》："商罪贯盈，天命诛之。"（诛：杀戮）

（2）《论语·公冶长》："于予与何诛。"（诛：谴责、责备）

（3）《汉书·晁错传》："陛下又兴数十万之众，以诛数万之匈奴。"（诛：讨伐、惩罚）

以上"诛"的意义中，只有一个是词的本义，是哪一个呢？可因形以证之。三个意义中与"诛"的形体相合的是"谴责、责备"，"谴责、责备"与"言"有关，因此"谴责、责备"是"诛"的本义。又如：

"信"在古书中有下列词义：

（1）《孟子·滕文公上》："长幼有叙，朋友有信。"（信：守信用）

（2）《汉书·苏武传》："且单于信女，使决人生死。"（信：相信、信任）

（3）《左传·襄公·元年》："以继好结信。"（信：信约、盟约）

（4）《史记·项羽本纪》："素信谨，称为长者。"（信：诚实，忠诚）

（5）《道德经·八十一章》："信言不美，美言不信。"（信：语言真实）

（6）《三国志·魏书·华佗传》："若妻信病，赐小豆四十斛，宽假限日。"（信：果真、的确）

（7）《世说新语·文学》："司空郑冲驰遣信就阮籍求文。"（信：传送书信的人）

以上"信"的七个意义中，有一个是本义，是哪一个？可因形求证，依《说文》，"信"的字形是从人，从言，是个会意字，七个意义中与"言"直接相关的意义是"语言真实"，这个意义便是"信"的本义。

由本义派生出来的词义就叫引申义，如"發（发）"本义是把箭射出去，由这个意义派生出发送、发动、发现、派遣、出发、揭发、启发等义，这些意义便是"發"的引申义。

由字形直接推求或求证的意义是词的本义，它指引词义的引申方向。因此，要想知道某些词的引申义或要知道某词为什么具有这种意义，都要先因形求其本义，然后根据这个字形所体现的词的本义做进一步推求。例如：

（1）《道德经·八十章》："虽有舟舆，无所乘之。"

例句中的"乘"是"乘坐"的意思，"乘"字的"乘坐"意义是如何来的，可因形求其本义，然后进一步推求。"乘"的古文字造型像人站在树上，本义是"升登"，引申义为上车、乘车、驾车。例如：

《左传·僖公四年》："齐侯陈诸侯之师，与屈完乘而观之。"

《左传·成公二年》："禽之而乘其车。"

（2）《左传·僖公四年》："君若以德绥诸侯，谁敢不服？"

王力主编的《古代汉语》注："绥，安抚""绥"为什么有"安抚"之义，可因形求其本义，然后根据其本义指引的引申线索进一步推求。"绥"字金文写作"步"，其形象为手抓依靠物。《说文·糸部》："绥，车中把也。从糸，从妥。""绥"的本义是车上供人把手的绳子。《论语·乡党》："升车，必正立，执绥。"乘车的人手握住了绥，车子跑动，便可站稳，所以"绥"由"车中把"这个本义引申出"安稳""安定"之义，由"安稳""安定"引申出"使人安定"，"绥"便有了"安抚"之义。

（3）《史记·项羽本纪》："未尝败北，遂霸有天下。"

例句中的"北"是什么意思，先要因形求其本义，然后根据本义指引的引申线索推求其义。"北"字甲骨文写作"洛"，其造字形为两个人背对着背，本义是"背离"。《战国策·齐策六》："食人炊骨，士无反北之心，是孙膑、吴起之兵也。"引申为"逃跑"。例句中的"北"即"逃跑"。

（4）《礼记·内则》："昧爽而朝。"

"朝"指省视父母。"朝"为什么有"省视父母"之义，因形求其本义，则可推出这个意义。"朝"甲骨文的造形象为西边的月亮落在草莽中，东方的太阳露出草莽中，以表示早上的时间。所以"朝"的本义是"早晨。"例如：

《论语·里仁》："朝闻道，夕死可矣。"

《左传·成公·成公二年》："余姑翦灭此而朝食。"

古代礼制规定，早晨要向父母或君王省视、拜见，所以由早晨引申为省视（父母）之义。

四、因声求义

因声求义，就是通过语音线索推求文献语言中未知的词义。"因声求义"

是清代训诂学家在训诂实践中总结出来的一种有效的训诂方法。运用这种方法既可以探求通假字的词义,又可以探求词的语源意义。

(一)"因声求义"中的"声""义"

因声求义是因古音求古义,不是以今音求今义。"因声求义"中的"声"是指语言中的语音,但这个语音不是现代汉语的语音,而是上古时代的语音,通常指韵书产生以前的先秦两汉时期的语音,它与后代语音存在一定的差异。例如,"罢"和"疲"上古同音,同属并母,戈韵,但现代就变得不同音了,"罢"读作 bà,"疲"读作 pí。有一些字词上古时音近,现在变得完全同音了,如"慧"和"惠",上古时声母相同,均在匣母,但韵部不同,"慧"在月部,"惠"在质部,现在"慧"和"惠"都念作 huì,二字同音。

因声求义的"义"指的不是词义系统中的词的本义和引申义,而是词的假借义和语源义。文字的假借是语言和文字发展的必然现象。汉语的词一直用汉字来记录,但汉字的发展和语言的发展是不平衡的。在汉字造字之初,据义绘形的汉字十分有限,而语言中的新词、新义不断产生,为了调节文字发展和语言发展的不平衡性,缓解语言与文字的矛盾,充分发挥已有的汉字的作用,古人在记录新词、新义时,就借用已有的文字的读音来代替新词、新义,如借"簸其"的"其"代替语言中的指示代词、语气词,借用表示器具的"我"代替第一人称代词"我"。这种假借,许慎在《说文解字》中称为"本无其字,依声托事"。这种"本无其字"的假借,其实是远古时期书面语中的据音用字,这在甲骨文中已相当普遍。这种据音用字扩大了汉字记录词的表词功能,暂时缓解了字少词多的记录语言的矛盾。随着社会的发展和汉字造字方法的创新,出现了大量的形声字,以适应记录新词、新义的需要。但由于后人据音用字渐渐成为一种习惯,而且代代相沿,有些词虽然有了记录它的专字(通常叫本字),但古人书写时却不写这个已有的专字,仍然喜欢用音同或音近的字来代替它,如表示"早晨"之义,已有专字"早",但不少先秦典籍仍用"蚤"代替它。这种有专字而不用,用同音字代替的假借叫本有其字的假借,借字通常称为通假字,先秦典籍中有不少字是通假字。

因声求义是训诂实践中训诂学家对词语的音义关系有了正确的认识后逐步形成的。在语言形成之初,用什么声音表示什么意义是没有必然联系的,而是由当时使用语言的社会成员约定俗成的。古代著名的思想家荀卿在他的著作中明确提出了词义的社会约定俗成性,他说:"名无固宜,约之以命。约定俗成谓之宜，异于约则谓之不宜。"① 随着社会的发展，人们认识事物的能力不断提高，思维不断深化，经过社会约定俗成的词义在原有词义的基础上又产生新词、新义，新词、新义通常是以旧词、旧义为词根的，这样新旧词义之间就有了必然的音义联系。由源词派生出来的同源派生词，往往有声近义通的音义关系，这就为训诂学家因声求义提供了依据。

因声求义的理论源于声训，所谓声训就是用音同或音近的字来解释被释词的词义，释词和被释词有音同或音近的语音关系。这种释义方式早在训诂萌芽时期就已使用，如前所述《易经·说卦传》："乾，健也；坤，顺也。"汉代的训诂专书如《尔雅》《说文》《释名》，也都有不少声训用例。例如：

《说文》："天，颠也。"

"颠，顶也。"

"户，护也。"

"门，闻也。"

"老，考也。七十曰老。"

"坎，陷也。"

"政，正也。"

到了宋代，王子韶（字圣美）创"右文"说，主张因声符求字义。"右文"说，从汉字学的角度上说是不值得肯定的，但从训诂学上说，它对因声求义理论的形成起了促进作用，因为以象形字、指事字、会意字等纯粹表意字作为声符的形声字，其声符不仅表示声音，还具有表意的功能，这些同声符的字往往有同源关系。清代训诂学家受王子韶"右文"说的启发，进一步研究声符与字义的关系，主张以古音求古义，强调语音线索在训诂中的作用，戴震强调："故训声音，相为表里。"② 王念孙指出："训诂之旨，本于声音。"促进了因声求义理论的形成。

（二）因声求借义

因声求借义，就是通过语音线索识别通假字，以推求通假字所借之义，具体操作的步骤和要求如下。

1. 联系语用语境，确定通假字

因声求借义，首先要确定借字。确定借字必须紧密联系上下文的语用语

---

① 荀卿，孙安邦.白话荀子[M].西安：三秦出版社，1998.
② 戴震.戴震全书（六）[M].合肥：黄山书社，1995.

境，根据文意内容的客观性和文意表述的客观性进行推断。例如：

《论语·阳货》："阳货欲见孔子，孔子不见，归孔子豚。"

联系前后文的语法语境，"归孔子豚"的主语是"阳货"，句中的"归"字如果按字面意思（该词的本义和引申义）去理解，文意都讲不通，因此可以推断它是个通假字。

如果一个字在语句中按其字面意思去理解，该句的句意勉强可通，但不符合文意的客观情理或叙述情理，也可推断它是通假字。

《诗·鄘风·载驰》："许人尤之，众稚且狂。"

《毛传》："尤，过也。是乃众幼稚且狂进，取一概之义。""众稚且狂"释为"众幼稚且狂"，句子的意思能讲通，但不符合客观情理。王引之在《经义述闻·卷五》指出："上文'许人'已是众辞，不须更言众矣。"王引之根据文意联系的语用语境，推断"众"是通假字。

2. 以借字的读音为线索推求所借本字的意义

确定古书中的某字是通假字以后，可以根据这个通假字的读音推求其本字，如"归孔子豚"中的"归"已被确定为通假字，则可根据"归"的读音 guī 去求本字，从与"归（guī）"读音相同或相近的字中找出一个意思符合"归孔子豚"这个句子的意思而且符合客观情理的字。与"归"读音相近的"馈"字，表示"赠送"之义，用"赠送"这个意义解释"归"，文意通顺且符合情理，这便推求出"归"的本字是"馈"，借义是"赠送"。而王引之根据借字"众"的语音线索推求出"众"的本字是"终"，其意是"既"。用"既"解释"众"符合《诗经》的表述习惯，因此确定"众"的借义是"既"。

3. 核证文献

所确定的通假字和推求的本字的借义是否可靠，必须用文献加以核证。通假字既然是古人因用字习惯而书写音同或音近的字，在古籍中一般可以找出证据。如前面所说的"归"通"馈"，古籍中不乏其例。例如：

（1）《尚书·微子之命》："唐叔得禾……王命唐叔归周公于东。"

（2）《左传·闵公二年》："归公乘马。"杜预注："归，遗也。"

上述例句中的"归"都通"馈"，是"赠送"的意思，说明"归"是个通假字，本字是"馈"，借义是"赠送"。"众"通"终"，王引之在《经义述闻·卷五》中，引了不少《诗经》中"终……且……"的用例加以证明。

因声求借义是清代训诂的一大特色，王念孙、王引之、焦循等在训诂实践中通过语音线索求借义，纠正了前人注解中不少望文生训的注释。例如：

第五章 基于训诂学的中学文言文教学

（1）《史记·刺客列传》："此臣之日夜切齿腐心也。"

司马贞《索隐》："腐，亦烂也，犹今人事不可忍云'腐烂'然。"

王引之曰，"腐读为拊。《尔雅》：'辟，拊心也。'郭注：'谓椎胸也。'《燕策》正作'拊心'，《索隐》训'腐'为'烂'，非也"。①

（2）《荀子·劝学》："强自取柱，柔自取束。"

杨倞注："凡物强则以为柱而任劳，柔则见束而约急，皆其自取也。"

王引之曰："杨说'强自取柱'之义甚迂。'柱'与'束'相对为文，则'柱'非谓屋柱之柱也，'柱'当读为'祝'。《公羊传·哀公十四年》：'天祝予。'《穀梁传·十三年》：'祝发文身。'何、范并注：'祝，断也。'此言物强则自取断折，所谓太刚则折也。《大戴礼记》作'强自取折'是其明证矣。《南山经》：'招摇之山有草焉，其名曰祝馀。''祝馀'或作'柱荼'，是'祝'与'柱'通也。"②

（3）《汉书·王莽传》："方今天下闻崇之反也，咸欲襄衣手剑而叱之，其先至者则拂其颈，冲其匈，刃其躯，切其肌。"

颜师古注："拂，戾也。"

王念孙案："师古训拂为戾，望文生义，非其本指也。'拂'读为'弗'，'刜'，斫也，谓以剑斫其颈也。'拂其颈，冲其匈，刃其躯，切其肌'皆承上文手剑而言之。《说文》：'刜，击也。'《广雅》：'刜，斫也。'"③

（4）《汉书·叙传·上》："《说难》既酋，其身乃囚。"

颜师古注："'酋'音酋豪之酋；酋，雄也……"

王念孙案："酋，读为就；就，成也。言《说难》之书既成，而其身乃囚也。"……《索隐》曰："《世本》作'就'，'就'与'酋'声近而义同，故字亦相通……"④

（5）《汉书·彭英卢吴传》："少时客相之，当刑而王。及壮，坐法黥布欣然笑曰：'人相我当刑而王，几是乎？'"

颜师古注："薛瓒曰：'几，近也。'"

王念孙曰，"'几'读为'岂'，言人相我当刑而王，今岂是乎？《史记·黥布列传》亦作'几'，《集解》引徐广曰：'几一作岂。'《索隐》曰：'《楚汉春秋》

---

① 王念孙.读书杂志·汉书第五[M].北京：北京市中国书店，1985.
② 王念孙.读书杂志·荀子第一[M].北京：北京市中国书店，1985.
③ 王念孙.读书杂志·汉书第十五[M].北京：北京市中国书店，1985.
④ 王念孙.读书杂志·汉书第十五[M].北京：北京市中国书店，1985.

作'岂是乎'是其明证矣,岂与几古同声而通用"。

（6）《荀子·王制》:"衣服有制,宫室有度,人徒有数,丧祭械用,皆有等宜。"

杨倞注:"械,器也,皆有等级,各当其宜也。"

王念孙曰,"杨注失之迂,'宜'读为仪,仪与等义相近。《周官·大司徒》:'以仪辨等,则民不越。'《典命》:'掌诸侯之五仪,诸臣之五等之位。'"①

（7）《尚书·周书·多方》:"天惟五年,须暇之子孙。"

俞樾曰:"'暇'即'夏'字,言天既丧于殷,以夏后氏有大功德于民,故以五年,须待夏后氏子孙,冀其克念作圣,而作民主也。《尚书》以暇代夏,乃以叠韵字代本字。"②

当代著名训诂学家陆宗达先生常根据文意联系的客观情理和叙述情理推断通假字,通过语音线索推求本字、借义,纠正古今注释中望文生义和不切实的注释。例如:

（1）《庄子·逍遥游》:"野马也,尘埃也,生物之以息相吹也。"

司马彪注:"野马,天地间气如野马之驰。"

陆宗达先生在《训诂简论》中认为这个解释属于十分典型的望文生义。他认为《庄子》中的这句话本意为鹏鸟高飞远翔,下望众多生物喘息生存在污浊的尘土当中。此处"野马"中的"马",其实是《楚辞·九叹》中"愈氛雾其如麈"的"麈"字,而王逸曾做出注释:"麈,尘也。"并且"马"和"麈"在古代有相同的声韵,因此可将"麈"用"马"来代替。《逍遥游》里的"尘埃"与"野马"其实为同义词,此处之所以复用,主要是为了加重表达环境的污浊③。

（2）《战国策·齐策四》:"狗马实外厩,美人充下陈。"（有的选本注:"下陈,后列。"）

陆宗达先生联系这两句的上下文语用语境,推断"陈"是个通假字,并通过"陈"的语音线索推求其本字、借义。他在《训诂简论》中指出:"这两句是很工整的对偶句,'实'与'充'是同义词,皆形容数量的众多,'外厩'是豢养狗马的处所,'下陈'当然也是指处所……那么'下陈'究竟是什么处所呢? 案'陈'当为'墀'的借字。《说文·土部》:'墀,涂地也。礼:天子赤

---

① 王念孙.读书杂志·荀子[M].北京:中国书店,1985.
② 俞樾.古书疑义举例[M].北京:商务印书馆,1939.
③ 陆宗达.训诂简论[M].北京:北京出版社,1980.

墀。'赤墀亦曰'丹墀'。《文选·西京赋》：'青锁丹墀。'五臣注：'丹墀，阶也，以丹漆涂之，故曰丹墀。'是'墀'本为宫殿的台阶，汉制未央宫以丹涂其阶，故叫'丹墀'……古代宫殿有堂有庭，台阶上面四方而高的叫堂，台阶下面则为中庭，也就是院中，那么由庭升堂的路也就是台阶。《说文·阜部》：'除，殿陛也。'除、墀二字又是双声，可见'墀''除'相同，实为一物……'下陈'就是台阶下面的地方。所谓'美女充下陈'，美女是歌伎、舞伎，是帝王贵族用以满足他们的声色之好的。按照古代制度，奏乐者在堂上，歌舞者在庭中，所以'美女充下陈'就是在台阶下充满了载歌载舞的美女的意思。"①

（三）因声求语源义

通过声音线索推求词义，不仅可以推求古代文献中的通假字所记录的词义，而且可以推求某些词的语源义，说明事物命名的由来，如《释名·释道》中记载："道，一达曰道路。道，蹈也；路，露也。言人所践蹈而露见也。""道路"是源词，"蹈"和"露"是语源义，即人所践蹈而露见也。刘熙的《释名》是一部因声求语源义的重要训诂学著作。刘熙在《释名》自序中说："夫名之于实各有义类，百姓日称而不知其所以之意，故撰天地、阴阳、四时、邦国、都鄙、车服、表纪，下及民庶应用之器，论叙指归，谓之《释名》。"《释名》汇编了古代名物、典礼共1502系，刘熙通过语音线索，逐件推求其语源义，说明事物命名的由来。因声求语源义可以说是汉代训诂的一个亮点，汉代著名的注释家毛亨、郑玄在随文释义的训诂中也常通过声音线索推求语源义。例如：

(1)《诗经·召南·行露》："谁谓女无家，何以速我狱。"

《毛传》："狱，埆也。"

"埆"同"确"，《毛传》释"狱"为"埆"，是用声训方式推求"狱"的语源义。陆宗达先生指出："'狱'是以确定是非曲直命名的，古代有'治狱''辨狱'，指审理诉讼做出判决的全部过程。由此可知，'狱'是旧时的大理院，即今天的法院。"

(2)《诗经·小雅·巧言》："君子信盗，乱是用暴。"

《毛传》："盗，逃也。"

《毛传》释"盗"为"逃"，"盗"与"逃"声音相近，"盗"是源词，"逃"是"盗"的语源义。陆宗达先生指出："奴隶制时代逃亡的奴隶曰'盗'。《左传·昭公七年》：'周文王之法曰：有亡，荒阅。吾先君文王作仆区之法曰：盗

---

① 陆宗达.训诂简论[M].北京：北京出版社，1980.

所隐器,与盗同罪……'周文王之法称奴隶之逃亡者曰'亡',楚文王之法曰'盗'。当时奴隶逃亡之后必投靠大奴隶主为奴……这种投靠大奴隶主的奴隶每每得到新主子的信任。这种奴隶又被称为'盗'……《巧言》《毛传》以'逃'训'盗'实指逃亡的奴隶。"①

(3)《论语·季氏》:"吾恐季孙之忧不在颛臾,而在萧墙之内也。"

郑玄注:"萧,之为言肃也。"

郑玄释"萧墙"之"萧"为"肃",是用声训推求语源义。"萧"与"肃"古代读音相近。"肃"是"萧"的源词,"萧墙"是古代宫殿的屏风,古代君臣相见之礼,至屏而敬肃,所以"萧"的语源义是"敬肃"。

宋代著名的理学家朱熹在训诂实践中,为了阐明其理学之义理,也常用因声求语源义。

例如:

《论语·为政》:"为政以德,譬如北辰,居其所而众星共之。"

朱熹注:"政,之为言正也,所以正人之不正也;德,之为言得也,得于心而不失也。"

"政"与"正"同音,"正"是"政"的源词。"所以正人之不正"是"政"的语源义;"德"与"得"同音,"得于心而不失"是"德"的语源义。

五、因文求义

因文求义就是根据文献语言的语用语境推求词的具体意义。

(一)"因文求义"中的"文""义"

"因文求义"中的"文"并不是通常所说的狭义的上下文,而是涵盖了多个层面、内容的广义的"文"。具体说来有三种"文",一是文章之"文",是指一部作品或某一篇章中,章与章之间文意联系的语用语境;二是文章中具体的上下文之"文",是指具体的上下句或前后词语、文意或语义联系的语用语境;三是文法之"文",是指具体句子中的词语的组合、配搭和句法结构关系等语法语境。

因文求义中的"义",也不是平常所说的字典辞书中所罗列的词语的意义(义项)。字典辞书所罗列的义项,是词的语言意义。"它是客观事物的特征以及事物之间的关系在使用某一种语言时人们头脑中的概括反映,这种意义得到

---

① 陆宗达.训诂简论[M].北京:北京出版社,1980.

这个社会集团的公认并且用一定的语音形式固定下来，它是抽象的、概括的、相对稳定的①。"

因文求义的"义"，是指文献语言中具体语句中所体现的词的具体意义。这种意义受具体文章、具体上下文及语法规则等语用语境的严格制约，是词的言语意义。词的言语意义是临时的，即在语言意义的基础上产生的一种临时的意义，这种意义只存在于具体的语句中，离开了具体的句子，这种意义也会随之消失。例如：

《史记·卫康叔世家》："完母死，庄公令夫人齐女子之，立为太子。"

例句中"子之"的"子"意思是"收养为子"，离开了这个句子，"收养为子"之义也随之消失。因为词的言语意义是和语用语境密切联系在一起的，所以它又具有一定的灵活性和可变性，同一个词出现在语境不同的句子里，也会随语境的不同而发生变化。再以"子"为例：

（1）《战国策·赵策四》："丈夫亦爱怜其少子乎。"（"子"指儿子）

（2）《诗经·卫风·硕人》："齐侯之子，卫侯之妻，东宫之妹，邢侯之姨……"（"子"指女儿）

（3）《吕氏春秋·慎行》："已为我子矣，又尚奚求。"

高诱注："子，太子。"

（4）《仪礼·丧服》："故子生三月，则父名之。"

郑玄注："凡言子者，可以兼男女。"（"子"指子女，即儿子和女儿）

（5）《荀子·正论》："圣王之子也，有天下之后也，埶籍之所在也，天下之宗室也。"

杨倞注："子，子孙。"（"子"指子孙、后代）

可见因文求义的"义"依附于"文"，有什么样的"文"，就表示什么样的"义"，"文"与"义"有条件和结果的内在联系。"义"存乎"文"，"文"决定"义"。

（二）因文求义方法的运用

1. 因文章之"文"求义

古人写文章很注意文章的章与章、节与节之间的衔接和前后文意的联系。因文章的"文"求义，首先要审察整篇文章章与章、节与节之间的文意联系的语用语境，并根据语境分析语义联系。例如，《诗经·魏风·伐檀》，全诗共

---

① 刘伶. 语言学概要[M]. 北京：北京师范大学出版社，1986.

三章:
　　第一章:"坎坎伐檀兮,置之河之干兮……"
　　第二章:"坎坎伐辐兮,置之河之侧兮……"
　　第三章:"坎坎伐轮兮,置之河之漘兮……"
　　三章分别以"伐檀""伐辐""伐轮"起兴。表面上看"伐檀""伐辐""伐轮"各述一事,其实语意相承相应,是一件事情的工作流程。如果不审察三章的文意联系,就会把三章的文意割裂。朱熹对这三章做注释时,仔细审察三章文意联系的语用语境,对"伐檀""伐辐""伐轮"分别做出符合客观情理的解释:"檀,木可以为车者……用力伐檀,将以为车而行陆也……辐,车辐也,伐木以为辐也……轮,车轮也,伐木以为轮也。"如此,"伐檀以为车,伐木以为辐,伐木以为轮"则文意明矣。《毛传》根据"置之河之干""置之河之侧""置之河之漘"三章相对成文的语用语境,推求"干""侧""漘"是对文同义,用"厓(水边)"注释"干""侧""漘"。
　　《诗经》中有不少诗篇章与章之间配对成文,变文同义,均可联系诗句的语义语境,由某一个已知词义推求其他未知词义。
　　2.因上下文之"文"求义
　　法国著名语言学家特里耶斯曾经表示,想要确定一个词的价值要看它的上下文……虽然这个词或许在意义上有种种变化,但是其上下文让它获得了一种独特的价值,虽然这个词语或许已经在人们的记忆中积累了许多表象,但上下文让词语摆脱掉了那些过去的表象,并创造出了一个现在的价值。①
　　所谓上下文给予该词独一无二的价值,就是说上下文的具体语境决定了某词具有独一无二的具体意义。例如,《易·系辞上》:"同心之言,其臭如兰。"在"其臭如兰"这句中,"兰"决定了"臭"的具体意义,即"气味"。
　　因上下文之"文"求义,是训诂学家在训诂实践中最常使用的求义方法。例如:
　　(1)《管子·大匡》:"臣闻齐君惕而亟骄,虽得贤,庸必能用之乎?及齐君之能用之也,管子之事济也。"
　　尹知章注:"及,犹就也,就令能用之,管子之事必济也。"
　　王念孙曰:"尹未晓'及'之义,及犹若也,言若齐君能用之,则管子之事必济也。"

---

① 王力.龙虫并雕斋文集[M].北京:中华书局,1980.

尹知章和王念孙都对"及齐君之能用之也"一句做了训释,相形之下,王念孙所作的训释更符合原文,因为王念孙的训释紧密联系上下文的语用语境,由下文的"管子之事济也"表示事情的结果,推求上句是个假设分句,所以训"及"为"若"。

(2)《汉书·扬雄传》:"徽以纠纆,制以锧鈇。"

颜师古注:"徽、纠、纆,绳也。"

王念孙案:"师古训'徽'为'绳',义本《坎卦》'系用徽纆'不知'徽以纠纆'与'制以锧鈇'对文,则'徽'非'徽纆'之'徽'。今云'徽''纠''纆'皆绳,则是绳以绳也。今案《广雅》:'徽,束也',束以纠纆,犹言系用徽纆耳……《文选》李善注引服虔曰:'徽,缚束也。'"①

颜师古和王念孙都对"徽以纠纆"中的"徽"做了训释,颜师古训"徽"为"绳",未审察上下文的语用语境,纯粹是缘词生训;而王念孙根据上下两句是"对文"的语用语境,训"徽"为"束",并引《广雅》和李善《文选》引服虔释"徽"为"缚束"加以佐证,这一训释是可信的。前人的训诂经验证明因上下文之"文"求义,能够达到较好的训诂效果。

因上下文之"文"求义,可根据以下三种"文"境推求。

1)根据上下文的语义联系的语境求义

古人写文章很讲究前后文意的逻辑联系,注意前后词语的语义关联。因上下文之"文"求义,可根据上下文的语义联系的语境推求某些词的具体意义。

(1)《战国策》:"鬼侯有子而好,故入之于纣。"

"纣"指商纣王,可推求出"子"是女子,即鬼侯的女儿,由"子"又可推求出"好"的词义是"貌美"。

(2)《国语·越语上》:"果行,国人皆劝。父勉其子,兄勉其弟,妇勉其夫。"

可由下文的三个"勉"字的词义推求"劝"的词义是"勉励"。

2)根据上下"对文"的语用语境求义

古人的文章除了讲究前后文意的逻辑联系外,还讲究上下句的文字对称,训诂学中称为"对文"(或叫相对为文)。对文实际上就是两两相对的对偶句,对偶句的词语配对,往往在上下相同的位置使用同义词或反义词为对。因上下文之"文"求义,可根据"对文"的语用语境,由一个已知的词义去推求对文

---

① 王念孙.读书杂志·汉书第十三[M].北京:中国书店出版社,1985.

中的未知词义。例如：

(1)《战国策·赵策四》："位尊而无功，奉厚而无劳。"

"无功"和"无劳"上下相对成文，可由"功"的词义推求"劳"的词义，即"功劳"。

(2)《战国策·赵策三》："鄂侯争之急，辨之疾。"

"争"与"辨"对文，可知"辨"是个通假字，本字是"辩"；"急"与"疾"对文，可由"急"的词义推求"疾"的词义，即是"激烈"。

根据上下文的语用语境，不仅可以由已知词义推求未知词义，而且可以订正古注中不切实际的注释，如前所述王念孙对"徽以纠墨，制以锧鈇"的"徽"的训释，订正了颜师古训"徽"为"绳"之说。又如：

(3)《汉书·礼乐志》："事为之制，曲为之防，故称礼仪三百，威仪三千。"

颜师古注："言每事立制，委曲防闲也。"王念孙曰："大事曰事，小事曰曲。《礼器》：'曲礼三千。'郑注：'曲，犹事也。'《淮南·缪称训》：'察一曲者。'高诱注：'一曲，一事也。''事为之制，曲为之防'相对为文，则曲非委曲之谓也。"①

3) 根据上下数字平列的语用语境求义

古人用词有用两个或三个同义词并列使用的用词习惯。例如：

(1)《战国策·齐策四》："齐人有冯谖者，贫乏不能自存，使人属孟尝君，愿寄食门下。"

"贫乏"二字同义连用。

(2)《楚辞·离骚》："览相观于四极兮，周流乎天余乃下。"

"览相观"三字同义连用。因上下文之"文"求义，可根据上下数字平列的语用语境，由一个已知的同义词求另外的未知的同义词的词义，如"贫乏"同义连用，可由"贫"的"缺乏衣食钱财"之义推求"乏"的词义；"览相观"同义连用，可由"观"的词义"看"推求"览""相"的词义。

(3)《史记·屈原贾生列传》："张仪闻，乃曰：'以一仪而当汉中地，臣请往如楚。'"

"往如"同义连用，可由"往"的词义推求"如"的词义。

古今一些注释家往往忽略了数字平列的同义现象，分开注释，使文意不得

---

① 王念孙. 读书杂志·汉书第四[M]. 北京：中国书店出版社，1985.

其解。

《史记·陈涉世家》:"藉弟令毋斩,而戍死者固十六七。"

裴骃《史记集解》:"藉,假也;弟,次也。应劭曰:'藉,吏士名籍也。'今失期当斩,就使藉弟幸得不斩,戍死者固十六七。""藉弟令"三字同义连用(或叫同义复合),意为"即使"。"藉弟令毋斩"意为即使不被杀头。

根据上下数字平列的语用语境求义,还应注意两个意义相类或意义相反的平列的语用语境。两个意义相类或相反的词平列,只用其中一个词表示意义,而另一个词或是连类而及,或是作为表义词的陪衬,没有实义。例如:

《礼记·玉藻》:"大夫不得造车马。"

"车马"是"车"的表义,因"车"而连及"马"。又如:

《后汉书·何进传》:"先帝尝与太后不快,几至成败。"

"成败"是反义平列,其中"败"表义,"成"无实义。这种两个反义词平列,其中一个表义,另一个只作为陪衬,通常称为偏义复合或复合偏义。偏义复合语也不能分为两词求义,分则反失其旨。例如:

《礼记·学记》:"君子知至学之难易。"

孔颖达在《礼记正义》中说:"三王四代所敬师,随俗器之,是至学之易,随失以救之,是至学之难。""难易"是偏义复合语,义偏于"难","易"无实义。钱锺书先生在《管锥编》中指出:"难易即难,因难而兼易言之,《正义》分别解,释失。"

3. 因文法之"文"求义

因文法之"文"求义,就是根据文献语言中的具体句子的语法语境,推求词的具体意义。

清代以前的训诂学家虽然没有明确的语法观念和具体分析句法结构的术语,但不少注释家在注释过程中都能体会文法语境,对词语做出符合语言事实的解释。例如:

(1)《诗经·小雅·节南山》:"秉国之钧,四方是维,天子是毗,俾民不迷。"

《郑笺》:"持国政之平,维制四方,上辅天子,下教化天下,使民无迷惑之忧。"郑玄将"四方是维,天子是毗"解释为"维制四方,上辅天子"。说明诗句中的两个"是"没有实义,只起强调宾语前置的语法作用。

(2)《吕氏春秋·慎大》:"凡大者,小邻国也……"

高诱注:"夫大者侵削邻国,使小也。"高诱根据"大者,小邻国"这个句子的语法语境,释"小"为"使……小",提示了"小"的语法作用是使动用法。

因文法之"文"求义,应审察具体句子的语法语境。

1)审察词语组合的语法语境

(1)《论语·颜渊》:"君子质而已矣,何以文为?"

(2)《论语·季氏》:"……是社稷之臣也。何以伐为?"

例(1)中的"以"与例(2)中的"以"表面看起来没有什么分别,且都构成"何……为"的句式,因此不少人认为这两个"以"字都是介词,跟疑问代词"何"构成介词结构,"为"是语气词。其实这两个"以"字的词性不同,例(1)中的"以"是动词,例(2)中的"以"是介词。为什么例(1)中的"以"是动词,而例(2)中的"以"是介词?可根据这两个句子的语法语境进行语法分析。如果把例(1)"何以文为"中的"以"释为介词,那么"文"便要理解为普通名词活用为动词,作谓语,这样解释可以讲通,如果"以"字后边出现的是一个名词性词组,就很难自圆其说了。例如:

(1)《晏子春秋·外篇》:"无宇曰:'位为中卿,田七十万,何以老妻为?'"

(2)《吕氏春秋·异宝》:"今我何以子之千金剑为乎?"

(3)《孟子·万章下》:"我何以汤之聘币为哉?"

如果仍将上述例句中的"以"视为介词,与疑问代词"何"构成介词结构,作状语,那么"何以"后边的名词性词组就要充当句子的谓语,名词性词组充当谓语的句子是判断句,而这些例句均非判断句,古代汉语中也没有名词性词组活用为动词的语法规则。因此,合理的解释是"以"作动词,充当句子的谓语,"以"字后边的名词性词组作句子的宾语。"何以伐为"一句中的"以"后边出现了谓语动词"伐","以"字的动词意义受句法结构的影响,已虚化为介词,"何以"是介词结构,作状语。例如:

(1)《孟子·离娄上》:"三代之得天下也,以仁,其失天下也,以不仁。"

(2)《孟子·离娄下》:"君子深造之以道。"

(3)《商君书·开塞》:"古之民朴以厚,今之民巧以伪。"

要推求上述例句中"以"的用法和意义,必须根据例句中词语组合的语法语境进行分析。例(1)中,"三代之得天下"是个偏正结构的名词词组,充当句子的主语,"以"是动词,意思是"用",充当句子的谓语,"也"是句中的语气词,表示停顿,"仁"和"不仁"分别充当谓语动词,做"以"的宾语;例(2)中,"以道"是对"深造之"的补充说明,用作补语,"以"是介词,义为"用";例(3)中,"以"字前后都是形容词,"以"连接两个并列的成分,是连词,义为"而且","以"的这种用法与连词"而"相当。

在古代汉语里,词类活用现象相当普遍,根据词语组合的语法语境可推求古代汉语中名词、形容词、动词、数词等的活用意义。例如:

(1)《荀子·富国》:"高者不旱,下者不水。"

(2)《左传·僖公五年》:"师还,馆于虞。"

(3)《孟子·滕文公下》:"富贵不能淫,贫贱不能移,威武不能屈,此之谓大丈夫。"

(4)《战国策·魏策四》:"此三子者,皆布衣之士也,怀怒未发,休祲降于天,与臣而将四矣。"

例(1)中的"水"与副词"不"结合,活用为动词,意思为"发大水""发生水灾";例(2)中的"馆"和介词结构"于虞"结合,活用为动词,意思是"驻扎";例(3)中的"淫""屈"分别与助动词"能"结合,活用为动词,意思是"使……淫乱""使……屈服";例(4)中的"四"与副词"将"结合,活用为动词,意思是"有四(人)"。

2)审察句式的语法语境

因文法之"文"求义,还应审察古代汉语的句式的语法语境推求词的具体意义。例如:

(1)《论语·季氏》:"求!无乃尔是过与?"

"无乃……与"亦作"无……乎",是古代汉语中表示委婉推测的固定句式,意思是"恐怕……吧"。例如,《左传·僖公三十年》:"劳师以袭远,非所闻也,师劳力竭,远主备之,无乃不可乎?"《国语·越语上》:"今君王既栖于会稽之上,然后乃求谋臣,无乃后乎?"《庄子·让王》:"列御寇盖有道之士也,居君之国而穷,君无乃为不好士乎?"在"无乃尔是过"这个句子中,"过"是谓语动词,意思是"责备","尔"是宾语,置于谓语动词"过"前的"是"起强调前置宾语的作用,没有实义,整句的意思是:"冉求!(我)恐怕要责备你了吧?"有的选本把"无乃尔是过"释为"难道不是你的过错吗?"显然是忽略了句式的语法语境和词语组合的语法语境。又如:

(2)《左传·庄公八年》,"费曰:'我奚御哉?'"

"奚……哉"与"何……为"都是古代汉语表反问的固定句式,"奚"在句中用作状语,有加强反问的作用,可译作"哪里……呢"或"为什么……呢"。有的选本把"我奚御哉"释为"我抵抗什么",把"奚"训为"御"的宾语,置于动词"御"前。在先秦汉语里,疑问代词作动词的宾语,必须置于动词前,这是一条较严格的语法规则,但这一规则是就一般疑问句(询问句)而言,并不适合于反问句,因为反问句是无疑而问,是用疑问的形式表示肯定的意思。注释者注释不是根据句式的语法语境求义,而是用一般规律去解释特殊现象。

第三节　运用训诂原理翻译文言文

翻译文言文就是用现代汉语把文言文的意思准确地表述出来,通常称为古文今译。说到翻译,学术圈内的人都会想起严复翻译《天演论》时所说的一番话,"译事三难:信、达、雅。求其信已大难矣。顾信矣,不达,虽译,犹不译也……信达而外,求其尔雅"。"信""达""雅"是外文翻译的三项原则,但在古文今译中也常把"信""达""雅"作为古文今译的标准。"信"是要求译文必须忠实原文,"达"是要求译文表述的意思通顺畅达,"雅"是要求译文反映原文的语言风格。

翻译文言文首先是对其字、词、句的意思做出符合原文文意的训释;然后根据现代汉语的文字、词汇、语法规则,把古文中的字、词、句逐一对译。可见古文翻译和训诂是密切联系在一起的,今译是在训诂的基础上进行的。本章从训诂的角度讨论古文今译。

一、运用训诂原理推求词义、训释文意

古文今译就是把文言文中每一个句子的意思都用现代汉语准确地表述出来,这就要求翻译者必须熟悉古文,并理解文言语句中的每一个词语。例如:

《左传·襄公三年》:"祁奚请老。晋侯问嗣焉,称解狐,其雠也。将立之而卒,又问焉。对曰:'午也可。'于是羊舌职死矣。晋侯曰:'孰可以代之?'对曰:'赤也可。'于是使祁午为中军尉,羊舌赤佐之。君子谓祁奚于是能举善矣。称其雠,不为谄;立其子,不为比;举其偏,不为党。《商书》曰:'无偏无党,王道荡荡。'其祁奚之谓矣。解狐得举,祁午得位,伯华得官,建一官而三物成,能举善也。夫唯善,故能举其类。《诗》云:'惟其有之,是以似之。'祁奚有焉。"

要对上面的古文进行今译,首先要弄清文中的词语"请老""问嗣焉"

第五章 基于训诂学的中学文言文教学

"称""雠""谄""比""党""荡荡"等的意义。想弄清词语的意义,有些可借助于有关的字典辞书和古书注解等训诂材料;有些则应运用训诂原理直接推求解释,如"请老"古今均有注解,即"请求退休";"晋侯问嗣焉"中的"嗣"本指继承,这里指继承人,即接替的人;"焉"字是个兼词,相当于"于之","于之"中的"之"指"祁奚";"称其雠"与后文的"举其偏"相对为文,可由"举"的词义推求"称"的词义是"举","不为比"与"不为党"对文同义,"比"是"偏袒",可推求"党"的词义是"袒护"。

训释文意是将每一具体句子中的具体词义都弄清后,串讲成文。例如,"祁奚请老"意为"祁奚请求退休","晋侯问嗣焉"意为晋侯询问祁奚接替中军尉职务的人。文意训释应运用因文求其义的训诂原理,仔细审察各种具体的语用语境,联系上下文的语义关系,把每一个各自成立的孤立句子有机地连接起来。现根据训诂原理将上面的古文全文译成现代汉语:

祁奚请求退休,晋侯向他询问接替他的人,他举荐了解狐,解狐是他的仇人。晋侯打算任命解狐,这时候他却死了。晋侯又问祁奚,祁奚回答说:"祁午可以胜任。"这时候祁奚的副手羊舌职死了,晋侯说:"谁可以接替他?"祁奚回答说:"羊舌赤可以胜任。"因此,晋侯任用祁午担任中军尉,羊舌赤为副职。君子评论祁奚:"在这种情况下能够推荐有德行的人,举荐他的仇人,不是奉承巴结;安排自己的儿子,不是偏私;推荐的副职不是袒护。《商书》说:'不偏私,不袒护,君王之道广大无边。'大概说的就是祁奚吧。解狐得到举荐,祁午得到职位,羊舌赤得到官职,设置一个官位而三件好事都做成了,是由于能举善啊。正因为自己善,所以能举荐跟自己一样的人。《诗经》里说:'只有有德行的人,才能举荐像自己一样的人。'祁奚就是这种有德行的人。"

训释文意是为了使句子翻译畅通,文意训释是否准确,直接关系今译句子的准确。因此,文意训释必须紧密联系上下文的语义关系,遵循训诂的文意客观性原则。

(一)文意训释必须符合原文文意的客观内容

所谓符合原文文意的客观内容,就是文意训释不能脱离原文,任意借题发挥或无中生有、添枝加叶,或把古代名物现代化。今人对古文的注解或翻译中,有些并不注意文意是否符合原文的客观内容,任意借题发挥,随意添枝加叶。例如:

(1)《论语·季氏》:"且尔言过矣。虎兕出于柙,龟玉毁于椟中,是谁之过与?"

有人把这几句译成:"况且你的话错了,社会渣滓纷纷出笼,优秀人才遭到诋毁,这是谁的过错呢?"把"虎兕出于柙,龟玉毁于椟中"译成"社会渣滓纷纷出笼,优秀人才遭到诋毁"。这不是原文本来的意思,而是译者借题发挥,随意臆造之义。"虎兕"和"龟玉"是孔子用来打比方的词,是孔子间接地批评冉求、子路身为季康子的管家,却没有尽到管家的职责。"虎兕"(泛指牲畜)、"龟玉"(泛指珍藏之物)都是管家具体所掌管的,而今虎兕跑了,龟玉被毁坏了,这是谁的错呢?显然这两句是孔子对冉求、子路的委婉批评。"虎兕"和"龟玉"照字面译则更能体现原文文意。这几句可译为:况且你的话错了。老虎犀牛从木笼里跑出,龟甲玉器在匣里被毁坏,这是谁的过错呢?

②《左传·僖公·僖公二十二年》:"虽及胡耇,获则取之。"

有人把"获则取之"一句译成:"抓到了他,就抓住他。"这个译文显然不符合客观情理,既然抓到了,怎么没抓住呢?翻译者对文意训释时没有审察前后两句的语法语境。"虽及胡耇"的意思是:即使遇上的是上了年纪的敌人。"获则取之"中的"之"是动词"获"和"取"的宾语,即"获之""取之",连词"则"表示顺承关系,即一先一后的动作联系。"获"是抓获,"取"是割取耳朵。"取"在这里用的是本义(参见因形求义),"获则取之"应译为抓到了他就割取他的耳朵。

有些译文逐字逐词对译,遇到一些古代的名物、制度不同于今者,不懂灵活变通,用现代器物去对译,闹出笑话。例如,《孟子·滕文公上》:"许子以釜甑爨,以铁耕乎?"这个句子有人译成:"许子用电饭锅煮饭,用铁器耕种吗?""釜""甑"是古代蒸煮的炊具,今天已不使用这种炊具了,也就是现代汉语没有可与之对译的器物,翻译时可不必译出。用今天的"电饭锅"去对译,反而不符合文意内容的客观性。

遵循文意内容的客观性,翻译时要求根据原文逐字、逐词、逐句对译,这是"忠实"原文,确保文意内容客观性的具体翻译的准则。但由于古今词汇,词义,古今语法、音韵的差异,常会出现古文中的某一个词或某一个句子不能完全对译的情况。遇到这种情况,可作灵活变通,但有一个前提,就是不改变原文的意思,即在不改变原文意思的前提下根据具体的句子中的词语的语用语境灵活处理,如古代人名、地名、朝代名以及各种名物、制度无法一一对译,用现代词语去翻译反而会脱离原文文意时,可以保留不译。有些古今语法有差异的要使译文符合现代汉语语法的规范,可根据不同的情况进行删补或调整、转换,如"父母之爱子,则为之计深远",对译时第一个"之"字可删去不译;

又如"且夫水之积也不厚,则其负大舟也无力","水之积"中的"之"翻译时也可删去,"也"本是句中语词,表示停顿,可译作"得","水之积也不厚"意为"水积得不深"。古代汉语有宾语前置的用法,译文则应把"宾语"放到动词后边。有的逐字、逐词对译后,按现代汉语的表达,显得语意未完,则应适当进行补充,使句意完整。例如,《韩非子·五蠹》中的"人民不胜禽兽虫蛇"可对译为:人们经受不住禽兽虫蛇(的侵害)。

(二)文意必须符合上下文的叙述情理

所谓符合上下文的叙述情理就是训释的文意,不仅要各个成立的句子意思都能讲通,而且要语义前后一致,符合古代汉语的词义特点、语法规则、修辞格式。今人的注译往往忽略古今词义的异同,而影响译文的准确性。例如:

(1)《左传·僖公三十二年》:"穆公访诸蹇叔。"

有人把这句话译成:"秦穆公访问了蹇叔。"表面看起来,这个译文无可挑剔,其实不然,译者疏忽了这个简短的句子中两个最关键的词"访"和"诸"。"访"在先秦汉语中,并不是"访问"的意思,"访"的对象不是人,而是事。先秦汉语中的"访"是"咨询""询问",把"访"译作"访问"是不辨古今词义的异同,用"访"的后起义解释其古义。"诸"是"之于"的合音,此句中的"诸"相当于"之于","之"是"访"的宾语,"蹇叔"是介词"于"引进的动作涉及的对象。整句的意思应译成:"秦穆公向蹇叔咨询(派军队攻郑之事)。"

(2)《左传·成公二年》,"郤子曰:'人不难以死免其君,我戮之不祥。赦之,以劝事君者。'"

有人把"赦之,以劝事君者"译成:"释放他,用他来奉劝那些侍奉国君的人。"这个译文的文意也很通顺,表面上看不出有什么问题,但仔细琢磨便会发现译者把"劝"译作"奉劝"是不辨古今词义的异同。先秦汉语中的"劝"一般都表示"鼓励、勉励"的意思,"奉劝、规劝"是"劝"的后起义。正确译文应是:"释放他,以便鼓励侍奉国君的人。"

今人注释虽然避免了古人就词释词、不讲语法的弊病,但有的注释讲解语法不求甚解,只知其一不知其二。例如:

《史记·项羽本纪》:"如今人方为刀俎,我为鱼肉,何辞为?"

有人把这几句译成:"如今人如同是屠刀、砧板,而我们则好比砧板上的鱼肉,还告辞什么呢?"这个译文逐字、逐词、逐句对译,每个各自成立的句子也都通顺,一般都认为这个译文译得好,既注意了古代汉语的修辞特点,又注意了古代汉语宾语前置的用法。其实，译文的不足，正是把"何辞为"译作"告辞什么呢？"译者把"何辞"理解为"告辞什么"，这是把"何"释为动词"辞"的宾语。表面上看译者对此句的句法分析没有什么不对，但细究起来，这个句子中的"何"并非动词"辞"的宾语，而是做句子的状语，因为这个句子不是一般疑问句。在一般疑问句中，疑问代词必须置于动词之前，这是先秦汉语较为严格的语法规则。但这个规则并不适用于反问句，反问句只是用疑问形式表示肯定的事实。联系上文"沛公曰：'今者出，未辞也，为之奈何？'樊哙曰：'大行不顾细谨，大礼不辞小让'"可知，"何辞"所表示的是不必告辞的事实，"何辞为"是个反问句。古代汉语里常用"何……为"这种句式表示反问。例如：

《史记·孙子吴起列传》："卒有病疽者，起为吮之，卒母闻而哭之。人曰：'子卒也，而将军自吮其疽，何哭为？'"

《汉书·张汤传》："汤为天子大臣，被恶言而死，何厚葬为？"

"何……为"句式中的"何"都不是宾语，而是状语，起加强疑问或反问的作用。所以，"何辞为"意思为何必告辞呢？

今译中，有些译文只是机械地对照字词逐个翻译，不审文例，不辨古人的修辞表达方式，使得文意不符合客观情理和叙述情理。例如：

《史记·淮阴侯列传》："大夫种、蠡存亡越，霸句践，立功成名而身死亡。"

有人把这几句译成："大夫文种、范蠡使已经灭亡的越国生存下来，他们立了功，成了名，可是都死了。"这个译文从表面上看，译得不错，实际上译文对文意的训释既不符合原文内容的客观性，也不符合上下文的叙述情理。文种和范蠡辅佐越王勾践，打败了吴王夫差，使几近灭亡的越国强大了起来，但这两人不是立了功、成了名都死了。"死"的是指文种，范蠡是逃亡了。译者照字面对译，把"死亡"理解为"死"，不符合原文客观内容。从叙述情理上说，这是把两人的事迹合并在一个句子里来说，运用了古代汉语的"并提"（或叫合叙，也叫分承）的修辞表达方式，理解时应分开叙述："死"指文种，"亡"指范蠡。正确的译文应是：大夫文种和范蠡使已经灭亡的越国复兴，使勾践称霸诸侯。他们立了功，成了名，一个被迫自杀，一个无奈逃亡。

二、运用训诂原理翻译古文的要求

对原文文意有了正确的理解，并不等于就有准确流畅甚至语言优美的翻译。因为古今历史文化背景、语言法则的各种差异，如词义的历史变迁、语法的时代更革、行文例式的差异等，都给古文今译带来了一定的困难，翻译者必须具有处理这些问题的方法技巧，才可能做到翻译的"达"，并逐渐接近"雅"。下面就从文言文的字词、语法、修辞等方面谈谈翻译古文的具体要求和方法。

（一）对照原文直译，凡遇到古今语法不同的，应按现代汉语的表达方式予以转换

古代汉语和现代汉语虽然是不同时代的语言，但它毕竟是同一种语言，现代汉语是古代汉语的继承和发展，古今汉语虽然语法上有差异，但也有其一致性。因此，文言文中的不少句子从句法结构到词序都可以一一对应地译成现代汉语。例如：

（1）《战国策·楚策四》，"庄辛谓楚襄王曰：'君王左州侯，右夏侯，辇从鄢陵君与寿陵君，专淫逸侈靡，不顾国政，郢都必危矣！'"

译文：庄辛对楚襄王说："君王左有州侯，右有夏侯，车后又跟着鄢陵君和寿陵君，一味放荡奢侈，不理会国家的政事，郢都必定危险啊！"

（2）《左传·僖公三十年》："佚之狐言于郑伯曰：'国危矣。若使烛之武见秦君，师必退。'公从之，辞曰：'臣之壮也，犹不如人；今老矣，无能为也已。'"

译文：佚之狐对郑国国君说："国都危急了。如果派烛之武去拜见秦国国君，秦晋两国的军队必定会撤退。"郑国国君听从了佚之狐的建议，便请烛之武去觐见秦君，烛之武推辞说："我年轻力壮的时候，尚且比不上别人；现在年老了，不能做什么了。"

对于古今汉语的句法结构、词序、词类活用等方面表现出的差异，今译时应灵活处理，根据具体语句的情况，按照现代汉语表达习惯予以转换。例如：

（1）《左传·隐公元年》："制，岩邑也，虢叔死焉。"

译文：制是险要的城邑，虢叔就死在那里。

原文"制，岩邑也"是古代汉语的判断句，是主谓结构，译成现代汉语则应是"主+谓+宾"的结构。因为现代汉语判断中要使用判断词"是"，"虢叔死焉"中的"焉"是兼词，相当于"于之"，做补语，因此，译作"死在那里"。

（2）《左传·僖公三十二年》："尔何知？中寿，尔墓之木拱矣。"

译文：你知道什么？如果你活到中寿就去世的话，你坟墓上的树木已经有两手合抱那么粗了。

原文"尔何知"是宾语前置,译文时要转换为宾语后置。

(3)《论语·微子》:"止子路宿,杀鸡为黍而食之,见其二子焉。"

译文:老丈留子路住宿,杀鸡烧煮米饭给他吃,让自己的两个儿子来拜见子路。

原文的"食"和"见"都是使动用法,译文按照现代汉语的表达习惯,分别译为"给……吃""让……拜见"。

(二)今译时原文句子中的各个字词都必须在译文中落实

这是要求翻译时应对照原文逐字逐词对译,即把每个字词都转换成现代汉语对等的说法。例如:

《左传·僖公三十二年》:"蹇叔之子与师。"

对译则是:蹇叔的儿子参加军队。

又如:

《庄子·内篇·养生主》:"吾闻庖丁之言,得养生焉。"

对译则是:我听到庖丁的话,从中获得了养生的道理啊。

这种一句对一句、一个词对一个词地翻译最能保持原文遣词造句的语言风貌,从而能较真实地反映出原文的语言特点。但由于古今汉语在词汇、语法和行文例式的各种差异,文言中有些词和文句在现代汉语里很难找到对应的说法,在这种情况下可以采取意译。

例如:

《论语·乡党》:"过位,色勃如也,足躩如也,其言似不足者。"

句中的"勃如""躩如"在现代汉语中没有对应的词,杨伯峻在《论语译注》中采用了意译法翻译为经过国君的座位时,面色庄重,脚步也快,言语也好像中气不足。

又如:

司马迁《报任安书》:"今少卿抱不测之罪,涉旬月,迫季冬,仆又薄从上雍,恐卒然不可为讳,是仆终已不得舒愤懑以晓左右,则长逝者魂魄私恨无穷。"

例句中"不可为讳"是"死"的委婉语,不能照字面翻译。翻译时也只能意译为:如今少卿你身负重罪,再过一个月,便临近冬季(处决犯人的那个月)了,我又马上要随从皇上去雍地,担心突然间你就会发生不幸,这使我最终不能向你抒发内心的烦闷,那么与世长辞的是魂会永远留下无穷的遗怨。

（三）古代汉语所用的修辞方式和古代文化的专有名词，翻译时应根据具体情况灵活处理

古人行文常运用各种修辞方式，以增强文章的语言感染力。今译时应尽可能保留其修辞特点，使译文在语言风格上更加接近原作品，力求传神。但如遇到某些修辞方式与现代汉语的修辞方式不一致时，据字面意思直译则不符合原文内容的客观性，应转换成现代的说法，以避免以辞害意。

例如：

（1）《荀子·劝学》："无冥冥之志者，无昭昭之明；无惛惛之事者，无赫赫之功。"

译文：没有精诚专一意志的人，就不会有明辨是非的聪明；没有专精处事的人，也不会有辉煌的成绩。

原文是对偶句，句式整齐，译文也力求字数相等、句式整齐，尽可能地保留原文的语言风貌。

（2）曹丕《与吴质书》："昔伯牙绝弦于钟期，仲尼覆醢于子路，痛知音之难遇；伤门人之莫逮也。"

译文：从前伯牙听到钟子期去世就把琴弦弄断，是因为痛惜知音再难遇到；仲尼知道子路战死就把肉酱倒掉，是因为感伤门人中没有一个能比得子路的。

原文是把伯牙和仲尼所做之事并提，将两人不同行为的原因并提，译文根据并提句子的对应规律，做了相应的句式转换，使原文的意思表达得更明确。

代称是文言中运用最普遍的修辞方式，今译时不能据字面意思直译，必须把它们译成所称代的对象。例如：

（1）《洛阳伽蓝记·王子坊》："何为弃坟井，在山谷为寇也。"

译文：为什么要放弃故乡，在山谷中做强盗。

（2）《战国策·楚策一》："带甲百万，而专属之昭奚恤。"

译文：军队百万，只归昭奚恤统属。

文言文作品中常出现一些古代文化概念或专门用语，翻译时也应根据具体情况灵活处理，如古代的地名、人名（姓氏、字、号、谥号）、朝代名、国名、职官名、纪时用语及度量衡等专用术语，可直接转述，不必翻译。但有一些历史文化专用术语比较生僻难懂，不加翻译则会妨碍对文意的理解，在这种情况下应把这些词语转换成今人易理解的说法。例如：

《诗经·豳风·七月》："七月流火，九月授衣。"

译文：七月里大火星向西偏了，九月里要给官家做冬衫了。

"流火"之"火"，指二十八宿的心宿，又叫"大火星"。"流"是指大火星在天穹上所处位置的变动；夏历六月大火星处于南中天，位置最高，到了七月就偏西向下移动了。"流火"的说法难明，因此译文对它做了描述性的翻译。

运用训诂原理翻译古文除了上述具体要求之外，还应忠实反映原文的语气和感情色彩，真正做到把文言文的思想感情和语言风格准确地传达出来。

第四节　运用训诂原理阅读文言文

由于语言的变化，现代人阅读古书都有一种共同的感觉，那就是文言文陌生难懂。为什么现代人阅读古文会有这种感觉，究其原因是社会发展、时代变迁、文字变异、语言变革。早在900多年前，宋代著名学者郑樵就已经指出："古人之言所以难明者，非为古书之理意难明也，实为事物之难明也；非为古人之文言难明也，实为古人之文言有不通于今者难明也。能明乎《尔雅》之所作，则可以知笺注之所当然，不明乎《尔雅》之所作，则不识笺注之旨归。①"

郑樵的这番话是要告诉后人，古文之所以难懂主要有两个方面的原因：一是古代的事物今人不熟悉，所以难懂；二是古代文言与后代语言有差异，用后代的语言解释文言难以讲通。如果要真正读懂古文，只有"明乎《尔雅》之所作"，用今天的话说就是要具备一定的训诂学知识。

近代著名语言学家杨树达先生也在《高等国文法序列》中说："治国学者，必明训诂，通文法。"本节就如何运用训诂原理阅读古文谈几个具体的问题。

一、运用训诂的求义方法推求古文中通假字的词义

古书中的文字使用情况比较复杂，有同一个词义先后用不同的汉字记录的古今字，如表示"傍晚"之义的"莫"和"暮"；也有读音、意义完全相同而形体不同的异体字，如"蚯蚓"的"蚓"又作"螾"，"眼泪"的"泪"又作"淚"。汉字简化后出现了繁简字，如"後""后"，但在古书中，它们是两个意思不同的词，"先后"的"后"，古书中写作"後"，"后"最初的词义是指国君，引申为太后、皇后。古书用字复杂的另一种情况是某一个词已有记

---

① 焦循，沈钦韩.春秋左传补疏 春秋左氏传补注[M].上海：上海古籍出版社.2016.

录它的专用字，可是古人在写文章时常常不写这个专用的本字，而书写一个与本字读音相同或相近的假借字（通常称为通假字），如用"蚤"代替"早"，用"罢"代替"疲"。先秦作品中有不少字是通假字，通假字是古文阅读中最大的文字障碍，不明通假，则容易望文生训。清代学者王引之在《经义述闻·自序》中指出："训诂之旨存乎声音，字之声同声近者，经传往往假借，学者以声求义，破其假借之字，读以本字，则涣然冰释，如以假借之字强为之解，则诘屈为病矣……"

阅读古文时，如果遇到某些字按其字面（该词所记录的本义或引申义）去解释，句子的意思难以讲通，或者在孤立的句子里勉强能讲通，但联系上下文的语用语境，则文意不符合客观情理或叙述情理，那么，这个字可能就是一个通假字。例如，《楚辞·离骚》"皇览揆余初度兮，肇锡余以嘉名"句中的"锡"依其字面解释，句子的意思难以讲通，可推断这个"锡"字是通假字，确定"锡"为通假字后，根据"锡"的读音进行因声求义，确定其本字。古代与"锡"古音相近的有一个"赐"，表示"赐予"之义，用"赐"的"赐予"之义去解释"肇锡余以嘉名"中的"锡"，句子意思则通顺畅达，可见"锡"的本字是"赐"，所借的词义是"赐予"。

通假字与本字只有语音上的联系，它只是借本字的某一个意义，因此，运用因声求义的原理推断古书中通假字的本字，必须与因文求义有机地结合起来，先根据文章的前后语用语境、上下文的语用语境推断通假字，然后运用因声求义的原理推求本字和通假字所借的词义。

例如：

（1）《战国策·赵策三》："彼秦者，弃礼义而上首功之国也，权使其士，虏使其民，彼则肆然而为帝，过而遂正于天下，则连有赴东海而死耳。"

例子中的"弃礼义而上首功之国也"的"上"，依其字面解释，句子的意思都难以讲通，这个"上"字可能就是一个通假字，根据"上"的读音线索可推求出"尚"，表示"崇高"之义，用"崇尚"之义去理解"弃礼义而上首功之国也"，文意畅通，说明"上"是个通假字，本字是"尚"，借义是"崇尚"。

在先秦古书中"上"与"尚"经常互相通用。例如，《韩非子·五蠹》："上德不厚而行武，非道也。"（"上"通"尚"）；《孟子·滕文公上》："江汉以濯之，秋阳以暴之，皜皜乎不可尚已。"（"尚"通"上"）[1]。

---

[1] 孟轲.孟子·[M].西安：三秦出版社，2018.

"过而遂正于天下"的"正",按其字面意思解释,虽然句子的意思勉强可以讲通,但联系上文的语用语境——"上首功之国""权使其士""虏使其民"都讲不通,因此,这个"正"可能是个通假字。《史记·赵世家》引此句作"过而为正于天下",根据"正"的读音线索,与"正"同音的有"政","政"有"政权"之义,用"政权"之义去理解"过而遂正于天下"则文意符合内容的客观性,说明"正"是通假字,本字是"政",借义是"政权","为正"即"为政"。《论语·为政》:"为政以德,譬如北辰,居其所,而众星拱之。"朱熹在《论语集注》中说:"政之为言正也,所以正人之不正。""正"是"政"的源词,二字声同义通。

（2）《庄子·人间世》:"夫爱马者,以筐盛矢。"

"以筐盛矢"中的"矢"的字面意思是"箭",按其字面解释是"用筐盛箭",句子的意思可以讲通,但联系上文"爱马者",则文意不符合叙述情理。因此,这个"矢"字可能是一个通假字,根据"矢"的读音线索,与"矢"同音的有一个"屎"字,指粪便,用"粪便"之义去理解"以筐盛矢",不但句子意思通顺,而且符合上下文的叙述情理。在其他古书中也有"矢"通"屎"的用例。例如,《史记·廉颇蔺相如列传》:"赵使还报曰:'廉将军虽老,尚善饭,然与臣坐,顷之三遗矢矣。'"司马贞《索隐》:"矢,一作屎。"

（3）《庄子·逍遥游》:"若夫乘天地之正,而御六气之辩,以游无穷者,彼且恶乎待哉。"

例句中的"御六气之辩"的"辩",其字面意思是"辩论""辩解",如能言善辩。按字面去解释"御六气之辩"的"辩",句子的意思根本无法讲通,因此,这个"辩"可能是个通假字,根据"辩"的读音线索,与"辩"同音的字中有一个"变"字,义为"变化",用"变化"去解释"御六气之辩"的"辩"（六气:指阴、阳、风、雨、晦、明）,句子的意思则能怡然理顺,说明"辩"是个通假字,本字是"变",借义是"变化"。

（4）《楚辞·哀郢》:"出国门而轸怀兮,甲之鼂吾以行。"

"鼂"读作朝,依《说文》的解释,"鼂"的本义是匽鼂,虫名。依照"鼂"的字面解释"甲之鼂"的"鼂",句子的意思无法讲通,根据"鼂"的读音线索,与"鼂"同音的字中有一个"朝",义为"早晨",用"早晨"去理解"甲之鼂"的"鼂",句子的意思通顺流畅,说明"鼂"是个通假字,本字是"朝",借义是"早晨"。

（5）《战国策·秦策一》:"说秦王书十上而说不行。黑貂之裘弊,黄金百斤尽，资用乏绝，去秦而归。嬴縢履蹻，负书担橐，形容枯槁，面目犁黑，状有归色。"

这段短文中有四个字按照字面解释，句子的意思无法讲通，这四个字分别是"嬴""蹻""犁""归"。"嬴"的字面意思是"疲弱"；"蹻"的字面意思是"举足"；"犁"的字面意思是"耕地的农具"；"归"的字面意思是"女子出嫁"，引申为"归还""回来""归附"等。因此，这四个字都可能是通假字，可运用因文求义和因声求义的原理推求其义。"嬴縢履蹻"中的"履"是个动词，"蹻"应是"履"的宾语，"履"的意思是"穿"，可推断"蹻"应是动词"履"的对象，即鞋子。而"蹻"的字面意思是"举足"，亦是动词，因此，应从"蹻"的语音线索上寻求与"蹻"读音相近的字，其中有一个"屫"字，义为"草鞋"，用"草鞋"之义理解"履蹻"之"蹻"，则文意通顺。"嬴縢"与"履蹻"是并列结构，可知"履蹻"是个动词，并非形容词，可根据"嬴"的读音线索寻求，与"嬴"同音的字中有一个"累"字，义为"缠束"，"縢"是指"绑腿布"，用"累"的"缠束"之义理解"嬴縢"，句子的意思能讲通，而且符合叙述情理，可见"嬴縢"的"嬴"，"履蹻"的"蹻"都是通假字。"嬴"的本字是"累"，借义是"缠束"，"蹻"的本字是"屫"，借义是"草鞋"。"面目犁黑"之"犁"，字面意思是"耕地的农具"，自然与"面目犁黑"之意格格不入，由"面目"可推断"犁黑"是描述"面目"的状貌。《韩非子·外储说左上》："手足胼胝、面目黧黑，劳有功者"，据此可推求"犁"是"黧"的通假字，"黧"义为"黑色"，"黧黑"是同义连用，都含"黑色"之义，说明"犁"的本字是"黧"，借义是"黑色"。再回到例句中，联系上文"说秦王书十上而说不行，黑貂之裘弊，黄金百斤尽，资用乏绝，去秦而归"，这个"归"是"回家"的意思，而后边的"状有归色"如果也释为"回家"，则前后文意重复，不符合上下文的叙述情理。联系"形容枯槁，面目犁黑"，则可推断"归"是"愧"的通假字，"愧"有"惭愧""羞愧"的意思，用此义去理解"状有归色"，句子的意思便通畅晓达，说明"归"是通假字，本字是"愧"，借义是"羞愧"。

运用因声求义的原理推求通假字的词义，应注意通假字与本字并不是完全的一对一的对等关系，如"辩"既可作"辨"的通假字，也可作"变"的通假字；"归"既可作"馈"的通假字，也可作"愧"的通假字。又如"敖"在古书中可分别用作"熬""螯""傲"的通假字，这是因为同源派生词声近义通。因此，运用因声求义原理推求通假字的词义应密切联系上下文的语用语境，不能以一对一，简单化。

二、运用训诂的求义方法由文中的已知词义推求未知词义

在古文阅读中，如果每一个字词都去查字典辞书，既浪费时间，也不能完全解决问题，因为字典辞书中的意义是词的概括意义，是固定的，而古文中的词义是词的具体意义，是灵活的、可变的。当古文中的具体意义与概括意义一致时，就可以对号入座，这个词义是概括意义的具体体现，但有时候具体意义并非概括意义的直接体现，而只是某一概括意义的延伸或某种语境所决定的临时意义，此时字典辞书中的概括意义就不能一一对号入座。如果不考虑文境，便容易把概括意义当作具体意义，而与文意内容不合。因此，要真正读懂一篇古文，必须运用训诂的原理，联系具体文章的具体语用语境，根据语境提供的求义线索，由熟悉的已知词义去推求语句中的未知词义，这是古文阅读的有效途径。

例如：

（1）《诗经·卫风·硕人》："齐侯之子，卫侯之妻。东宫之妹，邢侯之姨……"

要知道"齐侯之子"中的"子"的词义，可由后文的"妻""妹""姨"推求。"妻""妹""姨"是女性，可见"齐侯之子"的"子"指女儿。

（2）《左传·庄公十年》："一鼓作气，再而衰，三而竭。"

可由上文的"一"和下文的"三"推求"再"的词义，"一"和"三"都是数词，作状语，表示动作行为的数量。"一"是"第一次"，"三"是"第三次"，可知"再"也是数词，表示动作行为的数量，意思是"两次"或"第二次"。

（3）《三国志·魏书·华佗传》："吾有一术，名五禽之戏，一曰虎，二曰鹿，三曰熊，四曰猿，五曰鸟。"

由"虎""鹿""熊""猿""鸟"可推知文中的"禽"是指鸟兽等动物。

（4）《荀子·王霸》："夫人之情，目欲綦色，耳欲綦声，口欲綦味，鼻欲綦臭，心欲綦佚。"

由"鼻"可推知"臭"是气味的意思。

（5）《左传·隐公元年》："公赐之食，食舍肉。公问之，对曰：'小人有母，皆尝小人之食矣，未尝君之羹，请以遗之。'"

可由"食舍肉"之"肉"推求"羹"的词义，亦指肉。

（6）《易传·系辞下》："后世圣人易之宫室，上栋下宇。"

由"上栋"之"栋"可推求"下宇"之"宇"，"栋"是"栋梁"，"宇"是指"屋檐"。

（7）《左传·僖公二十三年》："姜与子犯谋，醉而退之。醒，以戈逐子犯。"

由"醉而退之"的"醉"可推求"醒"的词义是"酒醒"。

古人写文章讲究句式整齐，经常使用排比、对偶的句式。在两两相对的对偶句中，在相同的位置上使用同义词或反义词。例如：

（1）《荀子·劝学》："积土成山，风雨兴焉；积水成渊，蛟龙生焉。"

"兴"与"生"对文同义。

（2）《孟子·尽心下》："穷则独善其身，达则兼济天下。"

"穷"与"达"对文反义。

运用训诂原理推求未知词义，可根据古文行文的句式特点，由一个较熟悉的已知词义去推求文中的未知词义。例如：

（1）《诗经·召南·行露》："谁谓女无家，何以速我狱……谁谓女无家，何以速我讼……"

"何以速我狱"与"何以速我讼"相对成文，可由较熟悉的"讼"的词义去推求"狱"的词义。"讼"的词义指"官司案件"，"讼"与"狱"对文同义，因而可推知"狱"亦为"官司""讼案"。对文同义之词，古书中常常可连用。例如，《周礼·秋官·大司寇》："凡诸侯之狱讼，以邦典定之；凡卿大夫之狱讼，以邦法断之；凡庶民之狱讼，以邦成弊之。"

（2）《孟子·告子下》："春省耕而补不足，秋省敛而助不给。入其疆，土地辟，田野治，养老尊贤，俊杰在位，则有庆，庆以地。入其疆，土地荒芜，遗老失贤，掊克在位，则有让。"

这段短文中"春省耕而补不足"与"秋省敛而助不给"相对成文。"补"与"助"对文同义，"足"与"给"对文同义，可由读者最熟悉的一个词的古义去推求未知词义。或由"助"求"补"的意思，或由"补"求"助"的意思，"给"的古义容易被误解，可由"足"推求其义。"俊杰在位，则有庆"与"掊克在位，则有让"，联系前后文语境可知是反义配对成文。文中的"掊克"究竟是什么意思一下子不容易确定，可由"俊杰"的词义去推求。"俊杰"指人才出众的人，与"俊杰"相反的"掊克"则指聚敛贪狠之人。"庆"与"让"是反义配对对文，可由"庆"的词义推求"让"的词义，"庆"是"赏赐"，与"庆"相反的"让"的词义便是"惩罚""责备"。

(3)《庄子·逍遥游》:"且举世而誉之而不加劝,举世而非之而不加沮,定乎内外之分,辩乎荣辱之境,斯已矣。"

"举世而誉之而不加劝"与"举世而非之而不加沮"反义配对成文。可由"誉"的词义推求"非"的词义,由"沮"的词义推求"劝"的词义。"誉"是"称赞""赞扬",与"誉"相反的"非"的词义则是"批评""指责";"沮"的词义是"懊丧",与"沮"相反的"劝"的词义便是"努力"。

由已知词义推求未知词义还可以根据古人行文的词例去推求。古人行文常习惯于用两个同义词连用,在同义复语中可由最熟悉的已知词义推求另一个未知词义。例如:

(1)《韩非子·五蠹》:"是去监门之养而离臣虏之劳也。"

"臣虏"同义连用,可由"虏"的词义去推求"臣"的词义,"虏"指"俘虏""奴隶",即"臣"亦指"奴隶"。

(2)《汉书·赵广汉传》:"湖都亭长西界上,界上亭长戏曰:'至府为我谢问赵君。'……又坐贼杀无辜。"

例句中的"谢问""贼杀"都是同义连用。可由"问"的词义推求"谢"的词义,"问"是"问候",则"谢"的词义亦为"问候";可由"杀"的词义推求"贼"的词义亦为"杀"。

(3)司马迁《报任安书》:"是仆终已不得舒愤懑以晓左右,则长逝者魂魄私恨无穷。"

"愤懑"同义连用,可由"懑"的词义推求"愤"的词义。"懑"的词义是"烦闷、憋闷",可推知"愤"的词义亦为"烦闷、憋闷"。

(4)《后汉书·班超传》:"居家常执勤苦……昔魏绛列国大夫,尚能和辑诸戎。"

例句中的"勤苦""和辑"都是同义连用,"勤苦"同义,可由"苦"推求"勤"的词义,"苦"是"辛苦",则"勤"亦为"辛苦"。"和辑"同义连用,可由"和"的词义推求"辑"的词义,"和"的词义是"协和",可推知"辑"的词义亦为"协和"。

阅读古书,由一个已知词义推求另一个未知词义,这是古代文人学者在治学过程中长期积累的经验,我们今天阅读古书时应加以借鉴。需要注意的是古代汉语的同义词绝大多数都是近义词,只求其同,不辨其异。因此,根据对文或同义连用的语境所求的词义是否与句子的具体意义完全符合,有的须运用文献证义的原理求证,有的可查阅有关的字典辞书。例如:

（1）《史记·滑稽列传》："民可以乐成，不可与虑始。"

"以"和"与"对文。联系语境，"以"当为"与"。《商君书·更法》："民不可与虑始，而可与乐成。"说明以"与"求"以"的意思是可信的。

（2）《论语·子路》："叶公语孔子曰：'吾党有直躬者，其父攘羊，而子证之。'"

（3）《韩非子·五蠹》："楚之有直躬，其父窃羊而谒之吏。"

根据《韩非子》中的"窃"可推求《论语》中的"攘"，由"谒"可推求《论语》中的"证"。"窃"的词义是"偷"，可推求"攘"的词义亦为"偷"。"谒"的词义是"告发"，可推知"证"的词义亦为"告发"。证之以《说文》："证，告也。"

如觉得由已知词义所推求的未知词义不确切，则应核对相关训诂资料或字典辞书。

三、运用训诂原理辨析古书注解

阅读古书必须参看注解，古书的注解有两类：一类是清代以前的注释家对古书所作的注解，这类注解叫古注或旧注；另一类是清代以后的注释家给古书做的注解，叫今注。对于一些文言文水平较低的人来说，参看注解以今人的注解为最优选，这是由于今人的注解是建立在前人大量研究成果之上的，具有明确的观点，注释也简明扼要，而且最关键的一点是采用了现代汉语进行注释，方便阅读理解。然而我国的古籍浩繁，今人做注解的古书还十分有限，所以在阅读古书时也不能单看今人的注解，还要学习如何看古注，对于一些意义不够确切的今人注解或者有所怀疑的词义，也要通过古注进行核对验证。

（一）根据文意客观性原则辨析注解中的歧训

所谓歧训是指同一词在注释中存在各种不同的解释。

先秦的重要典籍，如《诗经》《左传》《论语》《孟子》《战国策》等，有不少人给它们做注解，可谓注家众多，各圆其说。阅读这些古书，参看各家注解必须头脑清醒，千万不可先入为主，盲目、过分地相信某一家的注解或盲目地依从某一注家之说。同一部书、同一篇文章的具体句子中的词语如果有诸家说法，必须先联系文章的具体语境，从诸多注释中择取符合文意内容客观性和文意表述客观性的说注。

例如：

（1）《论语·为政》："道之以政，齐之以刑，民免而无耻。道之以德，齐之以礼,有耻且格。"

文例中的"格"有下列各家的注解：

郑玄《论语注》："格,来也。"

何晏《论语注疏》："格,正也。"邢昺疏："格,正也……如此则民有愧耻而不犯礼,且能自修而归正也。"

朱熹《论语集注》："格,至也。"

刘宝楠《论语正义》："……汉祝睦碑……又云：'有耻且佫'诸异文当出齐古……《尔雅·释诂》：'格,敬也。'于义并合令《汉书·货殖传》：'于是在民上者,道之以德,齐之以礼,故民有耻且敬。'即本此文,言民知所尊敬而莫敢不从令也。郑注此云：'格,至也。'来、至义同,谓来归于善也。汉费汛碑：'有耻且佫。'《方言》：'佫,至也。'《说文》：'假,至也',佫、一字也。《尔雅·释文》'格'字或作'佫',《书》：'格于上下'。《说文》引作'假','假'与'假'同,则'格'与'假'字通。《说文》：'格,木长貌。'于训'敬'、训'来'之义皆不相应,盖假借也。《缁衣》云：'夫民,教之以德,齐之以礼,则民有格心；教之以政,齐之以刑,则民有遯心。'注云：'格,来也。避,逃也。'彼言避,此言免,义同。《广雅·释诂》：'免,脱也',谓民思脱避于罪也。"

黄式三《论语后案》："格,革之借字。"

杨伯峻《论语译注》："格,这个字的意义本来很多。在这里有把它解为'来'的,也有解为'至'的,还有解为'正'的,更有解为'恪'、解为'敬'的。这些不同的讲解都未必符合孔子的原意。《礼记·缁衣》：'夫民,教之以德,齐之以礼,则民有格心；教之以政,齐之以刑,则民有遯心。'这话可作为孔子此言最早的注解,较为可信。此处'格心'和'遯心'相对为文,'遯'即'遁',逃避的意思,逃避的反面应是亲近、归服、向往。所以用人心归服来译它。"

诸多注解中以刘宝楠的注解最详,其次是杨伯峻的注释。

刘宝楠在《论语正义》中以汉碑"有耻且佫"的异文说明释"格"为"至"、为"来"的来源；又以《汉书·货殖传》中"于是在民上者,道之以德,齐之以礼,故民有耻且敬"说明释"格"为"敬"的来源；又以《书》"格于上下",《说文》引此作,"假",以"假"与"假"同,以说明"格""假"字通。《说文》："假,至也。"刘宝楠说来说去,旨在说明"格"为"至"之义。

杨伯峻《论语译注》引《礼记·缁衣》中的"格心"与"遯心"相对为文,

认为"逊"是逃避,"格"与"逊"相反,应是亲近、归服、向往。刘说和杨说对"格"的注释,论据充分,有一定说服力,今人注释此句或阅读理解此句文意时,不是采用刘说,就是采用杨说。然细究文意,刘、杨二说仍有两个疑点:

其一,释"格"为"至",为"来"于文不安。陈天祥在《四书辨疑》中指出:"注文本前说,文不可通。'格'字既在一句之末,其下别无字义,以'格'为'至',与全句通读,乃是'有耻且至',不知为止甚也。今言'有以至于善','善'字乃赘文耳。"

其二,释"格"为"至",为"亲近""归服",这与文意表述的客观性不合,即不符合上下文的叙述情理。因为在先秦汉语里,连词"且"字连接两个并列成分,前后词性要一致,要么前后两个成分都是动词,要么前后两个成分都是形容词。例如:

《左传·宣公二年》:"公嗾夫獒焉,明搏而杀之。盾曰:'弃人用犬,虽猛何为?'斗且出,提弥明死之。"

《孟子·滕文公上》:"百工之事,固不可耕且为也。"

《论语·述而》:"不义而富且贵,于我如浮云。"

《史记·廉颇蔺相如列传》:"王不行,示赵弱且怯。"

"有耻且格"中的"耻"是个形容词,按照古汉语的语法规则,"格"与"耻"的词性应一致,应当也是个形容词,而"至""来""归服""向往"均是动词,与先秦汉语的语法规则不符。若释"格"为"敬"或为"正",则"耻"与"敬""正"均为形容词,倒是符合先秦汉语的语法规则,而且符合文义内容客观性原则。联系《论语·学而》:"有子曰:'信近于义,言可复也。恭近于礼,远耻辱也。'"释"格"为"敬"更接近原文实际。"恭"与"敬"是同义词,"道之以德"与"有耻"是条件和结果的关系,"齐之以礼"与"有格"也是条件和结果的关系。用"德"教导人们,人们才有羞耻之心;用"礼"去统一人们的思想意识,人们才有恭敬之心。《礼记·缁衣》中"格心"与"逊心"为对文,"格心"是尊敬之心,"逊心"是逃避之心。杨伯峻释"逊心"是正确的,因为用刑罚去统一人们的思想意识,人们势必会逃避。因此,愚以为"有耻且格"的"格"是个通假字,本字是"恪"。义为"恭敬"。刘宝楠所引祝睦碑之异文,以及《汉书·货殖传》所引"有耻且敬"是其明证。

(2)《论语·公冶长》:"道不行,乘桴浮于海,从我者,其由与?子路闻之喜,子曰:'由也好勇过我,无所取材。'"

多维视角下中学语文文言文教学研究

"无所取材"的"材"字也有下列各家注解：

郑玄《论语注》："子路信夫子欲行，故言好勇过我。'无所取材'者，言无所取于桴材也。"

何晏《论语注疏》："子路闻孔子欲浮海便喜，不复顾望，故孔子叹其勇曰过我。'无所取哉'，言唯取于己。古字材、哉同。"

朱熹《论语集注》："夫子美其勇，而讥其不能裁度事理，以适于义也。材与裁同一古字借用。"

刘宝楠《论语正义》："材，木梃。"

杨伯峻《论语译注》："材，同纔，古字有时通用。"

以上五家注解可以概括为三种说法：第一种说法是把"材"释为"木梃""桴材"；第二种说法是"材"通"裁"，义为"裁度"；第三种说法是释"材"通"哉"。

这三种说法中哪一种说法更符合文义，可根据文意客观性的训诂原则加以辨析，运用训诂的求义方法加以求证。释"材"为"桴材""木梃"本于《说文》，这种解释不符合孔子的原意。《四库全书总目》云："郑康成注'材'为'桴材'，殊非事理。即牛刀之戏，何至于斯？"

释"材"为"裁度"，本于韦昭的《国语注》，词义与文意的客观内容不符。程树德《论语集释》指出："朱子训'材'为'裁'，虽有所本，然子路岂是不能裁度事理之人。"

释"材"为"哉"始于何晏的《论语集解》，之后程树德《论语集释》、杨伯峻《论语译注》皆主此说。联系前后文的文意，愚以为释"材"通"哉"是可信的。"无所取材"之"材"释为"哉"，此句即感叹句。上文的"道不行"是孔子自述自己的政治主张未能在列国中实行。"乘桴浮于海"是委婉地道出要退隐官场，脱离政治的旋涡。"从我者，其由与"是孔子面对现实的感伤，"好勇过我，无所取材"是孔子对"子路闻之喜"的个性冲动而发出的感慨。子路是孔子的得意弟子，与孔子感情深厚。曹丕《与吴质书》有"仲尼覆醢于子路……伤门人之莫逮。"（孔子知道子路战死，就把肉酱倒掉，感伤门人中没有一个人能比得上他）以子路之贤明尚不能理解孔子的退隐之志，故而有感而发，这正道出了孔子晚年因政治理想未能实现的忧伤心境。

释"材"为"哉"，不但符合原文内容的客观性，也符合叙述情理。"无所取"是个完整的句法结构，"材"释为"哉"是句末语气词，表示感叹。如把

"材"释为"裁度",则"'取'字置于何地?"[1]

（3）《论语·公冶长》："颜渊曰：'愿无伐善，无施劳。'"

"无施劳"之"施"历来也有以下各种解释：

何晏《论语注疏》："孔安国曰：'不以劳事，置施于人。'"邢昺疏："夸功曰伐，言原不自称伐己之善，不置施劳役之事于人。"

朱熹《论语集注》："施，亦张大之意；劳，谓有功。《易》曰：'劳而不伐'是也。"

刘宝楠《论语正义》："施，犹加也。"

王力主编的《古代汉语》采用何晏、刘宝楠之说。

郭锡良、李玲璞主编的《古代汉语》则主朱熹之说。

从文意上说，二说皆通，但联系上下文的语用语境，"伐善"与"施劳"相对为文，"善"指长处、好处，"劳"指功劳。"伐"与"施"相为对文，"施"即为"张大""夸大"，释"施"为"夸大"，则更符合前后文的叙述情理。

（4）《论语·公冶长》："子谓子贡曰：'女与回也孰愈？'对曰：'赐也何敢望回？回也闻一以知十，赐也闻一以知二。'子曰：'弗如也，吾与女弗如也。'"

"吾与女弗如也"中的"与"的词性和用法也有两种不同的说法。

何晏《论语集解》："包曰：'既然子贡不如，复云：吾与女俱不如，盖欲以慰子贡也。'"

朱熹《论语集注》："与，许也。"

杨伯峻《论语译注》："与，动词，同意，赞同。"

何晏把"吾与女弗如也"中的"与"释为连词，朱熹和杨伯峻则认为"与"是动词，释为"赞同"。这两种说法，句子的意思都能讲通，但古人所要表达的只有一种意思，不可能模棱两可，这就需要运用训诂的原理做出抉择。根据训诂的文意内容客观性和文意表述客观性的原则，可联系上下文的语用语境进行深入分析。此章开头孔子询问"女与回也孰愈"，是孔子询问子贡与颜回在学识方面哪一个强一些，子贡回答："赐也何敢望回？回也闻一以知十，赐也闻一以知二。"是子贡承认自己学识不如颜回。后文"子曰：'弗如也，吾与女弗如也。'"是孔子听完子贡的话后对两人学识比较所做出的仲裁。"弗如也"是承上文之意而发（"闻一以知十"与"闻一以知二"），"吾与女弗如也"则是孔子赞同子贡自认为不如颜回的说法。从文意的联系上看，"与"当释为动词"赞同"。如果依何晏《论语集解》中"吾与女俱不如"是孔子安慰子贡的话，则

---

[1] 杨伯峻.论语译注[M].北京：中华书局，1958.

不符合文意的客观情理。从文意联系上可明显体会出孔子是对颜回和子贡二人学识的评价者，不可能又与孔子和颜回做学识比较。若论社会阅历、经验、威望、学识，孔子自然高于其弟子，颜回是孔子学生当中最好学的，但他的学识与孔子相比，自是不如。《论语·为政》："子曰：'吾与回言终日，不违如愚。退而省其私，亦足以发。回也不愚。'"颜回虽然很聪明，听孔子讲学，也要"退而省其私"才能发挥。因此，二说当以朱、杨之说为是。

（5）《论语·子张》："子游曰：'子夏之门人小子，当洒扫、应对、进退，则可矣，抑末也。本之则无，如之何？'子夏闻之曰：'噫！言游过矣！君子之道，孰先传焉，孰后倦焉？譬诸草木，区以别矣。'"

其中"孰后倦焉"的"倦"，古注多释为"厌倦"的"倦"。

何晏《论语注疏》："包曰：'言先传业者必先厌倦，故我门人先教以小事，后将教以大道。'何晏自注：'君子教人之道，故先教以小事，后将教以大道也。'邢昺义疏：言君子教人之道，先传业者必先厌倦，谁有先传而后倦者乎？'"

朱熹《论语集注》："倦，如'诲人不倦'之'倦'；区，由类也。言君子之道，非以其末为先而传之，非以其本为后而倦教。但学者所至，自有深浅，如草木之有大小，其类固有别矣。"

杨伯峻在《论语译注》中将"君子之道，孰先传焉，孰后倦焉？譬诸草木，区以别矣"译作："君子的学术，哪一项先传授呢？哪一项后讲述呢？恐怕犹如草木，是要区别各种各类的。"

杨伯峻的这段译文，从翻译的角度上是无可非议的，他注意了"孰先传焉"与"孰后倦焉"相对成文的句式，用"讲述"对译"倦"，与前之"传"亦意义相近，而且注意了对文句式的整齐。但杨伯峻忽略了对"倦"字的训释，译文中体现的词义是否就是"倦"的词义，未有明确说明。其实，释"倦"为"厌倦""疲倦"均是缘词生训。"倦"当训为"劝"，"鼓励""勉励"之义。"倦"与"劝"古音相近，"倦"是群母，元部，"劝"是溪母，元部，二字声近义通。《礼记·表记》："朝极辨，不继之以倦。"陆德明《释文》，"倦，本又作劝。"《庄子·天下》："惜乎，惠施之才，骀荡而不得。"郭象注："然膏粱之子均之戏豫，或倦于典言。"《庄子·天运》："孰居无事而淫乐而劝是？"朱骏声《说文通训定声·力部》："劝，假借为倦。"可见古书中"倦"与"劝"经常通用、互用。"孰后倦焉"的"倦"通"劝"，"孰后劝焉"是那些内容放在后面鼓励学生研习。"鼓励学习"与"传授知识"意义相近。所以杨伯峻《论语译注》译"倦"为讲述,并非有误。

(6)《墨子·公输》:"公输盘为楚造云梯之械,成,将以攻宋。子墨子闻之,起于齐,行十日十夜而至于郢,见公输盘。公输盘曰:'夫子何命焉为?'"

今人对"夫子何命焉为?"有下列不同的注释:

《先秦文学史参考资料》注:"犹言有何见教;'为'是表疑问的语气词。"

《中国古代文学作品选》注:"命我做什么呢?'焉为'是语气词连用,重点在'为'字上表疑问。"

《初中语文课本》注:"有什么见教呢?'焉'和'为'合用,表示疑问语气格式。"

诸家注解中,究竟哪一家的说法更符合原文的文意?这是阅读参看注解应加以辨析的。"为"字是古代汉语中用法广泛的多义词,它在不同的语境中有不同的词性和用法。可用作动词、介词、连词,甚至是语气词。所以若是想明确"为"的词性和用法,就必须根据具体的语境,将"为"的上下文以及语句的句式、句法结构结合到一起来看,这样才能比较准确地定义"为"的词性和意义。比如,"何命焉为"里的"为"往往容易跟"何……为"弄混,"何……为"的"为"是状语,是句末的语气词。而上述注解都将"何命焉为"的"为"解释成语气词,一些人还认为"焉为"是合用或者连用语气词。但其实此处的"为"并不是语气词,主要依据有以下几点:

其一,"为"在作语气词使用时,仅跟着表反问的"哉"连用,而不是和"焉"连用。例如:

《大戴礼记·五帝德》:"夫黄帝尚矣,女何以为?"

《庄子·外物》:"生不布施,死何含珠为?"

《史记·孙子吴起列传》:"人曰:'子卒也,而将军自吮其疽,何哭为?'"

《汉书·东方朔传》:"上知朔多端,召问朔:'何恐侏儒为?'"

《韩非子·说林下》:"奚以薛为?"

《庄子·逍遥游》:"奚以之九万里而南为?"

其二,"焉"字用作纯粹语气词或者兼词时,位于句末,如下:

《左传·隐公元年》:"制,岩邑也,虢叔死焉。"

《左传·庄公十年》:"肉食者谋之,又何间焉?"

《孟子·梁惠王上》:"晋国,天下莫强焉。"

《论语·子路》:"既庶矣,又何加焉?"

《孟子·梁惠王上》:"王若隐其无罪而就死地,则牛羊何择焉。"

通过上面的例子我们可以看出，当"为"作为句末的语气词时，与"焉"并不连用，两者之间为排斥关系，由此可以看出"焉"与"为"都非语气词。在"何命焉为"中，"焉"既不是兼词，也不是语气词，那只能是代词，而作为代词，"焉"的意思为"之""那么"，于是整个句子的结构就是"何命之为"，而"为"既然不是语气词，那便是动词了，这是由于该句结构里不存在充当谓语的词。句中的"焉"字即为"之"，起复指前置宾语"何命"的作用。所以"何命焉为"的意思就是"为何命"，在古代汉语中，"为"跟"有"的古音较为相近，且意思相通。比如，在《孟子·滕文公上》中："人之有道也，饱食、暖衣、逸居而无教，则近于禽兽。"同篇还有另一处"民之为道也，有恒产者有恒心，无恒产者无恒心。""人之有道"与"民之为道"与之相对成文，是可以证实"为"能够解释成"有"的文献用例，以证明其释义之可靠。"何命焉为"即"何命焉有"，也就是"何命之有"，其意思是"有什么指教"。《左传·隐公六年》："我周之东迁，晋、郑焉依。"与"何命焉为"句法结构相同。例如：

《论语·季氏》："是社稷之臣也，何以伐为？"

"何以伐为"的"为"有两种不同的说法：一种是释"为"为语气词，相当于"呢"；另一种是释"为"为动词，意义是"做"。这两种解释从句子的意思上说能讲通，但原文所表达的只有一种意思。因此，阅读古书时，对这种"何以……为"格式中的"为"，必须运用训诂的求义原理加以分析，从中选取符合语言事实的一种解释。

在"何以……为"的句式中，释"为"为动词，"何"是前置的宾语，则"以"成了句子的状语，这与先秦汉语的语言事实不太吻合，至少有两个疑点不能使人信服。

其一，在先秦汉语的一般疑问句中，疑问代词"何"用作动词的宾语，总是直接与动词连用，置于动词之前，没有与动词间隔的语法现象。例如：

《左传·隐公元年》："君何患焉？"……"敢问何谓也。"

《战国策·齐策四》："客何好？"……"客何能？"

《左传·僖公三十二年》："尔何知？"

《左传·庄公十年》："又何加焉？"

《孟子·梁惠王上》："牛何之？"

其二，释"为"为动词"做"，根据句子的句法结构，"以伐"便成了介词结构，作状语。而古代汉语中介词结构的语法形式是"介词+名词（名词性词组）"或"介词+代词"或"代词，名词+介词"，如果说介词"以"后的宾语省略，那么，"伐"则成了句子的谓语，"为"就不是动词谓语了。

释"为"是语气词，相当于"呢"，较符合先秦汉语的语言事实。"为"用于句末，具有句末语气词的性质，与疑问代词"何"相呼应，表示疑问语气。《论语·颜渊》："何以文为？"南朝梁皇侃在《论语集解义疏》中说："何必用于文华乎？"把"为"训为"乎"，"乎"是句末语气词，则"为"亦是句末语气词。清代王引之的《经传释词》亦释"为"犹"乎"。《论语》中常出现"何以……也""何以……乎""何以……哉"，与"何以……为"的句式相同，"也""乎""哉"是语气词，亦可说明"为"是语气词。

（二）根据文意客观性原则辨析语义失当的注解

阅读古书，参看注解时除了要辨析多家注解中的歧训，并从中择善而外，还要根据训诂的文意客观性原则辨析语义失当的注解。所谓语义失当的注解是指所释之义不符合文意的客观性原则。例如：

（1）《战国策·楚策四》："不知夫射者，方将修其碊卢，治其矰缴，将加己乎百仞之上，被礛磻，引微缴，折清风而抎矣。"

"折清风而抎"有的选注本注为"折，负伤而死；抎，通陨，从上落下叫陨。"这句是说死于清风中而坠下。

把"折"释为"负伤而死"，与文意的客观性不合。理由如下：

其一，从上下文意的联系上丝毫看不出黄雀已死的迹象。上文"被礛磻，引微缴"是描述黄雀被射者射中后拖着细细的生丝线，黄雀被射中是事实，而是死还是伤，文中并未言明。

其二，古书中的"折"虽有"死"的意思。例如，《尚书·洪范》："一曰凶短折。"孔颖达在《尚书正义》中说："未齓曰凶，未冠曰短，未婚曰折。""折"指还没有结婚就死了，即通常所说的"夭折"。"折"的"死"义，与"折清风而抎"的"折"并没有必然的词义的直接联系。

其三，"死于清风中而坠下"，依此之说，"折清风"与"抎"是顺承关系，但从句法结构上分析，"折清风"与"抎"是修饰关系。"折清风"是"抎"的一种状态、方式，如果理解为顺承关系，则不符合叙述情理。因此，愚以为"折"非"夭折"之"折"，"折"当释为"转"，即"旋转"。"被礛磻，引微缴，折清风而抎矣。"意思是黄雀被射中后，拖着细长的生丝线，在半空中旋转着掉了下来。《宋史·沈括传》："然古人所谓兵车者，轻车也，五御折旋，利于捷速。""折"与"旋"义同。

（2）《战国策·齐策四》："威后曰：'不然，苟无岁，何以有民？苟无民，何以有君？故有问，舍本而问末者乎？'"

"故有问"的"故"有的选注本注为"故，通顾，反而。"

释"故"通"顾"，释为"反而"，虽然句子的意思勉强可以讲通，但联系前后文的语用语境便会发现，这个解释不符合文意表述的客观性，即不符合上下文的叙述情理。上文有"今不问王，而先问岁与民，岂先贱而后尊贵者乎？"下文是赵威后针对齐使者的发问，表明自己的见解，强调"民""岁"才是高贵的、根本的，然后以反问的形式回应齐国使者。从文意的前后联系上看，"故"字与后边的"乎"是呼应的，不宜理解为表转折的连词，"故"通"固"是表反诘的语气副词，相当于"岂"。整句的意思为难道有问事不问根本而问枝节的吗？《史记·张释之冯唐列传》："令他马，固不败伤我乎。""固"亦相当于"岂"。

（3）《战国策·秦策》："科条既备，民多伪态；书策稠浊，百姓不足；上下相愁，民无所聊；明言章理，兵甲愈起。"

"上下相愁"的"愁"有的选注本注为"愁，恚，怨恨。"释"愁"为"恚，怨恨"，本于《广雅·释诂》，这个注解，虽有所本，而且句子外的意思也能讲通，但不符合文意联系的客观情理和叙述情理。联系上下文的语用语境，这几个排比句语义相承，互为因果。"上下相愁"是承前四句而言。法令条文虽已完备，百姓却到处虚情假意；文书簿籍繁多，百姓越是贫困；这些都是君臣所犯愁的事，百姓无所依靠；道理愈是明白，战乱反而愈四起。从文意联系上看，"上下相愁"的"愁"并非君臣互相怨恨。古书中，因"怨""愁"形近而把"愁"写作"怨"或把"怨"写作"愁"的，但此句的"愁"明显不属于这种现象。因此，"愁"宜解释为"忧愁"。

（4）《战国策·秦策一》："乃夜发书，陈箧数十，得太公《阴符》之谋，伏而诵之，简练以为揣摩。"

"简练以为揣摩"有的选注本注为"选取其精华，熟练掌握，并且研究其精神实质，结合当时的实际情况来运用。简：通拣，选择；练：熟练；以为：连词，并且。"

这个注解先串讲句意，然后分别对"简练""以为"等词语进行注释。表面看起来注释详细，而且串讲的句意也很通顺，其实这个注解疑点不少，具体如下：

其一，既已选取精华，熟练掌握，还揣摩什么呢？显见前后文意乖违。

其二，释"简练"的"练"为"熟练"，"练"失当。

"练"与"简"同义复合，练亦简也，是"选择"的意思。《汉书·礼乐志》："练时日，侯有望。"颜师古注："练，选也。"《通典》中引孙武《兵法》"简兵练卒中"简"与"练"相对为文，亦可证"练"与"简"同义。

其三，释"以为"为"连词，并且"，不符合古代汉语的语法规则。

古代汉语的"以为"有两种情况：一是"以为"是动词，表示"认为"之义。例如，《孟子·告子上》："一人虽听之，一心以为有鸿鹄将至，思援弓缴而射之。"《史记·高祖本纪》："章邯已破项梁军，则以为楚地兵不足忧，乃渡河，北击赵，大破之。"二是"以……为……"的复合，"以为"是两个词性和意义不同的词。此句中的"以为"，"以"是连词，表示目的关系，可译为"以便"或"来"；"为"是动词，意思较灵活，可根据句意译为"研究""进行"等。

"简练以为揣摩"意思为选择《阴符》中适用的部分，以便研究揣摩。

（5）《战国策·燕策一》："燕昭王收破燕后即位，卑身厚币以招贤者，欲将以报雠。"

有的选注本注为"以，第一个是表目的连词，第二个是助词。"

注释者释第二个"以"为助词，是未能深入审察"欲将以报雠"的语法语境。此句中的"以"是介词，起介绍动作行为凭借的对象的语法作用，其凭借的对象是上文出现的"贤者"，承前省略，实为"欲将以（之）报雠"。意思是希望将来凭借他们的力量报仇。

第五节　古书辞例在文言文教学中的应用

一、互文例

互文，是指古书里所述的两种事物，在意境上或上下文中互相体现，互相渗透，互相补充。前人或称为"通异语""互相备""互言"等，如《诗经·卫风·硕人》："齐侯之子，卫侯之妻，东宫之妹，邢侯之姨，谭公维私。"《毛传》："东宫，齐太子也。女子后生曰妹，妻之姊妹曰姨，姊妹之夫曰私。"孔颖达在《毛诗正义》中说："邢侯、谭公皆庄姜姊妹之夫，互言之耳。"即"邢侯之姨""谭公维私"两句是互文，等于说齐侯之子是邢侯、谭公之姨，邢侯、谭公也是齐侯之私。这两句诗的意思相互补充才能完整起来，这就是互文。

互文的辞例，在古诗里比较突出。例如：

《孔雀东南飞》："东西植松柏，左右种梧桐。""东西""左右"与"松柏""梧桐"分别为互文，是说东西左右都种着松柏梧桐。又"枝枝相覆盖，叶叶相交通。""枝枝""叶叶"与"覆盖""交通"是互文，是说枝叶都相互覆盖连通。

《泊秦淮》："烟笼寒水月笼沙，夜泊秦淮近酒家。""烟""月"是互文，是说烟气和月光都笼罩着江水和沙地。

《木兰诗》："将军百战死，壮士十年归。""将军"与"壮士"，"百战"与"十年"分别为互文，是说将军、壮士们在十年征战中，都身经百战，有的牺牲了，有的终于归来了。绝不可误解为将军身经百战都死了，壮士十年以后才归来。又"当窗理云鬓，对镜帖花黄""当窗""对镜"为互文，是说临窗对着镜子理云鬓，帖花黄。又"雄兔脚扑朔，雌兔眼迷离"。"雄兔""雌兔"为互文，是说雄雌二兔都脚扑朔、眼迷离。有些教材的辅导资料说，"脚扑朔"是雄兔求偶的特征，而"眼迷离"是雌兔发情期的症状，这是不懂互文例而做的牵强附会的解释。

《出塞》："秦时明月汉时关，万里长征人未还。""明月""关"是互文，是说秦汉时的明月秦汉时的关，不能分开来解释。

《琵琶行》："主人下马客在船，举酒欲饮无管弦。""主人""客"是互文，是说主人和客同时下马、上船。

《白雪歌送武判官归京》："将军角弓不得控，都护铁衣冷难着。""将军""都护"是互文，是说将军和都护的角弓都拉不开，他们的铠甲都难以御寒。

《春望》："感时花溅泪，恨别鸟惊心。""感时""恨别"是互文，是说伤感和离别时都觉得花在溅泪，都使得鸟儿惊心。

在古代散文中也经常看到互文的辞例。例如：

《答李几仲书》："又以平生得意之文章，倾囷倒廪，见异而不吝。""倾""倒"是互文，是说倾倒囷廪。

《陋室铭》："谈笑有鸿儒，往来无白丁。""谈笑""往来"是互文，是说在陋室中谈笑往来的都是学识渊博的知识分子，没有一个俗人。

《阿房宫赋》："燕赵之收藏，韩魏之经营，齐楚之精英。""燕赵""韩魏""齐楚"为互文，此句指的是由燕赵韩魏齐楚六国收藏的奇珍异宝。而"收藏""经营"和"精英"在此句中为意思相同的名词，都指金玉珍宝等物。又"朝歌夜弦，为秦宫人。……烟斜雾横，焚椒兰也。""朝""夜"是互文，是说朝夜歌声、弦乐声不绝；"烟""雾"是互文，是说烟雾飘绕横斜，这些都不能分开来解释。

《岳阳楼记》："不以物喜，不以己悲。""物喜""己悲"是互文，是说不因外物环境的好坏和个人的得失而悲喜。

《三峡》："每至晴初霜旦，林寒涧肃。""林""涧"与"寒""肃"分别为互文，指山林、涧谷都寒冷肃杀。

二、对文例

所谓对文，指的是有相同字数、相同结构和相同功能的两个词语或两个句子，其词汇意义呈现出相同或相反的语言现象。通过对文的辞例结构，可以根据已知的词义来推断未知的词义。比如，《愚公移山》中："遂率子孙荷担者三夫，叩石垦壤，箕畚运于渤海之尾。"此处的"叩石垦壤"便是对文结构，叩、垦两字相对，都为相同字义的动词；石、壤两字相对，都为意义相近的名词。若不知"叩"字为何义，即可根据"垦"字的意义去推断。利用这种方法，也可以帮助我们正确解决语文课文中的一些疑难问题。例如：

《曹刿论战》："公曰：'牺牲玉帛，弗敢加也，必以信。'对曰：'小信未孚，神弗福也。'公曰：'小大之狱，虽不能察，必以情。'对曰：'忠之属也。可以一战，战则请从。'"课文中注释说："信，信实。情，（以）实情判断。"这条注释如果用对文的条理来检查一下，就会发现有些问题。"必以信""必以情"是对文，此处信、情二字不仅语法功能相同，其意思也相同。但是，"信"的意义不是"信实"，古书中没有这种解释。"信"，就是信用。"情"，古书虽有实情的意思，可是这里当释为诚信。《淮南子·缪称训》"不戴其情"，高诱注："情，诚也。"《荀子·礼论》"情貌之尽也"，注："情，忠诚也。"可见在训诂上也有依据。"必以情"，是说察狱必定要诚切。

《迢迢牵牛星》："盈盈一水间，脉脉不得语。"课文中注释说："盈盈，清澈的样子。脉脉，相视无言的样子。"此处的"盈盈""脉脉"便是对文，有完全相同的词性和意义，因此"盈盈"就不能释为"清澈"的意思了。"盈盈"，犹说"脉脉"，也是含情相视的意思，是说含情相视在一水之间，不能相语。王观《送鲍浩然之浙东》："欲问行去那边？眉眼盈盈处。"课文中注释说："盈盈，美好的样子"。"盈盈"训"美好"，于训诂未密。"盈盈"，即是眉眼含情的意思。《陌上桑》："盈盈公府步，冉冉府中趋。"课文中注释说："盈盈同下面的'冉冉'都是形容举步缓慢，从容大方。""盈盈""冉冉"是对文，释为"缓慢",是正确的。训"缓慢"与训"含情注视",其意义也是相通的。但是,"盈"字的本义是"满",与训"缓慢"义者无涉。《说文·系部》有"縊"字,训"缓"。这是本字,而"盈"是假借字。

《察今》:"尝一脔之肉,而知一镬之味,一鼎之调。"课文中注释说:"调,调和,指味道调和得好不好。""一镬之味"和"一鼎之调"是对文,"调"就是"味"的意思,而不能释为"调和"。

《五蠹》:"献图则地削,效玺则名卑。""献图""效玺"是对文,都是述宾短语,"献""效"其意义也相同,"效"就是"献"的意思。"效"训"献",在古书中也是常见的,如《汉书·元后传》:"天下辐凑自效。"师古注:"效,献也。"是其证。

对文也可以是反义的,由具体语境来断定。例如:

《伶官传序》:"忧劳可以兴国,逸豫可以亡身。"课文中注释说:"逸豫,安乐。""忧劳"与"逸豫"是对文,两词都是复语,而其义相反。据此可断,"忧劳"即是"忧患","劳"也是"忧愁"的意思,不能分释为"劳苦"。

《谏太宗十思疏》:"夫在殷忧,必竭诚以待下;既得志,则纵情以傲物。竭诚则吴越为一体,傲物则骨肉为行路。"课文中注释说:"物,这里指自己以外的人。""行路,路人。"这是正确的。"下"与"物","一体"与"行路"各是对文。而前者属同义对文,而后者意义相反。"下"是"属下","物"当也是指"属下";而"一体"是说"一人",可推断"行路"是"路人"。况且"行路"训"路人"是六朝以后的俗语,古书不乏其例。又"诚能见可欲,则思知足以自戒;将有作,则思知止以安人;念高危,则思谦冲而自牧;惧满溢,则思江海下百川;乐盘游,则思三驱以为度;忧懈怠,则思慎始而敬终;虑壅蔽,则思虚心以纳下;想谗邪,则思正身以黜恶;恩所加,则思无因喜以谬赏;罚所及,则思无因怒而滥刑。"课文中注释说:"冲,虚。"这段话通体为对文,构成对文的词语意义相反,如"欲"对"足","作"对"止","高危"对"谦冲","满溢"对"江海下百川","懈怠"对"慎始而敬终",而"壅蔽"对"虚心以纳下","谗邪"对"正身以黜恶"等。明白此理,对考释这些词的意义将有一定的参考价值。

三、省文例

省文是省略的另一种说法,古书里常见省文的辞例。省文辞例与词义训诂关系虽然不大,但是在文言文教学中,如果对省文现象不加以具体分析,则

第五章 基于训诂学的中学文言文教学

省略的内容就无法掌握，也不利于理解原文。省文通常是指省去句子中某个成分，既可以省主语、谓语、宾语，也可以省虚字。在一个句子中，究竟省去何种成分，必须通过具体语境的分析才能确定。

（1）省略主语成分。例如：

《捕蛇者说》："永州之野产异蛇，黑质而白章，触草木，尽死；以啮人，无御之者。""黑质而白章"前省略了主语"异蛇"，"尽死"前省略了主语"草木"，"无御之者"前略了主语"人"。

《鸿门宴》："沛公谓张良曰：'从此道至吾军。不过二十里耳。度我至军中，公乃入。'""度我至军中"前省略了主语"尔（你）"。

《送东阳马生序》："每假借于藏书之家。手自笔录，计日以还。……录毕，走送之，不敢稍逾约。""每假借于藏书之家"和"录毕"两句前，皆省略了主语"余（我）"。

（2）省略谓语成分。例如：

《论语·述而》："举一隅不以三隅反，则不复也。""不复"是副词，是说"不再"，用作状语。"复"字后面省略了谓语"举"。

《歧路亡羊》："杨子之邻人亡羊，既率其党，又请杨子之竖追之。""其党"之后当有谓语成分"追之"，这里省略了。

（3）省略宾语成分。例如：

《活版》："每字为一印，火烧，令坚。""火烧，令坚"，是说火烧印，令印坚。"烧"字后面省略了宾语"印"。

《廉颇蔺相如列传》："均之二策，宁许以负秦曲。""许"是答应，后面宾语省略了。所以注释说："宁可答应（给秦国璧），使它承担理亏（的责任）。"括号内的文字即是省略的宾语成分的内容。

省略介宾短语的宾语。例如：

《鸿门宴》："项王曰：'壮士！赐之卮酒。'则与斗卮酒。"介词"与"字后面省略了宾语"之"，指代樊哙。

《桃花源记》："此人一一为具言所闻，皆叹惋。"介词，"为"字后面省略了宾语"之"，指代桃花源中的人。

（4）省略"曰"字。在古书中，凡人物对答之语，往往用"曰"表示区别，可有时省略了"曰"字，这给阅读古书增加了难度，如《论语·阳货》："谓孔子曰：'来，予与尔言。'曰：'怀其宝而迷其邦，可谓仁乎？'曰：'不可。''好从事而亟失时，可谓知乎？'曰：'不可。''日月逝矣，岁不我与。'孔子曰：

- 187 -

'诺！吾将仕矣。'"其实，"好从事而亟失时"和"日月逝矣……"，也是阳货的话，只是省略了两个"曰"字，分辨起来就不太容易了。这就是古书的省"曰"的例子。类此情况在中学语文课本里也有出现。例如：

省略成分的内容，是根据不同语境来确定的。其省略的方式归纳起来也只有两条。

一是承上省。

《过秦论》："秦无亡矢遗镞之费，而天下诸侯已困矣。于是从散约败，争割地而赂秦。秦有余力而制其弊，追亡逐北，伏尸百万，流血漂橹；因利乘便，宰割天下，分裂山河。""于是从散约败"和"伏尸百万"，指诸侯"从散约败"，"伏尸百万"，在两句前承上"而天下诸侯已困矣"，省略了主语"诸侯"。"因利乘便"，指的是"秦"，也是承上"秦无亡矢遗镞之费"，省略了主语"秦"。所以此段中"追亡逐北"下的逗号和"流血漂橹"下的分号都应该改为句号。

《六国论》："或曰：六国互丧，率赂秦耶？曰：不赂者以赂者丧。盖失强援，不能独完。故曰：弊在赂秦也。""盖失强援，不能独完"没有主语，其主语即"不赂者"，是承上文而省略。

二是蒙下省。

《鸿门宴》："张良曰：'秦时与臣游，项伯杀人，臣活之。'""秦时与臣游"，是说"项伯与臣游"。主语"项伯"蒙下句"项伯杀人"而省略。

《诗经·豳风·七月》："五月斯螽动股，六月莎鸡振羽，七月在野，八月在宇，九月在户，十月蟋蟀入我床下。""在野""在宇""在户"的主语都是"蟋蟀"，蒙下句"十月蟋蟀入我床下"而省略。

四、变文例

古人行文忌用语重复，在遇到上下文有重复的词语时，往往用近义词或同义词来替换。这就是古书辞例中所说的变文例，或称作"错综为文"。利用变文形式，以同义词替换的特点，可以据已知的词义来推断未知的词义，有时虽不能确诂，但至少可以弄清待释的词义的大致范围。这对训诂是有很大帮助的。前人也常利用变文例有效地校勘古书和考释词义。例如：

《史记·平原君虞卿列传》："危哉，楼子之所以为秦者。"王念孙说："此危字，非安危之危。危，读为诡，诡，诈也。言其为秦之计甚诈也。楼缓使赵王割地为和，以疑天下而慰秦心，实则示天下以弱而益秦之强，名以为赵而实秦，故曰'危哉，楼子之所以为秦者'。又《李斯传》：'念有淫佚之志，危反之行。'危亦为诡，诡亦反也。《吕氏春秋·淫辞》曰：'言行相诡，不祥莫大焉。'《贾子·傅职篇》曰：'天子燕业反其学，左右之习诡其师。'《淮南子·齐俗》曰：'礼乐相诡，服制相反。'是诡与反同义。"王说甚确。王氏"诡"训"反"，援引四例都是两两相对的变文，说明"诡"与"反"是同义词，由此推断"危"通"诡"，亦有"反"的意思。

我们在阅读古书与从事中学文言文教学时，利用变文例的特征解释词义，也可以解决一些疑难问题。例如：

《尚书·舜典》："流共工于幽州，放驩兜于崇山，窜三苗于三危，殛鲧于羽山。"孔颖达《尚书正义》曰："殛、鲧、放、流，皆诛也。异其文，述作之体。"可见，流、放、窜、殛四字是变文，是同义词。所谓"异其文"者，也是说避免用词重复，即用同义词来替换。而《国语·晋语》"鲧违帝命，殛之于羽山"，韦昭注："殛，放而杀也"，把"殛"训为"放而杀"，这就是韦昭不明变文例而产生的误解了。现在有人反过来据韦昭此注说《尚书》的"殛"是杀头的意思，那是以讹传讹。孔颖达《尚书正义》曰："流者，移其居处若水流然，罪之正名，故先言也。放者，使之自活。窜者，投弃之名。殛者，诛责之称。"看来孔颖达并没有误解。

变文例在《诗经》中用得比较多，入选在中学语文课本中的几篇《诗经》都可以根据变文例来解释词义。例如：

《关雎》第二句："参差荇菜，左右流之。窈窕淑女，寤寐求之。"第四句："参差荇菜，左右采之，窈窕淑女，琴瑟友之。"第五句："参差荇菜，左右芼之。窈窕淑女，钟鼓乐之。"毛亨《诗故训传》中把"流"训"求"，可"流"字本训"流水"，不训"求"，因为"流""采""芼"三字是变文，其义相近。"采"是采取，"流""芼"当也是"采"的意思。"芼"训"择取"，而"流"通"摎"，今作"抽"，是拔取。说详上。"友""乐"是变文，都用作动词。所以，"友"，也不是"朋友"的意思，而是"欢娱"，与"乐"同义。

《无衣》第一句："岂曰无衣？与子同袍。"第二句："岂曰无衣？与子同泽。"第三句："岂曰无衣？与子同裳。"注释说："泽，汗衣。""泽"训"汗衣"是正确的。因为"泽"与"袍""裳"属变文，三字同义。但需要说明的是，训"汗衣"的"泽"的本字作"襗"，"泽"在此乃是"襗"的假借字。

《容斋随笔·容斋四笔》录白居易的《代书诗——百韵寄微之》诗："攻文朝矻矻，讲学夜孜孜。""孜孜"与"矻矻"是变文，"矻矻"即孜孜用力的意思。

《窦娥冤》:"地也,你不分好歹何为地!天也,你错勘贤愚枉做天!""不分好歹""错勘贤愚"是变文,属同义短语。

利用变文例来训诂,同样适用散文。例如:

《韩非子五蠹》:"上古竞于道德,中世逐于智谋,当今争于气力。""竞""逐""争"是变文,三字同义。

《张衡传》:"遂通五经贯六艺。""通""贯"是变文,二字同义,表示"读通"的意思。

《出师表》:"然侍卫之臣不懈于内,忠志之士忘身于外者,盖追先帝之殊遇,欲报之于陛下也。""臣""士"是变文,二字同义,不可强加分别。

利用变文例解释文言虚字的语法意义,是传统训诂学家经常使用的一种方式,也同样适用于中学语文中的文言文虚词教学。例如:

《礼记·檀弓》:"昔者吾舅死于虎,吾夫又死焉,今吾子又死焉。""死于虎""死焉"是变文,"焉"是代词,指虎。

《六国论》:"奉之弥繁,侵之愈急。""弥""愈"是变文,都表示"更加"的意思。

《师说》:"彼与彼年相若也,道相似也。""相若""相似"是变文,"相若",即"相似"之意。

参考文献

[1] 白兆麟. 新著训诂学引论 [M]. 上海：上海辞书出版社，2005.

[2] 陈淇. 中学文言文教学十讲 [M]. 福州：福建人民出版社，1982.

[3] 陈涛. 中学文言文教学散论 [M]. 北京：语文出版社，2020.

[4] 陈新民. 语文核心素养与课堂教学创新研究 [M]. 长春：吉林文史出版社，2020.

[5] 程俊英，梁永昌. 应用训诂学 [M]. 上海：华东师范大学出版社，2008.

[6] 邓志瑗. 训诂学研究 [M]. 长沙：湖南师范大学出版社，2006.

[7] 方平权. 训诂与语法研究 [M]. 长沙：岳麓书社，2000.

[8] 冯浩菲. 中国训诂学（下）[M]. 济南：山东大学出版社，1995.

[9] 富金壁. 训诂学说略 [M]. 武汉：湖北人民出版社，2003.

[10] 郭芹纳. 训诂学 [M]. 北京：高等教育出版社，2005.

[11] 郭在贻. 训诂丛稿 [M]. 上海：上海古籍出版社，1985.

[12] 郭在贻. 训诂学 [M]. 长沙：湖南人民出版社，1986.

[13] 贺卫东. 中学语文教学案例研究 [M]. 西安：陕西师范大学出版总社，2020.

[14] 华星白. 训诂释例 [M]. 北京：语文出版社，1999.

[15] 黄建中. 训诂与文字 黄建中自选集 [M]. 武汉：华中师范大学出版社，2016.

[16] 黄侃，黄焯. 文字声韵训诂笔记 [M]. 上海：上海古籍出版社，1983.

[17] 贾伽，甘霖，马鸣. 中学文言文教学 [M]. 成都：四川教育出版社，1986.

[18] 李义海. 文言文阅读理解模式概览 语文专题研究 [M]. 北京：中国青年出版社，2001.

[19] 陆宗达. 训诂简论 [M]. 北京：北京出版社，1980.

[20] 路广正. 训诂学通论 [M]. 天津：天津古籍出版社，1996.

[21] 罗福应. 中学文言文教学 [M]. 贵阳：贵州人民出版社，1980.

[22] 吕友仁. 训诂识小录 [M]. 上海：上海古籍出版社，2017.

[23] 潘桂法. 核心素养视域下中学语文教学实践与策略研究 [M]. 杭州：浙江工

商大学出版社，2018.

[24] 邱道学. 阅读、评点与写作 语文核心素养提升之路 [M]. 北京：清华大学出版社，2017.

[25] 盛九畴. 训诂与文言文教学 [M]. 上海：上海教育出版社，1994.

[26] 孙雍长. 训诂原理 [M]. 北京：语文出版社，1997.

[27] 王大年. 语法训诂论稿 [M]. 长沙：岳麓书社，2015.

[28] 王永乾. 新课标语文阅读 课外文言文全方位阅读 [M]. 银川：宁夏人民教育出版社，2011.

[29] 巫称喜. 训诂理论与实践研究 [M]. 北京：线装书局，2007.

[30] 吴孟复. 训诂通论 [M]. 合肥：安徽教育出版社，1983.

[31] 项香女. 高中语文传统文化教育初探 走向本真的语文教学案例 [M]. 杭州：浙江大学出版社，2015.

[32] 徐启庭. 训诂原理及其运用 [M]. 福州：海峡文艺出版社，2009.

[33] 徐中玉，齐森华，方智范. 新课标文言读本（初中卷）[M]. 上海：上海教育出版社，2004.

[34] 张广飞. 训诂学与中学文言文教育 [M]. 杭州：杭州大学出版社，1997.

[35] 张永言. 词汇学简论 训诂学简论（增订本）[M]. 上海：复旦大学出版社，2015.

[36] 赵振铎. 训诂学纲要（修订本）[M]. 成都：巴蜀书社，2003.

[37] 周大璞. 训诂学初稿 [M]. 武汉：武汉大学出版社，2001.

[38] 朱友朋. 基于语文核心素养提升的高中文言文教学探析 [J]. 语文教学通讯，2021（4）：14-16.

[39] 王平. 高中文言文教学的现实困境与对策思考 [J]. 文学教育（上），2021（4）：108-109.

[40] 巩袁. 提升初中语文教师文言文教学能力与素养策略研究 [J]. 吉林省教育学院学报，2021，37（2）：11-14.

[41] 薛涛. 文化渗透视野下文言文教学现状分析与对策研究 [J]. 文学教育（上），2020（6）：74-75.

[42] 代军垒，刘艳群. 新课标背景下中学文言文导学策略研究 [J]. 湖南科技学院学报，2019，40（11）：79-81.

[43] 霍帅. 浅谈普通高中语文新课标指导下的高中语文文言文教学[J]. 吉林广播电视大学学报，2019（7）：99-100.

[44] 孟晓庆. 优秀传统文化在高中文言文教学中的传承与理解策略探索[J]. 华夏教师，2018（26）：51-52.

[45] 李欣. 新课程理念下的《爱莲说》教学设计探索[J]. 新西部（理论版），2016（7）：163-164.

[46] 王如焰. 新课程标准下文言文教学的思考和探索[J]. 科学咨询（科技·管理），2016（2）：125-126.

[47] 贾新新. 新课程下高中文言文教学初探[J]. 才智，2015（29）：239.